章太炎的政治哲学：
意识之抵抗

The Political Philosophy of Zhang Taiyan:
The Resistance of Consciousness

[美] 慕唯仁（Viren Murthy）◎著

张春田　任致均　马栋予　唐文娟　陈炜聪◎译

华东师范大学出版社

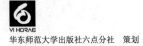
华东师范大学出版社六点分社 策划

目 录

致谢 / 1

第一章 导论：章太炎与中国现代性 / 1
第二章 章太炎对康有为的批判：反满、国粹与革命 / 55
第三章 佛教认识论与现代自我认同：章太炎的"建立宗教论" / 96
第四章 现代时间性的变容：章太炎对进化历史的唯识宗批判 / 150
第五章 道家"齐物"对抗"公理"：章太炎对晚清政治理论的批评 / 187
第六章 章太炎、鲁迅、汪晖：想象一个更好未来的政治 / 251

参考文献 / 275

译后记 / 303

致　谢

在本书的写作过程当中，我得到许多人的帮助，他们支持着我一路走来。我的导师杜赞奇（Prasenjit Duara）鼓励我以历史的方式思考哲学，并耐心地指导我度过在芝加哥大学的岁月。他金玉良言的建议使我的博士论文转化成一部专著。他的批评与开放态度激励我发展我的想法，如今我学习受教的年月已经过去，可以说，他是我遇到过的最好的良师。我博士论文委员会的另外两位成员，艾恺（Guy Alitto）和威廉·斯维尔（William Sewell），也塑造了我的思想，以他们各自的方式强调了哲学理念与历史变迁之间的关联。

我于2002-2003年获得富布莱特-海斯基金的资助，2003-2005年获得日本文部省奖学金，使我可以分别在北京和东京完成本书的研究工作。我后来在2006-2007年获得了伍德罗·威尔逊基金的博士论文奖学金。我要感谢这三个机构，没有它们在物质上和形式上的支持，我几乎不可能使各种概念转变为现实。

我同时要感谢蒋经国国际学术交流基金，荷兰科学研究组织以及澳大利亚理事会,这三个组织的资助让我参与了"中国现代思想的印度根源"合作研究项目。

在北京,汪晖的研究对我的影响在全书中都显而易见。1995年,我于汪晖在中国社科院的小宿舍中第一次听到章太炎的名字,他建议我阅读他发表在《社会科学辑刊》上关于章太炎的文章。2002年,我开始以章太炎为题目写作博士论文,汪晖慷慨地付出了极多时间,帮助我理解现代性语境下的章太炎。在东京,村田雄二郎提供的指导为我打开了日本汉学的世界,让我看到通过全球现代性来思考章太炎的日本学者。这些学者当中对我影响最多的大概是已故的西顺藏,他尝试以毛泽东思想来阐释章太炎。尽管西顺藏在1984年就已经故去了,他生前的学生近藤邦康、木山英雄以及坂元弘子和我分享了西顺藏在战后日本汉学的脉络中对章太炎的解读。

章太炎的文体佶屈聱牙,在这方面,我极其幸运地获得了挚友乔志航的帮助。在日本的时候,我时常向她请教难懂的文句,她不厌其烦地帮我解释文本,或是指点我可以提供相关信息的著作。

我从普殊同(Moishe Postone)的著作中获益极多。尽管我并不算是他正式的学生,他总是慷慨地付出时间,帮助我理解资本主义现代性对思想史的重要性。没有他的帮助,这本书将会是极为不同的面貌。

从芝加哥大学获得博士学位之后,我接受了莱顿大学的博士后奖金。在莱顿大学,我师从施耐德(Axel Schneider),他为本书的修改与出版提供了物质上和思想上的便利条件。他为我的研究工作提供了从不怠慢的支持,启发我了解德国汉学和哲学的诸多面向。

致　谢

　　在过去几年中,许多朋友和同事阅读了本书的章节。我要感谢埃格顿(William Egginton)、傅佛果(Joshua Fogel)、格雷沃(Anup Grewal)、哈鲁图涅(Harry Harootunian)、韩子奇(Tze-ki Hon)、胡志德(Ted Huters)、季家珍(Joan Judge)、卡尔(Rebecca Karl)、李雨航、刘禾、中岛隆博、皮尔泽(Joshua Pilzer)、萨托里(Andrew Sartori)、汤思奥(Saul Thomas)、邬可贤(Christian Uhl)、魏简(Sebastian Veg)、王斑、吴一庆,以及郑明玉。我恐怕仍不免遗漏了其他以各种方式帮助过我的朋友,在此谨致歉意。

　　在完成本书书稿的过程中,我有幸遇到了冈德(Richard Gunde)这位杰出的编辑,他不知疲倦地为我润色文笔,提出问题,使我可以改进书稿质量。当然,我个人应对本书中遗留的错误疏漏负责。

　　最后,我要给我的父母(Prema Murthy、Pavaman Murthy)和我的妻子李雨航,献上我最深沉的感激之情。在我读博和成为副教授的起起落落当中,他们一直守候在我身边。我把这本书献给他们。

第一章　导论：章太炎与中国现代性

对于研究现代中国的学者来说,章太炎(1868-1936)的大名家喻户晓,无需多做介绍。①从20世纪初期到辛亥革命,他是鼓吹反满运动的急先锋;1949年以来,高中历史考试常常出现论述章太炎投身革命的简答题。另一方面,章太炎也因其国学大师的身份而备受尊崇,他对经典的掌握无与伦比,写作风格佶屈聱牙,用生僻的古文阐述现代的新意。

章太炎同时也是西方霸权的批评者。他在20世纪初期的个人经验塑造了他大多数的批评。1903年,在震惊一时的"苏报案"之后,他因抨击清廷而被判入狱三年。章太炎自己说,被监禁在上海——西方帝国主义入侵中国的焦点中心——的这段时间,他遭受了极大的折磨。从1906年被释出狱到辛亥革命前夕,他写作了一系列文章,杂糅古文经学、唯识佛教和革命意识形态。章太炎这一时期的写作有时被称为佛教时期,显示了他思想当中矛盾冲突的许多面向,把传统经学、革命热情和对西方

---

① 我将在本章结尾简要概括章太炎的早期生活。

范畴与制度的批判融汇一处。

对于解读章太炎的当代学者来说,这些矛盾的面向是摆在面前的一个难题:我们如何理解他思想中的矛盾? 由于这些矛盾层面的存在,我们很难把章太炎归入晚清之历史情境中的某一范畴。我们或许可以把甲午战争之后出现的思想流派分为保守派、改良派与革命党。每一个政治群体都包含了复杂的意识形态与政治倾向。保守派把对儒家传统的锲而不舍和对西方政治治理的顽固抵抗结合起来。改良派则尝试在孔子这样的传统人物那里读出由满清朝廷主导改良的新意。革命党人对国史人物的新阐释联合了推翻清廷、创立现代共和国的政治目标。在20世纪的头一个十年中,中国有一些支持革命的知识分子,想象了一个超越共和、实现社会主义、或是依照无政府主义理念打造的新世界。他们常常把社会主义和无政府主义的理念带入到传统经典当中去。

章太炎的归类使人感到迷惑,虽然学者常常把他归入社会主义、无政府主义的革命阵营,但他的思想又引出了革命意识形态当中的矛盾。他如何把对经学的热爱、保守的特征、革命的欲望、反满的民族主义和批评政府的无政府主义兼容并蓄,汇聚一身,实在是个疑问。① 除此之外,章太炎又反对上述每一个群体,他混合了佛教的意识理论和德国唯心主义,以一种超越的视角,批评抨击了一切现代制度。章太炎著作的博大精深不仅使我们理解作为思想家的章太炎,更重要的是,他的著作深切揭示了中国与全球现代性当中普遍存在的经验:新与旧同在、民族特殊性与超验普世性并举。理解章太炎著作的复杂性对于我们理

---

① Furth, "*The Sage as Rebel.*"

解传统、民族主义、跨国主义、超验与全球现代性之间的互动,极为关键。

大多数研究章太炎思想的学术著作或是专注于他的反满革命论述,或是聚焦于他的经学学术写作。学者们想要把章太炎非此即彼地划分到传统/封建阵营或是现代性/资本主义阵营。具体来说,章太炎的思想是否代表了与封建相对立的资产阶级的兴起?他又是怎样、在何种程度上代表了这一兴起?学者们常常为此陷于争论。李泽厚提出,章太炎"一方面夹杂封建毒素,另一方面又充满了小生产者惯有的反动空想"。①汪荣祖的章太炎研究是英语学界中最为详细透彻的一部,他与李泽厚的观点相反,认为章太炎在本质上是现代的,他所追寻的是现代民族国家。②

李泽厚与汪荣祖的论著加深了我们对章太炎的理解,同时亦有助于阐明章氏古奥文体的晦涩涵义。然而,他们往往将现代性与传统之间的对立视为理所当然,而忽略了作为全球现象的资本主义现代性,通过民族国家的世界体系达成制度化,进而重构甚至创造了传统,同时生成了现代性的意识形态景象。

拙著汲取了西顺藏与汪晖等学者的成果,他们注重章太炎的佛学论述,将章氏哲学阐释为对现代性的抵抗。章太炎的佛学著作具有重要的哲学意义。然而我亦强调,我们必须以中国进入全球资本主义现代性为背景,来理解章太炎著作的意涵。我对章太炎学术历程的追溯,从反满民族主义到他因狱中经历而接受佛教。由于章太炎被囚禁在英国人享有治外法权的上

---

① 李泽厚,《章太炎剖析》,411 页。关于中日两国对章太炎革命思想的研究,参见 Fogel, "*Race and Class in Chinese Historiography*"。

② Wong Young-tsu, *Search for Modern Nationalism*.

海,他常常可以看到列强压制中国的情形。监狱的设立,是为了灌输一种道德公民的主体性,这种禁锢制约条件的宗教基础常常是西方的。比如说,监狱中唯一能读到的书都是基督教典籍或是相关著述。章太炎抵抗这种意识形态上的制约,秘密地阅读佛经。章太炎的这一经历,部分地说明了为什么他对佛教的阐释与现代性之间是针锋相对的对抗关系。

我们可以在一个较为抽象的层次上来理解资本主义现代性;① 只有在这样的抽象维度上,我们才能脉络化章太炎以及其他晚清知识分子对佛教和中国传统思想的阐释。借用卢卡奇对现代西方哲学的分析,我发展出一套非化约论(non-reductionist)的框架,来分析思想的结构与资本主义认识论的条件。在这个非还原论框架当中,观念并非来自于经济领域或阶级关系,而是来自于资本主义更深层次上的文化和哲学维度。卢卡奇展示了包括康德和黑格尔在内的德国唯心主义,是怎样通过精神与理性这样的概念来表达资本主义的逻辑并将之永恒化的。也就是说,他们的哲学所呼应的是理性化与扩张的运动,但是最终,他们唤起进化论历史的普世想象,将这一特定于历史情境的过程视为一种超历史的过程。很多晚清知识分子也通过汲取佛教等传统哲学,以同样的方式发展出这样的历史观。

然而,章太炎代表了一种反常现象。他用唯识佛教的概念发展出一套历史变化的理论,但是章太炎与黑格尔和晚清同时代人不同的是,他并不支持一种进化论观点下的历史。相反,他以佛教范畴和无的理论来否定他所理解的超历史的"进步"动

---

① 参见 Lukács, *Geschichte und Klassenbewußtsein*; idem, *History and Class Consciousness*; Postone, *Time, Labor and Social Domination*。

力。章太炎的思想代表了一种与黑格尔思想中的所谓乐观历史观念相对抗的运动。在欧洲，我们在尼采这样的哲学家身上也可以看到相似的悲观转向，尼采所宣称的"上帝已死"意味着更深刻的历史目的论的消亡。这些悲观思想家们试图在无目的的世界中寻找一种逻辑，同时又在寻找着对此种逻辑的超越与克服。佛教对于章太炎来说意义深远，他用佛教来表达一种尼采式或者叔本华式的对理性及常识世界的超越。1906年获释之后，章太炎逃往日本，期间他开始认真阅读德国哲学。此前他曾经两次造访日本，已经可以阅读日文。在本书所聚焦的1906到1910年之间，章太炎完全沉浸在日文著作和通过日语翻译阅读德国哲学当中。在20世纪初期，日本，尤其是东京，是多维度跨语际实践的核心。① 日本学者翻译的德国文本对当时的中国知识分子来说，是学习西方哲学的主要知识来源。日本学者使佛学和德国唯心主义彼此参照，而中国知识分子则以自己的政治考量为出发点，吸收了日本创造的意义。章太炎通过日本人的讨论与翻译来阅读佛教哲学和德国哲学，又通过阅读中文的唯识宗佛教典籍形成了他自己的否定的哲学。他结合了种种思想形式发展出来的否定的哲学，是他用以分析西方政治制度和意识形态的批判框架。当然，由于这种批判或否定停留在思想的层面上，章太炎的批判姿态也就停留在抽象维度上，他从未能将种种深刻洞见转化为政治上的实践。尽管如此，这种否定仍然

---

① 刘禾探讨的理论问题，"是有关翻译条件以及不同语言之间最初进行接触所产生的话语实践方面的理论问题。如果进行宽泛的界定，那么研究跨语际的实践就是考察新的词语、意义、话语以及表述的模式，如何由于主方语言与客方语言的接触/冲突而在主方语言中兴起、流通并获得合法性的过程。"《跨语际实践》，36页。

极为重要,它使得章太炎对于占统治地位的进化史观和国家主义这样的概念始终抱持一种批判的态度。

普遍典范:中国思想史的现代性拷问

传统思想与现代性之间的关系向来是中国历史中的重要主题。学者们常常争论,古代思想是否持续影响了现代中国。列文森(Joseph Levenson)及其批评者在这些争论中占据重要位置。列文森明晰地阐述了中国知识分子面对民族国家的现代世界时所经历的意义上的危机。他强调,从19世纪晚期开始,中国知识分子在根本上改变了他们对古典思想的观点。在《儒教中国及其现代命运》当中,①列文森提出,在一个中国不再以天朝上国自居的世界当中,晚清知识分子发现儒家的信条与现代制度无法调和匹配,他们把儒教从普世的话语转变为一种给中国人带来认同的特指的哲学。换言之,知识分子重新创造了儒教,使它成为代表中国民族特殊性的象征。用列文森的话来说,现代中国的知识分子最终"让孔夫子体体面面地退居博物馆的寂静之中"。②他所说的"寂静",指的就是儒教在影响政治政策上逐渐失语,被削弱成世界大舞台上民族自我的表征。

列文森的著作出版以来,学者对他的模式既有增补又有批判。作为列文森的学生,施耐德在所著的《顾颉刚与中国新史学》一书中极大地发展了列文森模式。③ 和列文森一样,施耐德

---

① Levenson, *Confucian China and Its Modern Fate*.
② 前引书,79页。关于列文森与全球现代性的讨论,参见 Dirlik,"*Global Modernity*," 278—79页。
③ Schneider, *Ku Chieh-kang and China's New History*.

关注的也是中国知识分子怎样通过民族国家这样的现代机制重新思考自己的认同。然而,施耐德把列文森的范式进一步复杂化了,他展示了顾颉刚(1893—1980)等中国知识分子在面对现代世界的时候,他们被传统塑造,他们汲取古典资源的方式,在根本上重新定义了他们的中国身份认同。施耐德解释了顾颉刚怎样延续章太炎的传统,批判儒教,把孔子打入中国身份认同这座博物馆的边缘地带。施耐德提出,顾颉刚的大部分历史著作都是为依照现代观念中的时间、历史和社会来重构中国身份认同所做的努力。

施耐德的著作暗示了,当知识分子利用传统来创造身份认同,他们往往面对着比民族认同更为切实的问题。具体来说,顾颉刚反对把儒教当作身份认同的首要基础,因为他看到了比民族主义更为深广的价值。有几位学者进一步发展了这一论点,他们指出,现代中国知识分子的道德理念深受根深蒂固的传统哲学之影响。张灏等史学家认为,晚清知识分子在进入现代世界的同时,保留了传统价值的观念。① 与列文森形成对比,张灏认为晚清的许多知识分子追求的是普世意义,而并不仅仅是把哲学与儒家和独特的民族认同联系起来。

余英时更进一步,他认为现代中国绝不是与过往完全断裂,而是延续了传统思想的潮流。余英时的观点与内藤湖南、沟口雄三等日本汉学家的观点相似。但是和沟口雄三不同,余英时并未强调一种作为另类的中国现代性。他的主要观点是,中国现代性的历史根源在于儒家思想的转化。他具体指出,康有为、章太炎等晚清学者延续了清代考据学者对儒家思想的批评传

---

① Chang Hao, *Chinese Intellectuals in Crisis*.

统。在余英时看来,这种来自于儒家内部的批评,为后来五四时期吴虞、胡适等人对儒家的批评打下基础。① 余英时强调,更为重要的是,在应对西方列强这样的新生危机时,无论是清初还是清末的学者都曾经依赖道教佛教这样儒家经典以外的传统。②

余英时对非儒家经典传统的认识极为重要,他对本土传统的强调是对列文森模式的一个重要修正。然而,对列文森作出回应的许多学者往往忽略了全球现代性在重构中国思想中所扮演的角色,因而并未能在超出民族国家边界的脉络下来理解现代中国思想的重要性。换言之,现代中国知识分子对传统的诉求,其实是为了应对中国进入全球资本主义世界时所面对的种种危机。为了理解这些危机的性质和知识分子用新方式汲取旧制度的逻辑,我发展出一套全球现代性的理论,它构成了我分析晚清思想史和章太炎思想的框架。

张灏的研究触及了这种更为广阔的全球脉络的重要性,他指出,中国思想的内在张力在中国知识分子对抗西方帝国主义的时候变得愈发激烈。张灏的论点暗示,在对抗全球现代性的时候,知识分子对传统思想的构想也发生了变化。施耐德也反对"延续"理论,他强调,对于考据学者来说,儒家的"道"仍然是他们所要处理的,而19世纪晚期、20世纪初期的知识分子则开始在一个分崩离析的世界里感知历史。③

施耐德的文章提出了一个问题:我们怎样理解中国知识分

---

① 参见余英时,《五四运动与中国传统》,82–91页。王汎森认为章太炎对儒家的批判先于五四运动。参见王汎森《章太炎思想》。
② 关于20世纪中国佛教的详尽分析,参见 Goldfuss, *Vers un Bouddhisme du XXe siècle*。
③ Schneider, "*Between Dao and History*", 58页。

子通过现代性来重新阐释经典理念?换言之,如果"道"这样的范畴不再承载经典的合法性,我们必须审视,在和资本主义现代性相关联的全球进程中,经典哲学(包括"道"这样的理念)是怎样被重新阐释的。这要求我们探索中国现代性与全球现代性之间的关系。关于这个问题,我批判性地吸收了关于章太炎研究的日文著作,其中尤以战后著名的汉学家、文学批评家竹内好的著作为重。

章太炎批评了现代性吗?

我对资本主义现代性这一概念的使用,和之前的晚清思想史之间有一个主要的差异,那就是抽象层次上的不同。我将在接下来讨论卢卡奇等人的理论时具体解释我对这一概念的使用,但是首先,我要转向早期日本汉学家对章太炎的争论,他们的分析把现代性——尤其是中国现代性——的问题放到显著位置上来讨论。

在章太炎与现代性的研究当中,有极为重要的一部分来自于战后的日本。当时,学者对西方的、日本和中国的现代性争论极多。这些争论的背景可以上溯到明治时期,福泽谕吉等人开始以文明概念为基础来叙述历史,毫不掩饰地以西方国家为标准。这种现代性的叙述,影响了从明治时期的田口卯吉到大正、昭和时期的宫崎市定、内藤湖南等众多日本学者和他们对中国现代性的研究。① 战后学者和明治时期的学者有所不同,他们

---

① 参见宫崎市定,《アジア史》;内藤虎次郎,《中国近世史》;关于内藤著作的深入讨论,参见 Fogel, *Politics and Sinology*。

不再视中国为落后国家,而是认为中国的现代化早在宋代就已展开,资本主义也最先出现于这一时期。早期现代性与资本主义成了实现社会主义的基础。由于中国早在其他国家之先就已经达到了资本主义,因此在社会主义的道路上也要提前一步。

战后的思想史家、政治理论家丸山真男倒转了内藤湖南的论点,他认为日本的现代性恰恰在于日本能够挣脱宋代理学的束缚。① 尽管有这样那样的差异,大多数学者(包括列文森在内的汉学家)都倾向于认为现代性完全是西方的产物。

1940年代到1980年代,反思中国共产主义运动的同时,西顺藏等日本汉学家开始重新思考现代性,他们强调根植于中国的反帝斗争中的另类现代性。这一阵营中最为突出的理论家当属竹内好,尽管他的著述并不涉及章太炎,但却深入写作了章太炎最著名的弟子鲁迅。竹内好对现代性的讨论似乎重复了一种司空见惯的观点:现代性出现于资本主义与封建主义的分离当中。然而,他关注的是"承认"(recognition)在这一过程中所扮演的角色。在他著名的《何谓近代》一文中,竹内好做了如下观察:

> 所谓近代,乃是欧洲在从封建社会中解放自我的过程里(就生产方面而言是自由资本的发生,就人的方面而言是独立平等的个体人格的成立)获得的自我认识,近代是历史进程中的一个环节,它要求主体把区别于封建性质的自我作为自我来对待,并在历史中把这个自我相对化。说

---

① 参见 Maruyama Masao, *Studies in the Intellectual History of Tokugawa Japan*。关于丸山真男对儒家的分析,参见 Kersten, *Democracy in Postwar Japan*,第3章。

起来,欧洲之所以得以成之为欧洲,是因为它处于这样的历史过程;而历史本身之所以得以作为历史而成立,也是因为它在这样的欧洲里面。①

这段意味深长的话描述了欧洲在历史中认识自我,同时通过自我认识来创造历史的原始图景。竹内好提出,对历史延续性的建构遮蔽了一个更为根本的斗争:"历史并非空虚的时间形式。如果没有无数为了自我确立而进行的殊死搏斗的瞬间,不仅会失掉自我,而且也将失掉历史。"②

竹内好并不认为历史是一系列的延续的瞬间,因此,"无数瞬间"不仅仅是数量上的,更是质量上的。每一个瞬间都牵涉着自我的殊死搏斗,这一过程无法量化,除非把这一殊死搏斗的性质,尤其是欧洲帝国主义与亚洲身份认同之间的关系完全简化。

接下来我们将要探讨历史运动、帝国主义和资本主义逻辑之间的关系,竹内好已经通过历史进化观、帝国主义和资本主义的传播之间的关联,暗示了这一取向:

> 欧洲对东洋的入侵结果导致了东洋资本主义化现象的产生,它意味着欧洲的自我保存=自我扩张,因此,对于欧洲来说,它在观念上被理解为世界史的进步或理性的胜利。入侵的形态最初是征服,接下来变为要求市场的开放,或者人权与信教自由的保障,以及借款、救济、教育和对解放运

---

① 竹内好,《近代的超克》,183 页。
② 上引书,183 页。

动的支援等,这些形式本身象征着理性主义精神的进步。在这样的运动中产生了旨在无限趋向于完善的向上心态,以及支持这种态度的实证主义、经验论和理性主义,以等质为前提的量化观察事物的科学:所有这些都具有近代的特征。①

竹内好对欧洲扩张及其意识形态的讨论早于晚近的后殖民学者。他不仅提出帝国主义把自己展现为全球历史进程或理性的胜利,更强调了有一种更隐微而不易察觉的支配形式,在表面上看起来好像是解放运动。这里所指的是欧洲支配的认识论层面,它使抵抗变得更加复杂。

竹内好的文章聚焦于抵抗的可能性。东洋似乎抵抗了欧洲支配,但是竹内好解释道:"即使这样也没能动摇欧洲彻底的理性主义信念:所有事物在终极意义上都可以对象化并被提炼。他们预想到了抵抗,并洞察到东洋越抵抗就越将欧洲化的宿命。"②竹内好把欧洲的扩张和认识论的转化联系起来,后面讨论卢卡奇和物化时,我们还要回到这一点上来。在这里,我们只需注意到,由于抵抗与再收编之间的辩证关系,想要在抵抗运动中产生出与占支配地位的欧洲范式迥然有别的东西来,几乎是不可能的。

然而,竹内好看到,伴随着欧洲对亚洲的入侵,欧洲自己也成为了他者,并且通过产生异质性而打开了抵抗的空间:"通过把东洋包括进来,世界史几近完成,与此同时,以内在化了的异

---

① 竹内好,《近代的超克》,184页。
② 上引书,184页。

质性的因素为媒介,世界史本身的矛盾露出水面。"①转换性抵抗的关键紧密联系着异质性的维持,异质性常常被支配的认识论范畴所遮蔽。这种亚洲抵抗和美国对欧洲的抵抗运作在不同的层次上,亚洲抵抗并没有在根本上挑战欧洲化;美国则仅仅是成功地成为了"纯粹的欧洲"。②

纵观全文,竹内好突出强调了不抵抗的日本和抵抗的中国之间的差异。他提出,中国的抵抗成功地产生出不同于西方的另一条道路。竹内好解释中日现代性差异和抵抗的困难时,引用了鲁迅的《聪明人和奴才和傻子》这则寓言。聪明人告诉奴才:"我想你总会好起来"。奴才为主子没日没夜的干活,他向傻子诉苦。傻子当即动手砸墙壁,要帮奴才开一个窗洞。这时奴才喊来其他奴才,把傻子赶走了。主子回来之后,奴才解释了所发生的一切,获得主子的表扬。奴才告诉聪明人,他的预言果然成真,因为主子夸奖了奴才。③

竹内好用鲁迅的叙述来说明,抵抗的人可以轻易地重复压迫者的范式。因此,在竹内好看来,傻子和主人/聪明人之间的关系很像日本与西方的对抗。日本与西方的竞争,恰恰是以西方的标准和条件,也就是资本主义,来进行的,因此日本无法思考另类性。另一方面,中国则两手空空,贫困落后,但正是因为一无所有,因此才充满了潜质。他们必须对自己的虚无觉醒,并认识到上述的异质性无法在现有的范畴中理解。鲁迅的绝望正是这种虚无的结果。

---

① 竹内好,《近代的超克》,185 页。阿里夫·德里克讨论了对全球资本现代性的抵抗问题,参见氏著 Global Modernity,尤其是 158–59 页。
② 上引书,186 页。
③ 见鲁迅著,石尚文、邓忠强编,《野草浅析》,153–161 页。

在所有的道路都被压迫者/帝国主义者所占据的情况下,奴才为了思考另类性,就必须面对虚无。竹内好尖锐辛辣地描写了这种存在的危机:

> 奴才拒绝自己为奴才,同时拒绝解放的幻想,自觉到自己身为奴才的事实却无法改变它,这是从"人生最痛苦的"梦中醒来之后的状态。即无路可走而必须前行,或者说正因为无路可走才必须前行这样一种状态。他拒绝自己成为自己,同时也拒绝成为自己以外的任何东西。这就是鲁迅所具有的、而且使鲁迅得以成立的、"绝望"的意味。绝望,在行进于无路之路的抵抗中显现,抵抗,作为绝望的行动化而显现。①

和那些纠缠在资本主义竞争和历史进步当中的日本知识分子不同,鲁迅像无路可走而必须前行的奴才一样,代表了一种抵抗的新形式。竹内好描述的存在状态和海德格尔所讨论的向死而生很相似,他可能同时也汲取了黑格尔在《精神现象学》中所构想的奴隶的死亡经验。黑格尔写道,对于奴隶来说,"死的恐惧在他的经验中曾经浸透进他的内在灵魂,曾经震撼过他整个躯体,并且一切固定规章命令都使得他发抖。这个纯粹的普遍的运动、一切固定的持存的东西之变化流转却正是自我意识的简单本质、是绝对的否定性、是纯粹的自为存在,这恰好体现在这种意识里。"②

---

① 竹内好,《近代的超克》,206 页。
② 黑格尔,《精神现象学》,上卷,130 页。

黑格尔谈到主奴辩证,在竹内好看来,奴才意识的绝对否定才是抵抗的关键。这正是因为所有的正面性(positivity)都是由压迫者/殖民者独占的。通过再一次征引日本和中国例子,竹内好澄清了两种反应之间的区别:一种只是复制了压迫者的正面性,另一种是真正的抵抗。具体来说,他区别了两种类型的概念转化:转向与回心。转向一般来说指的是从一个政党转向另一个政党,竹内好用这个词来描述日本意识形态的西方转向,以及日本迅速地使用西方范畴来评判自己和整个世界。"回心以抵抗为媒介,转向则没有媒介。"①竹内好认为,转向发生在人们无法把握自身,因此去轻易追求新的、流行的意识形态。

另一方面,回心是一个更为复杂的概念,一般指的是宗教上的转化,尤其是承认过去异教信仰的种种是非之后加入基督教。这个词汇也是一个佛教概念,指的是忏悔罪孽之后皈依佛门。作为佛教概念的回心和发心联系紧密,发心指的是发愿求取菩提心。②

竹内好使用这些词汇时,其中也有觉醒的宗教意味,但是他是把这两个词汇和保存自我、不使自我被各种新意识形态所裹挟的努力联系在一起。因此,回心指的是通过自我肯定而发生的自我转化。竹内好认为,明治维新之后,日本迅速完成了现代化,中国则经历了一系列的失败,直到1949年的胜利,它代表了西方的另类。中国在现代世界里的政治轨迹始于一个内在转向,也就是以保存中国文化为目的的自强运动(1861-1895年),因此,中国的现代性迟来一步。竹内好描述了这一过程和

---

① 竹内好,《近代的超克》,212页。
② 丁福保,《佛学大辞典》,431页。

中国抵抗及其内在转向之间的关系:"走路本身也即是自我改变,是以坚持自己的方式进行的自我改变。(不发生变化的就不是自我)我即是我亦非我。如果我只是单纯的我,那么,我是我这件事亦不能成立。为了我之为我,我必须成为我之外者,而这一改变的时机一定是有的吧。这大概是旧的东西变为新的东西的时机,也可能是反基督教者变成基督教徒的时机,表现在个人身上则是回心,表现在历史上则是革命。"①

中国革命与中国抵抗的范式对于战后日本汉学家来说影响深远,尤其是他们对章太炎的阐释。竹内好给本章开篇提出的问题指出了一个辩证的解决办法:通过对"我"的转化,章太炎的思想从保守主义成为了革命力量。更宽泛地讲,在中国,旧最终指向的是性质全新的生活模式,而在日本,所谓的新只是全球资本主义之"旧"的一种变奏。中国人坚守自己的传承传统,这些传承传统使他们成为自我,作为一个民族,他们的传承和自我被彻底转化了。某种意义上,竹内好在列文森之前就提出了所谓的"列文森范式",但比列文森更为激进。和列文森一样,竹内好看到传统正在成为中国的"我"的代表,但是他认为,随着中国人接受了这个"我"并且面对着他者,传统成为了虚无和纯粹抵抗之间的连接。

对于许多日本汉学家来说,章太炎都是抵抗、传统和现代性之间复杂关系的典型例证。1970年,山田庆儿综合了竹内好之中国现代性和章太炎思想的分析,他的《作为可能性的中国革命》一时影响极大:

---

① 竹内好,《近代的超克》,212页。

第一章 导论:章太炎与中国现代性

他(章太炎)的思想,通过复兴传统的内核而成为了新的创造力的源泉。这恰恰是对僵化的、形式化的传统的否定。然而,在肯定传统内核的优越性的过程中,他也以中国文化捍卫者的姿态出现。章炳麟①处于一个摇摆不定的位置:因为革命,所以反动。章炳麟之后,革命者无论是从内部还是外部,对传统都持否定态度。②

山田庆儿又进一步强调:"传统只能被内部否定超越。"③章太炎是为数不多的通过强调旧来生成新的可能性这一黑格尔辩证的人。山田庆儿把竹内好的思想应用到章太炎身上,他宣称,鲁迅和毛泽东分别继承了章太炎的遗产。然而,他并未解释中国传统是怎样成为了一种抵抗的形式。

西顺藏提供了一种叙述,在这里,中国传统被转化而成为一种抵抗的纯粹否定性。在他发表于1964年的《形成于无:论"我们中国人民的成立"》一文中,西顺藏引用了毛泽东所描述的马克思主义到来之前中国的意识形态真空:

在这个反抗运动中,在一个很长的时期内,即从一八四〇年的鸦片战争到一九一九年的五四运动的前夜,共计七十多年中,中国人没有什么思想武器可以抗御帝国主义。旧的顽固的封建主义的思想武器打了败仗了,抵不住,宣告破产了。不得已,中国人被迫从帝国主义的老家即西方资产阶级革命时代的武器库中学来了进化论、天赋人权论和

---

① 日本学者常以"章炳麟"来称呼章太炎。
② 山田慶児,《可能性としての中国革命》,26页。
③ 上引书,26-27页。

资产阶级共和国等项思想武器和政治方案,组织过政党,举行过革命,以为可以外御列强,内建民国。但是这些东西也和封建主义的思想武器一样,软弱得很,又是抵不住,败下阵来,宣告破产了。[1]

西顺藏注意到,学者们大多认为中国革命的意识形态武器是马克思-列宁主义,但他同时指出,这也使辛亥革命的意识形态基础无法理论化。在毛泽东看来,尽管在1911年前后马克思-列宁主义在中国还没有发展起来,但是辛亥革命毕竟是一场反帝的革命。[2]西顺藏认为,我们必须在辛亥革命当中看到本土抵抗的关键时刻,它延续到并塑造了后来的1949年革命。

在这里,西顺藏提出一种竹内好式的叙述,它展示了中国的传统是怎样被剥夺到虚无,而残余下来的这种虚无成为了抵抗的支柱:"当西方侵入、中国退却时,中国的本质剥离自己的皮肤、血肉甚至是筋骨。中国保全自己的只有骨髓。"[3]

在这样的过程中,到辛亥革命前后,中国传统已被降低到纯粹否定性。章太炎以抵抗为目的,利用了这种否定性。西顺藏的分析围绕着章太炎发表在《民报》上的《五无论》,和竹内好不同,西顺藏把章太炎的"无"和中国马克思主义的范畴联系起来。通过缜密而颇具创见的解读,西顺藏提出的结论是:章太炎的"无"指的是"人民",他们才是能够发动各种否定的主体(否

---

[1] 引自《毛泽东选集·唯心历史观的破产》,第4卷:1402-1403页。引自西顺藏,《無からの形成:われわれの中国人民の成立について》,20页。
[2] 西顺藏引述毛泽东:"中国人所以要革清朝的命,是因为清朝是帝国主义的走狗。"他又补充道,辛亥革命时期的中国已经在经历着帝国主义的侵略了。上引书,22页。
[3] 西顺藏,《これからの儒教お呼び中国思想》,128页。

定国家、帝国主义、资本主义,最终否定他们自身)。

按照西顺藏的说法,章太炎的哲学之所以成为可能,是因为19世纪以来各种失败的改良政策,这些失败使章太炎得以反转中国宇宙秩序的基本结构。西顺藏以一种黑格尔的方式来描述天及其逆转倒置:

> 中国的王朝体系的思想中是这样一种世界的概念,在存在的层面上,天就是无=无限定=全有,因此天下的物是有=相对性=自体空无。……章太炎扭转了有无,将之转换为从存在到无并埋葬了自身的世界。换言之,在天子面前原本是无的人民,意识到无,集聚在一起,进行复仇。①

西顺藏承继了竹内好的叙述,但是他的灵感来自于章太炎的"依自不依他"一语。② 章太炎的"自"的理念,并不依赖外物,但是这并不是说它是完全独立的。它出现在他者的表面,只是一个"现前"的主体。③西顺藏选择了"现前"这个佛教语汇,来表达精神为了达成某一特定目的的短暂化身,而"化身"也具体指向"佛的显现"。西顺藏用这样的语汇来说明章太炎的主体所具有的超验性质,由于主体是无,因此是无限的,在否定所有对立的他者之后,现前的自我也会消亡。

在西顺藏的解释当中,章太炎的主体=无=人民,它不仅抵抗帝国主义,同时也抵抗了地主、资本家、王朝体系这样的内在敌人。西顺藏由此把章太炎和毛泽东联系起来。他宣称章太炎

---

① 西顺藏,《無からの形成:われわれの中国人民の成立について》,26页。
② 这句话来自章太炎的《答铁铮》,369页。
③ 西顺藏,《中国思想の中の人民概念》,209页。

的思想是"纯粹的虚无主义",完全没有积极或主动的内容。①他认为,毛泽东所宣称的人民是一张白纸,其实继承了章太炎的遗产,但是毛泽东用马克思-列宁主义给章太炎最初的抵抗带来了积极的形式,这样,抵抗就不仅仅是止步于对世界的否定了。

西顺藏的分析或许看来有些牵强,但是他是第一位提出一套激进的阐释,把章太炎当作一个现代性的批评者。西顺藏提出的很多概念,比如"现前的主体"也被后来的学者所沿用。在第三章、第五章里我将处理这一问题,在这里,我想把西顺藏的分析放置在日本思想的脉络当中,留意他的文章所引起的争论。第一个回应西顺藏的学者是岛田虔次,他严厉批评了西顺藏的解释。在他论章太炎的文章当中,岛田虔次有一个注释讨论日本方面关于章太炎的著述,其中特别批评了西顺藏及其弟子近藤邦康:

> 在对章太炎"佛声"的解读中,加入非凡而深刻含义的这种倾向,在近来日本的章炳麟研究中越来越明显。同样的,不能纵观全局,不能考虑章炳麟和全部中国思想史之间的关系,放大章炳麟在某一特定领域的观点,并从以上种种之中得出怪异的结论,这些倾向也越来越显而易见。②

在这里,岛田虔次所指的是西顺藏和近藤邦康的几个观点,比如"章炳麟是'反对现代化的思想家',从立于古代结构基础

---

① 西顺藏,《中国思想の中の人民概念》,209页。
② Shimada Kenji, "*Zhang Binglin: Traditional Chinese Scholar and Revolutionary*," in idem, *Pioneers of the Chinese Revolution*, 1-85, 154-155 注释96。

的人民的立场,试图否定现代化和整个结构。"①岛田虔次认为,西顺藏和近藤邦康之所以得出这样的结论,是因为他们全部集中在"章炳麟的一部分著作"而堆积了"一个推论接着一个推论"。②

岛田虔次写作这篇文章的时候,他已经出版了很有名气的《中国现代思维的挫折》,③这本书关于晚明时期现代主体性的出现,自然而然地,他对西顺藏所描述的前现代中国提出意见。此外,他还对整体上的思想史做了一番评述:"思想史的著作,在具体研究某个思想家的时候,需要遵循这个思想家的理念真实描述的迂回曲折。"④

西顺藏从未回应岛田虔次的批评。但是在1981年,近藤邦康把他的数篇晚清思想史文章收集成书,并写作了一篇附录来回应岛田虔次的批评,特别谈到了思想史的方法论问题。近藤邦康指出,岛田虔次对章太炎的阐释完全忽视了历史意义的问题,历史的意义不能被消减成思想家知识发展中的迂回曲折,相反,历史意义的问题直接牵涉着中国现代性、西方现代性和帝国主义之间的关系。

在描述中国现代性的时候,近藤邦康遵循着西顺藏和竹内好,但同时也宣告了他对社会主义的中国叙述的坚持:

> 我所认为的中国现代性是一个抵抗西方现代性入侵的过程,在这一过程中,我看到了对旧中国所受压迫的抵抗,

---

① 上引书,155页。
② 上引书。
③ 岛田虔次,《中国における近代思惟の挫折》(1949年版)。
④ *Pioneers of the Chinese Revolution*, 155页。

或者是"反"的过程;最终,人民战胜了内部和外部的敌人,从做"奴隶"走向了做"人"。我认为现代中国思想就是这一进程的一部分,作为思想的角度反思、把握、引导着它。①

近藤邦康对岛田虔次的回应连贯一致又使人信服,但是在他所描述的现代性中,我们看到他从竹内好的批判概念那里退却下来。近藤邦康重复着竹内好的中国反对或抵抗西方现代性的图景,在竹内好那里,西方现代性的内容(比如进化的现代世界观)也受到批评。从近藤邦康的角度来说,所需要反对的仅仅是帝国主义,他的现代性叙述(从奴隶到人)其实模仿了西方的现代性故事。

尽管对中国历史的分期方法不尽相同,近藤邦康、岛田虔次、余英时和内藤湖南等人的现代性概念,其实都是以西方模式为基础的,其核心都是公民社会或现代主体性,他们并没有把这些形式当作他们批判的对象。沟口雄三虽然不是专门研究章太炎的学者,但是他的《中国前近代思想之屈折与展开》在中国现代性的论争当中贡献卓著。②概括来说,沟口雄三支持竹内好的另类中国现代性的说法,但是他认为中国现代性并不存在于抵抗之中,而是存在于中国传统的辩证当中。沟口雄三的书名说明了他和岛田虔次之间的对话:沟口用"屈折"来对应岛田的"挫折"。沟口雄三强调,尽管清初思想家有着明显的反满倾向,晚明思想与清初政策理念之间仍然存在着延续性。他又有力地证明了晚明/清初的思想对中国现代思想之形成所起到的

---

① 近藤邦康,《中国近代思想史研究》,141页。
② 沟口雄三,《中国前近代思想の屈折と展开》

影响。

　　沟口雄三更具争议的论断是,从宋代理学到晚清考据学之间的思想轨迹并未带来自由主体性的现代性;沟口雄三支持竹内好的说法,认为社会主义的中国现代性在本质上有别于西方资本主义现代性。然而,他在《中国作为方法》一书中,明确地批评了竹内好和西顺藏,沟口雄三认为这两位学者把中国现代性视为对西方/日本现代性的批判,未能真正把握中国,这些学者通过构建出一种虚幻的中国来批评战后日本的现代化工程。① 沟口雄三反对这种叙述,他提出,包括谭嗣同和康有为在内的为数众多的晚清思想家,在发展他们自己的现代性观念时,都吸取了由宋到清的儒家哲学和共同体视野。沟口雄三的理论是很复杂的,本章无法全面展开讨论,这里我想强调沟口雄三反复提出的一个观点:"公"对中国现代思想的影响。他认为,康有为、孙中山等现代思想家都强调了平等和群体自由大过个人自由的理念。②

　　简言之,沟口雄三指出,我们可以说,中日两国在进入民族国家的世界体系时,都经历了革新,若要理解每个国家具体的革新,就必须考察各国前近代的历史。③ 沟口雄三认为,只有重视前近代的历史,才能避免把西方现代性摆得过高,避免肤浅地比较中日两国的现代化谁"早"谁"晚"。沟口雄三并没有过多地强调西方的影响,而是把日本对民族主义的痴迷和各种封建时代的共同体联系在一起,把中国对世界共产主义的接受和传统帝国的天下理论联系在一起。

---

① 沟口雄三,《方法としての中国》,44 页。
② 上引书,20-25 页。
③ 上引书,25 页。

通向全球动力与本土发展的综合：汪晖

以上章节讨论了各种理论立场，我们可以看到竹内好、西顺藏和沟口雄三等学者各自强调了中国的特殊性。这些学者都试图把中国现代性的独特和共产主义的经验（尤其是毛泽东）联系起来。20 世纪 80、90 年代以来，日本学者把这一范式当做日本对共产中国的幻想，逐渐弃而不用了。① 此外，后结构主义这样的新理论逐渐流行起来，许多汉学家批评沟口雄三的立场是本质主义的。②

然而，在过去十几年间的中国，在阿里夫·德里克所说的"后社会主义转型"背景下，沟口雄三的著作被更多的读者所接受。③ 20 世纪 80 年代后期、90 年代初期，中国学者倾向于把马克思主义看作是理论上无甚用处的压迫性国家意识形态。到 90 年代中期，邓小平全力推动的市场改革计划，把资本主义的诸多问题带入了中国现代城市的核心，带入了中国知识分子的意识当中。④

---

① 因此，近藤邦康 2003 年出版的对毛泽东充满同情的书使日本汉学界颇感惊诧。此书很快被翻译成中文出版，《革命者与建设者：毛泽东》，中国青年出版社，2004。
② 参见坂元弘子，《中国民族主义の神话：人種，身体，ジェンダー》，坂元尤其批评了沟口雄三的文化本质主义。
③ 对于这一转型对文化思想潮流的影响，德里克著述极多。参见氏著 *Confucius in the Borderlands*。
④ 沟口雄三的著作在 1994 年翻译成中文，很快成为研究晚期帝制思想史的必读书目。他的著作在上述意识形态背景下尤其具有魅力。他强调中国经验的独特性，他尝试将传统和中国共产主义联系起来，在某种程度上也被中国民族主义者、新左派、甚至是新自由主义者所接受。中国民族主义者用他的著述来强调中国的独特性；新左派用他来展示中国传统可以用来批评资本主义的不平等；新自由主义者提出，沟口雄三展示了中国传统和资本主义不相容的地方，中国人需要与这些传统保持距离。

第一章 导论：章太炎与中国现代性

在这样的背景下,汪晖把沟口雄三等日本汉学家的著述放置在新的范式之下,这种新范式在很多方面影响了我自己对章太炎的阐释。在汪晖的近作当中,他肯定了中国前近代思想与社会的转变对于理解晚清和民国思想史的重要性。① 他强调,随着中国进入全球资本主义的民族国家体系,古典的理念也随之被转化了。他认为,中国被帝国主义迫胁着进入现代世界,但是这种对抗所带来的效应,直接为儒家思想的转化所塑造。

这一立场看来中立,沟口雄三自己的著作在某种意义上也暗示了这一点。汪晖的著作指向两个不同的方向。和沟口雄三一样,汪晖希望把中国对资本主义的抵抗放置在儒家传统的转化上,尤其是宋代天理概念所提出的辩证。在汪晖看来,宋代的天理等概念,使得后来晚清知识分子们能够在本土的框架当中把握并译介现代科学的概念。对于宋代的共同体概念是怎样成为抵抗资本主义现代性之基础的,汪晖也抱有兴趣。他更为敏锐地看到19世纪末、20世纪初的晚清知识分子怎样转化并重构了宋代理学中的概念。因此,这些概念所带来的任何抵抗,都应当被理解为被纳入全球资本主义现代性这一普遍活动的一部分。②

---

① 汪晖,《现代中国思想的兴起》。
② 汪晖对全球现代性的强调,使他对毛泽东思想的看法,比任何战后日本汉学家都更加摇摆不定。实际上,汪晖著作的主要目标是为了发展出一种框架,其中可以把中国和西方的现代性道路当作同一个进程来加以把握,这一进程和全球资本主义民族国家的动力联系在一起。作为这一计划的一部分,他反对资本主义国家中国家与社会的区分,质疑新自由主义学者的判断:共产主义中国其实存在于资本主义体系之外。相反的,汪晖强调,整个20世纪,中国国家权力的建立是与工业化和与资本主义世界体系的竞争紧密关联的。汪晖提出,始于晚清的理性化过程延续至今,它是和中国的资本主义转变纠结在一起的。

汪晖的理论和沟口雄三不同,他认为中国对现代性的抵抗并不仅仅存在于共同体这样的概念中,抵抗同时包含着群体和个人。汪晖有时会提到晚清知识分子通过追求平等来反抗现代性,但是他所叙述的资本主义现代性,其特征大多是普世性和理性化,这两者又和公理的概念联系在一起。① 在汪晖看来,公理吊诡地既代表着资本主义的支配,又代表着对资本形成的抵抗过程。一方面,晚清知识分子对公理的发展,是通过对宋儒天理概念的转化,而宋儒用天理的概念来批判他们社会中的不平等。另一方面,晚清思想家把公理和现代科学、法律和社会准则联系起来,这些准则和资本主义与国家的形成紧密关联。换言之,在20世纪初期,知识分子用公理来表示一种把独特性包摄其中的抽象准则。从这个立场来说,晚清知识分子并不是纯粹抵抗的行为主体,而是一种悖论的化身:抵抗的同时又在复制着所抵抗的目标。此外,汪晖提出,要理解这一悖论,我们必须聚焦在传统的本土资源,它展示了晚清知识分子"对于历史变化的既拥抱又反抗的方式",以及他们"既追求公理又对各种假借公理名义的普遍主义宣称做出的坚定拒绝"。②

在《现代中国思想的兴起》的结尾部分,汪晖开始解释其中的原因。他指出,在严复(1854—1912)、梁启超(1873—1929)和章太炎的著作中,"'公'、'群'和'个体'概念保存了某种对于'自然状态'的理解,并以此为依据,在建构现代方案的同时对这个方案进行批判性的反思"。③ 这段话说明,中国传统当中有一个主要因素,它促成了对实际存在制度的批判,那就是"自然

---

① 参见汪晖,《现代中国思想的兴起》,第5章。
② 上引书,第1卷,67页。
③ 上引书,第4卷,1424页。

状态"所体现的超验式否定(transcendent negativity)。简单来说，自然成为了批判的立场，因为它代表着现代制度的"他者"。

然而，如果把汪晖分别处理章太炎和梁启超等晚清改良派的两章加以比较，我们可以看到，并不是所有的晚清学者都一致表达了作为否定力量的自然状态这一理念。举例来说，梁启超和康有为常常用自然状态来正当化"群"，但是章太炎则反对群，甚至进而否定了个人。在关于梁启超、严复和康有为的一章中，汪晖提出，儒家传统和宋代的天理概念带来了对现代性的批判。在讨论章太炎的一章中，汪晖解释了公理和群的理念是怎样和清政府和改良派的现代化方案紧密关联的。此外，他还解释了章太炎对现代性的批判，恰恰包含在他对改良派的群、进化和公理等理念的攻击当中。①

汪晖还有一个未处理的问题，那就是，作为晚清最主要的现代性批评者，章太炎在他的佛学著述中几乎拒绝了所有改革者从宋代及帝制后期的儒学中汲取的概念。如果我们接受汪晖和沟口雄三的说法，那么，正是这种儒家的传统使针对现代性的批判性思考成为可能。有一部分问题可以通过区分不同程度的批判来解决。比如说，汪晖反复强调，大多数的晚清知识分子在赞同现代性的同时也在进行着批判性的反思。即使如此，如果我们把批判性反思和否定的时机联系在一起，而不是和共同体联系在一起，那么，问题就不再是程度上的差异，而是章太炎、鲁迅

---

① 在日本汉学的领域里，存在着这样一种分工：强调抵抗现代性而不强调中国传统的学者，比如竹内好、西顺藏等人，会聚焦于章太炎。而强调传统是抵抗的中流砥柱的学者，则选择继承了从宋到清多种遗产的改革者。汪晖结合了两种取径和方案，使我们看到全球现代性的张力，这种张力存在于本地传统的遗产和视现代性为进步的意识形态观念之间的矛盾，以及从个人解放的角度和新的群体认同的角度来认识现代性之间的对立。

的受佛教-道教启发的抵抗和梁启超、严复等人受宋明理学启发的抵抗,两者之间存在着本质上的差异。① 更重要的是,要理解这一差异,要搞清楚什么是抵抗资本主义现代性,什么是抵抗资本主义现代性的一种表象,我们需要回到汪晖更宏大的课题上来:发展一套既能把握全球层面上资本和民族国家构成,又能解释政治形式之差异的现代性理论。

汪晖的著作为我们指出了现代中国社会史、思想史中的几个重要主题。他提出的问题是,中国进入民族国家的全球体系时所发生的社会变革,与新的哲学、政治话语之间有着怎样的关系;对全球现代性的抵抗、本土哲学传统以及新社会政治构成之间又如何彼此关联。汪晖强调传统哲学的辩证力量使抵抗成为可能,他指出,现代性是全球的,现代中国的思想家"站在'现代'一边展开他们对'现代'的批判",他所宣称的"反现代性的现代性不仅是中国思想家的特殊表现,而且也是现代性本身的矛盾结构的表现",最终为新取径提供了基础。② 为了使汪晖的洞见指引我们的分析,我们需要首先铺展出现代性矛盾结构(尤其是民族国家的全球资本主义体系)的种种特征。

重新思考资本主义与民族国家

汪晖指出,要理解思想上的变化,现代中国思想的史家需要看到中国进入全球资本主义的民族国家体系时所发生的种种变革。要遵循汪晖的洞察,我们需要深入考察社会动力与思想实

---

① 当然,辛亥革命之后,严复和梁启超分别转向了道教和佛教,问题更加复杂了。此外,章太炎也在辛亥之后转向了"国学"。参见第 2 章。
② 汪晖,《死火重温》,12、14 页。

践之间的关系。学者所思考的资本主义,一般来说是经济上的范畴或结构,因此,思想史家对这一概念的使用,常常是和人民、阶级联系在一起的。因此,很多学者声称章太炎代表了民国革命中的小资产阶级。汪晖对公理的分析则指出,全球资本主义渗透到比阶级更为深入的程度,现代性的过程是和这样的全球资本主义相关联的;这些过程塑造了包括空间/时间理念在内的文化形式。

商品形式的文明教化使命

马克思宣称,资本是运动的而非静止的。① 资本的运动解释并涵盖了许多在西顺藏、汪晖和竹内好的思想当中占据中心位置的现象和概念。竹内好曾经描述了一个不断扩张、不断转化亚洲文化背景的欧洲。马克思也强调了资本的流动超出民族国家的边界,其文化的维度也带来了一种"文明教化的层面"。② 借用克里斯·阿瑟(Chris Arthur)的说法,我们可以把这一"文明教化的层面"称为资本的"文明教化使命",如果没有文化和哲学领域里的转化,由帝国主义带来的经济和政治上的变革几乎是不可能的。③

在《政治经济学批判大纲》当中,马克思讨论了一种相似的现象,他所说的资本的"文明作用"清楚阐明了资本所具有的超越民族疆界的扩张性、转化性能量:

由此产生了资本的伟大的文明作用;它创造了这样一

---

① 马克思,《资本论》。
② Marx, *Capital*, 409. 转引自 Arthur, *The New Dialectic and Marx's Capital*, 141 页。
③ Arthur, *The New Dialectic and Marx's Capital*, 140.

个社会阶段,与这个社会阶段相比,以前的一切社会阶段都只表现为人类的地方性发展和对自然的崇拜。只有在资本主义制度下自然界才不过是人的对象,不过是有用物;它不再被认为是自为的力量;而对自然界的独立规律的理论认识本身不过表现为狡猾,其目的是使自然界(不管是作为消费品,还是作为生产资料)服从于人的需要。资本按照自己的这种趋势,既要克服民族界限和民族偏见,又要克服把自然神化的现象,克服流传下来的、在一定界限内闭关自守地满足于现有需要和重复旧生活方式的状况。①

在这里,马克思把资本逻辑的全球性和资本逻辑所带来的认识论上的转化结合在一起。② 资本主义的流布包含了对之前存在的生活模式根本上的转化。乔治·玛律库什(György Márkus)指出,资本主义社会的特征之一,就是人与物之间的脱钩。③ 这一脱钩,正是把自然作为纯粹客体、人类作为主体的必要条件。这一概念上的对立,和卢卡奇的物化紧密相关。

物化原本指的是马克思对商品拜物教的讨论,在资本主义社会当中,"这只是人们自己的一定的社会关系,但它在人们面前采取了物与物的关系的虚幻形式。"④卢卡奇发展出来的物化

---

① 《马恩全集》,46卷,393页。
② 马克思在德文文本中用英文写道"Hence the great civilizing influence of capital"(资本巨大的教化影响),大概是强调资本的跨国层面,并且指向英帝国主义和资本主义的逻辑。
③ 玛律库什解释:"前资本主义社会当中,存在着明确的、未经媒介的社会习俗,这些习俗在社会分工和社会结构的层次等级之中固定了人们使用物品的方式,在这里人们与物品分别占据着不同位置。"30页。
④ 转引自卢卡奇《历史与阶级意识》,147页。

概念,是为了说明资本主义社会中更普遍的表象和概念对立。资本主义社会中出现的各种对立都是被物化了的思想,它们把自己表现得好像是独立的存在一样。我们需要把卢卡奇的物化理论和对虚假意识的批判区分开来。在卢卡奇看来,人们并不是有意地通过歪曲再现各种关系来实现他们自己的利益。相反,这些关系本身以物的样貌表现出来,制造了各种概念对立。

伴随着资本主义的理性化和商品化而发生的种种哲学转化当中,极为重要的一个,是主体-客体、抽象-具体这样的哲学背反越来越普遍。这和商品形式的两个面向有着紧密的联系:交换价值使异质性的物归属于同一标准之下;使用价值则代表着实际生存的经验。用克里斯·阿瑟的话来说,"商品的价值形式设定了一种分歧,价值一方面是以抽象的普世为前提,等价交换的商品的同一性,一方面是商品持久的独特性,因各自的使用价值而异。"①

资本主义的文明教化使命比所谓欧洲或西方文化的文明开化使命更为复杂。学者们常常认为理性化和自由主义的散布都是一种思想上的殖民,但是上述分析指出,抵抗西化的立场、文化独特性和感觉,其实也同样和资本的逻辑联系在一起。②

民族国家和全球资本主义

交换价值和使用价值之间的对立是普世性和独特性之对立

---

① Arthur, *The New Dialectic and Marx's Capital*, 81.
② 我们可以将1960年以来围绕着列文森的争论建立在资本主义逻辑的两面之上。列文森原本的理论并没有明确提到资本主义,但是他显然认为现代的状态是全球的、普世的,现代的状态使儒教这样的传统转变为认同的象征。为了回应这一观点,余英时等中国学者提出中国传统在构成中国现代性当中扮演了积极的角色,沟口雄三则宣称倾注在传统中的中国现代性,有别于西方或全球现代性。

的基础,若要理解面对帝国主义威胁的国家,其思想史经历了怎样的发展,我们需要检视民族主义怎样充当了这种对立的媒介,检视全球与地方的复杂关系。我们很难分析民族空间,正是由于它自相矛盾地既抵抗了全球资本主义,同时又使空间的全球化变得完整。玛努·古斯瓦米(Manu Goswami)在《制造印度》一书中,解释了她所称的资本主义"全球空间-时间"和民族空间之间的辩证:

> 全球空间-时间的形成是一个辩证的、矛盾的双重过程。它来自于同时发生的多种社会经济领域和文化想象的去地域化(大卫·哈维所说的"空间-时间收缩")和再地域化(由物质的基础架构创造的相对固定的社会空间组织,用以加速资本在时间上的流动)。①

古斯瓦米的著作考量的是印度社会空间的变革,描述了殖民国家在资本主义的生成过程中所扮演的角色。她所要理论化的对立,存在于全球资本主义的普世性和民族国家这样的地理差异的独特性之间。大卫·哈维讨论了资本主义和空间转变之间的关系。在《资本的极限》一书中,他说:

> 前资本主义社会的成见、文化和制度并没有被彻底摧毁,而是被赋予了新的功能和意义,在这个意义上,它们被革命化了。地理差异常常被表现为一种历史的残留,而不

---

① Goswami, *Producing India*, 39.

是资本主义生产模式当中被积极地重构着的特征。①

哈维声称,资本的内在动力以及对利益的追寻,促使着资本在全球寻找市场。民族国家和全球化是资本主义地域动力的一部分,一方面,资本主义的生产必须在由法律和规则约束着的封闭空间内进行,另一方面,一旦内在市场饱和,资本家们又不得不在全世界寻找利润。在《资本论》第一卷当中,马克思假定了一个封闭的经济体系,其各项指标皆有民族国家设定。但是马克思同时也清楚意识到资本的跨国层面。

随着资本的动力流转散布,人们摧毁共同体的旧有形式,代之以有助于资本主义运作的制度。这其中就包括了上述的去地域化和再地域化。再地域化的目标是使资本繁殖再生,同时还有其他几种进程,帮助了资本的扩张。殖民主义、半殖民主义和民族主义分别有着大不相同的政治目标,但是它们都纠缠在全球资本主义的扩张当中。由于这些政治形式都和资本主义有关,它们都受到商品形式逻辑和物化的影响。

我们必须通过资本主义的运动和物化来理解民族主义和民族国家。民族体现了商品形式对立的两面。所有民族彼此平等,正如商品形式的交换价值一样。同时,每个民族又通过种种情感上的来源来极力宣扬自己的独特性。哈维指出的"重构"而不是"残留"使我们看到,当民族主义汲取历史的过往来构成他们的身份认同时,他们已经参与到一个新的认识论空间中去了。换言之,民族国家独特性的条件,恰恰就是它辩证的对立:被承认是对等的民族国家体系当中的一员。每一个民族必须是

---

① Harvey, *Limits to Capital*, 416.

不具形体的他者的承认对象,这个他者就是整个民族国家体系。吊诡的是,只有成为普遍化的他者的对象,民族才能成为世界舞台上的主体。

表演性和民族主义

民族需要人民在本地的舞台上进行一种相似的承认的辩证,威廉·埃格顿(William Egginton)将之称为"表演认同性"(theatrical identification)。埃格顿认为现代政治认同的基础是认识论上的转向,这一点也呼应了卢卡奇对资本主义的分析。商品在形式上是平等的,公民在国家那里也享受着形式上的平等。柄谷行人通过引述霍布斯,明确地说明了这一类比:"为了说明主权者,霍布斯想到众人把自然权让渡给一人者(Leviathan)的过程。这个过程,与所有商品将一商品置于等价形态上相互靠货币的关系得以结合在一起的过程,是一样的。"①

然而,人类和商品不同,他们对抽象的民族共同体的认同,是积极主动的。埃格顿的观点是,公民与现代国家之间的关系是表演性的,这和等级制度的政治结构下君主和诸侯之间的直接关系有所不同。他认为,人们对政治共同体的认同,和他们对舞台上的演员的认同是一样的。在讨论到霍布斯的时候,他注意到:

> 在国家的抽象主体之中,公民的集体意志只能体现为

---

① 柄谷行人,《跨越性批判》,赵京华译,中央编译出版社,237页。

一个角色;我们只能作为一个角色才能和那个抽象主体产生认同。霍布斯的著作当中有着对现代国家最具影响力的理论化,但是在表演性的框架之外,它就完全无法想象。①

随着人们对舞台上的角色产生认同感,感受着他们的苦痛,人们也开始认同以他们的名义进行表演的国家和民族。某种程度上,表演认同性和本尼迪克特·安德森的"想象的共同体"②异曲同工,但是表演认同性处理的是政治空间中自我的形成。用埃格顿的话来说,公共政治需要人们"虽然一次面对面的相遇都未曾有过,还是要表演性地认同统治者、法律、从未谋面的朋友、理念、他们的民族"。③ 也就是说,表演性指的是现代自我的一种模式,民族主义者利用这种自我的模式以达到特定的目的。

和物化一样,表演性可能也在不同程度上出现在之前的社会当中。也就是说,在基于具体人际关系的身份认同之外,还存在着一些强烈的种族性,比如在明朝的社会精英之间就存在着这样的例子。然而,在那样的时代,表演性并未成为一种普遍的、制度化了的媒介形式。具体来说,表演性的出现和主体、客体的分裂缠绕在一起,主客的分歧把自我分割成彼此不能相容的两个瞬间:作为主体的自我和作为他者的客体的自我。④

孟悦和瑞贝卡·卡尔分别卓有洞见地证明了晚清的戏剧文

---

① Egginton, *How the World Became a Stage*, 147.
② 本尼迪克特·安德森,《想象的共同体》。
③ Egginton, *How the World Became a Stage*, 146.
④ 在这里我概括了埃格顿的拉康式分析。

化在政治中所扮演的核心角色。① 卡尔关注的是 1904 年汪笑侬的《瓜种兰因》,其中的角色都暗指民族国家,个中剧情绘制出全球的主体间性。表演性的普遍化和世界舞台的形成千丝万缕地联系在一起,在这个世界舞台上,民族的合法性取决于其他民族的承认。汪笑侬这样的晚清知识分子注意到中国在其他民族面前所遭受的耻辱。民族主义者的工作,就是保证人民对民族的认同,这样,民族的经历就成了每一个人的经历。晚清知识分子惋惜的是,人民并不认为国耻也是个人的耻辱。孟悦在这一分析的基础上注意到戏剧改良和西式戏剧"文明戏"的出现,它们引入了几出和政治对抗密切相关的西方剧目。②孟悦指出,在上海,主张戏剧改革的人和当时出版世界时事的期刊书籍关系紧密。《辛亥革命书征》所列出的 134 本书当中,有 74 本是关于世界上其他国家的巨变的,其余的书则处理了哲学、法律、政治理论和史学。③

卡尔和孟悦指向了晚清戏剧之背景和内容的多样性与复杂性,并展示了戏剧与某些抵抗的联系,但是她们并未分析新戏剧形式的政治意涵。我们可以通过检视 20 世纪初戏剧改良的性质,来了解这些形式转变的政治意涵。当时,夏氏兄弟仿照在日本见到的西式剧院,兴建了新式剧院。在此之前的"茶馆",观众与演员之间的界线并不那么分明;新式剧院则明确划分出观众的空间,他们坐在暗处,观赏灯火辉煌的舞台上演员的表

---

① Karl, *Staging the World*, Meng Yue, *Shanghai at the Edge of Empires*.
② Meng Yue, *Shanghai and the Edge of Empires*, 113.
③ 上引书,115 页。

演。①葛以嘉(Joshua Goldstein)的分析呼应了埃格顿,他注意到戏院是"逐渐浮现的政体的缩影",在这里,"逐渐平等的公民身份及其带来的社会性的新形式,得到了声张与鼓吹"。此外,新式戏院和其他现代民族建设的空间一样,"既是解放的空间,也是为了达到新目标而规训和重置社会的技术手段"。②

在戏院里,我们可以以微缩的形式看到现代世界民族国家的抵抗与再生之间的关系。也就是说,卡尔和孟悦所讨论的戏剧,表达了一种抵抗全球权力不均衡的愿望,这些戏剧通过促进民族主体性,再生了不均衡权力的形式。当然,在晚清时期,政治上的斗争大多集中在引导表演性认同的叙述上。从更广泛的角度来说,这就指向了汪晖和竹内好都涉及到的一个悖论:民族主义在抵抗帝国主义的同时,它又再生了民族和商品形式的文明教化使命。用竹内好的话来说,这就是为什么"通过抵抗,东洋注定越来越欧洲化"。

晚清知识分子对这一悖论的认识,程度不一,我们似乎可以说,章太炎对抵抗与再生之间的矛盾,有着本质上不同的把握。如果我们能看到全球体系的总体性(包括认识论的各种形式),那么我们就在民族主义的趋向和否定的趋向之间产生了分裂。另一方面,在晚清,由于帝国主义带来的威胁,我们也能感受到进入政治生活的必要性。

在章太炎的佛学著述中,他表达了民族国家和超越民族国家可能性的两种趋向。最有名的,要数他对汉民族表演性身份认同的革命叙述,其目的在于颠覆满清王朝。在第三章中,我们

---

① 观众和演员之间,通过黑暗的剧场和辉煌的舞台区隔开来,这种分离最先出现于18世纪晚期的法国,参见 Marrinan, *Romantic Paris*。
② Goldstein, "*From Teahouse to Playhouse*," 754.

将要看到，由于几种原因（包括他被清政府下狱），章太炎慢慢转向一个以唯识宗佛教为基础的理论框架，这也使他对国家抱持批判态度。章氏对佛学的运用，繁复而又充满矛盾。一方面，他用佛学来实现革命所需的表演性认同和牺牲；另一方面，他又强调，佛学颠覆了主体和客体，因此它所指向的超越了一切政治形式。这就是西顺藏所提出的否定性，同时也是章太炎批判黑格尔的基础，也可以说是对资本主义中的思想的批判。由于章太炎的批判一直停留在一个极其抽象的层次上，他从未能将其联系到具体的实践和政治当中。我们甚至可以说，他的抽象批判和他对政治盟友的失望，使他从民族政治的表演性场域当中脱身出来，投入到玄思冥想的哲学思考当中去。

从表演性到哲学

本书中从表演性认同到哲学的移动，同时也是向着民族主义认同背后更深层次上认识论条件的移动。前面我们已经看到，表演性认同的辩证，是现代社会当中更为根本的概念转移的一部分。章太炎佛学阶段极为重要的一部分，就牵涉了他试图超越表演性认同和现代社会中的对立，并由此转向了一个哲学的层面。在这里，章太炎拒绝了他当时那个政治世界的局限，而进入了哲学的世界。然而，哲学的世界依然是由商品形式和资本构成的。

在使用价值和交换价值的对立所带来的诸多对立当中，迪卡尔以来的现代哲学家都聚焦于主客体的二元论，康德强调了认知主体的局限。后康德主义的哲学家更进一步，他们试图通过寻找一个更深层次上的进程，来超越主客体二元论。黑格尔的精神和海德格尔的存在都是这种原初进程的例子。黑格尔和海德格尔所做的不只是超越空间认识上的主客体分裂;他们两人分别试图通过时间进程或者历史理论来解释具体对立的出现。通过强调时间的因素,这些思想家们表达了资本主义的一个面向,这是此前的思想家没有做到的。这在黑格尔和马克思那里最清楚不过了。

当然,把马克思和黑格尔联系在一起早已是老生常谈。传统上,马克思主义者反转了黑格尔的纲领来构建他们自己代表着各个生产模式的唯物主义阶段论:奴隶、封建主义、资本主义和社会主义。然而,我认同最近的一种黑格尔式的马克思主义潮流,他们认为黑格尔所谓的精神,其实是把资本的进程误认为是一种超历史的进程。普殊同是马克思主义分支的主要倡导者,他认为,马克思的《资本论》所讨论的不仅是经济,更是"普遍的哲学思想的大哉问"。普殊同单独提出黑格尔,来解释他的观点:

> 对于黑格尔来说,绝对——主客体范畴的整体性——自为基础。和自我移动的作为主体的"本质"一样,它是真正的自我肇因(causa sui)。同时也是它自我发展的终点。在《资本论》当中,马克思认为,在由商品决定的社会当中,其深层形式构成了许多概念的社会背景,这些概念包括:本质与表象之间的差异,实质的哲学概念,主客体的二元论,整体性的概念,以及,在资本范畴的逻辑层面上,主客体同一的辩证展开。①

---

① Postone, *Time, Labor, and Social Domination*, 156 页。将这种范式应用到现代印度思想的开创性研究是 Sartori, "The Categorial Logic of a Colonial Nationalism."关于这一观点最近的发展,参见 Sartori, *Bengal in Global Concept History*, 尤其是 51-67 页。

黑格尔和其他德国唯心主义者都看到,和主客体二元论相关联的对立,包含了一个更根本的媒介形式。同样的,在资本范畴的层面上,我们所面对的并不是使用价值和交换价值之间的静止对立,而是历史的深层进程,社会在这一深层进程中迈向更高级的生产力。黑格尔所描述精神的旅程,错误地把这种进程认为是一种超历史的向着更高层次的道德和政治优越性迈进的进化。

杜赞奇在谈到黑格尔与20世纪初中国史学之关联的时候,注意到黑格尔的历史"其哲学体系显然适用于觊觎世界的殖民霸权"。[①] 上面的讨论可以作为杜赞奇的一个注脚。黑格尔不仅使民族国家称霸全球得到了合法化,在更抽象的层面上,他的精神与历史更是代表了资本的文明开化使命的征服力量。因此,当我们"像我们所研究的历史人物一样在历史的缝隙和裂纹中去反读历史",[②]我们必须认识到这两个层面上的抽象:帝国主义和资本主义。资本主义是民族国家世界体系的先决条件,但是仍有其他方式来组织资本主义的世界,此外,本地对民族国家的抵抗也并不一定意味着对资本主义的抵抗。

鉴于资本发展的两面性,仅仅强调中国的特殊性,并希冀以此来对抗现代性,其结果只能是重复再生了民族的形式和另一种形式的资本主义。因此,沟口雄三所主张的以本土概念中的平等来提供一个另类现代性的基础,若要使此说成立,我们就不得不证明所谓的另类究竟在多大程度上是真正有别于资本主义的另一条出路,或者阐明这里平等的概念,又是如何有别于交换

[①] 杜赞奇,《从民族国家拯救历史》,5页。
[②] 上引书,3页。

价值的抽象平等?

通过在抽象的层次上把握资本主义的运动,我们可以设想一种完全不同于资本主义的形式。此外,由于资本主义的运作是在高度抽象的层面上进行的,哲学可以复制它的结构。卢卡奇说:

> 因此古典哲学在发展史上处于这样一种自相矛盾的境地:它的目的是从思想上克服资产阶级社会,思辨地复活在这个社会中并被这个社会毁灭了的人,然而其结果只是达到了对资产阶级社会的完全思想上的再现和先验的推演。①

卢卡奇描述了康德、费希特和黑格尔等德国唯心主义者怎样不断尝试突破现代思想中的矛盾对立。这些"经典"哲学家把握了体现在思想上的资本的矛盾进程,但是他们并未能克服这些对立,而是使它们的形式永恒化了。举例来说,早期现代的思想家如笛卡尔,认为主客体之间的双重性是不言自明的,黑格尔发展出来的精神理论恰恰是为了突破这种二元论,并以他自己的方式将之历史化了。但是最终的结果却是以精神之名,物化了资本的总体性。

这一对资本主义的解读,其影响之深远,超出了卢卡奇试图以劳动阶级为历史主体的努力。如果我们能认清黑格尔的精神代表了资本的异化运动,马克思主义的目标就不再是实现超历史的历史主体(也就是劳动力),而是要否定一个具体于特定历

---

① 卢卡奇,《历史与阶级意识》,147 页。

史情境的历史主体(也就是资本主义当中的资本和劳动力)。①

在这个意义上,叔本华和尼采所开启的某些后日耳曼唯心哲学潮流,表达了一种对资本进程的否定或挣扎,但是这些否定和挣扎最终还是未能正面对抗资本的逻辑,而是以异化的形式进行的。章太炎的哲学应当被理解为这种叔本华和尼采的反黑格尔哲学潮流的一部分。

晚清思想与资本的动力

长期以来,学者(尤其是中日两国学者)对于中国资本主义萌芽的问题一直存有争论。②有些研究认为中国的资本主义出现在9、10世纪宋朝的本土转型,有些则认为19世纪的帝国主义侵略给中国带来了资本主义,无论在时间上怎样定位,这些研究都执着于一种历史分期目的论,他们的问题是,中国能否完成从封建到资本主义的转型。举例来说,中国学者一般认为辛亥革命是一场资产阶级革命,参与其中的革命者,如章太炎等,代表着资产阶级。下面我将要引述这些学者的论著,以资本主义为背景来思考晚清。

中国史家们普遍认为,晚清中国的资本家数量与在华外国

---

① 在哲学上,这一取径既是黑格尔式的,又是后黑格尔/后结构主义的。它认为黑格尔的精神是资本进程最精确的图景,不断试图扩张、消费它的他者,我们可以将这个他者称之为自然。后现代主义者的目的是解构整体性,扰乱资本的逻辑。然而,和古典哲学家一样,后结构主义者仅仅在思想上解构了整体性,由于他们没能历史地理解整体性,他们常常投射出整体性的特定形式,抵抗的是古老的过去。
② 有两个著名的例子,吴承明,《帝国主义在旧中国的资本扩张》,32—53 页,田中正俊,《中国歴史界における資本主義の萌芽研究》,Brook 的"Capitalism and the Writing of History in Modern China"提供了一个有用的文献概述。

资本持续攀升。1895年的甲午战争和马关条约签订之后,外国公司的在华投资大幅度增长,也因此在本土企业之间造成一种危机感。朱育和、欧阳军喜以及舒文最近的研究表明,晚清的官员与知识分子都认为,中国之所以在甲午战争之中败给日本,正是由于经济体系发展不足。1898年,在改良派的影响之下,清政府实施一系列政策,以期推动本土工业。随着百日维新的失败,这些政策被废除,而1901年的新政,又重新全力推动这些改良政策。这些改良政策大大刺激了投资的增长:1895年至1913年间,外来投资翻了一番。① 同一时期内,有549家本土工、矿业企业投资额在1000元以上,而投资总额达到120288000元。②

比起投资的实际数额,更重要的是这些投资所代表的潮流。费维恺(Albert Feuerwerker)等经济史学家则反复强调,以中国之幅员辽阔,这些数字微乎其微。③ 然而,如果从全球角度来审视问题,我们应当看到,资本持续增长,流入中国,这表明了中国正不断融入全球经济体系。④ 这样的社会经济转变并非全国步调一致,往往集中于上海这样的都会城市。而正是在这些都会城市之中,知识分子最为活跃。⑤

此外,由于资本主义还包括了文化和政治的层面,因此,政治结构上的普遍改良(比如理性化)对于晚清思想的脉络背景也极为重要。卢卡奇引述韦伯,提出官僚化和资本公司之间是

---

① 吴承明,《帝国主义在旧中国的资本扩张》,40—41页。
② 朱育和、欧阳军喜、舒文,《辛亥革命史》,41页。
③ Feuerwerker, *China's Early Industrialization*.
④ Andrew Sartori, *Bengal in Global Concept History*.
⑤ Shu-mei Shih, *The Lure of the Modern*.

同生同源的：

> 现代资本主义企业在内部首先建立在计算的基础上。为了它的生存，它需要一种法律机构和管理系统，它们的职能至少在原则上能够根据固定的一般规则被合理地计算出来，像人们计算某一架机器大概可能的功率一样。它不能……根据个别案件中法官的公正感觉或根据其他一些不合理的法律手段和原则来容忍判决，也不能根据自由的任性和仁慈以及其他神圣不可侵犯的、然而是不合理的传统，来容忍执行家长制的管理。……同资本主义营利的那些古老形式相反，现代资本主义特有的东西是：在合理技术基础上的严格合理的劳动组织，没有一个地方是在这种结构不合理的国家制度内产生的，而且也决不可能在那里产生。这些现代企业形式由于有固定资本和精确的计算而对法律和管理的不合理性极为敏感。它们只有在这样的地方才能产生出来，在这里，法官像在具有合理法律的官僚国家中那样或多或少是一架法律条款自动机，人们在这架机器上面投进去案卷，再放入必要的费用，它从下面就吐出或多或少具有令人信服理由的判决；因此，法官行使职责至少大体上是可以计算出来的。①

卢卡奇把韦伯的重要理性概念建立在商品形式和资本主义的逻辑上。资本向世界上不同区域的扩张，可能以自由经济以外的形式表现出来。卢卡奇强调，在现代官僚体系中，事物都服

---

① 卢卡奇，《历史与阶级意识》，159 页。

从于形式化,形式化就是以交换价值和现代平等理念为基础的抽象化。

在1901到1911年间的中国,我们也可以看到这样的变化,当时的清政府推行新政,试图把将整个社会置于官僚掌控之中。杜赞奇注意到,在20世纪初期:

> 国家政权扩张的一个重要方面——深入基层和吸收下层的财源——在这整个时期却基本上没有中断。所有的中央和地区政权,都企图将国家权力深入到社会基层,不论其目的如何,它们都相信这些新延伸的政权机构是控制乡村社会的最有效的手段。①

国家力量的延伸,同时也伴随着官僚改革和教育改革、废除科举、破除封建迷信、发展公共卫生设施等等。

这些变革并不能说明中国在晚清时期已经进入资本主义了,但是它们确实说明全球体系已经逐渐渗入中国,物化和商品形式开始影响到智识和思想的生活。简言之,问题之关键是看到全球的脉络已经明显影响了中国,而不是有多少数量上的资本在中国流动。

在卢卡奇看来,物化并不是资本主义社会的独特现象,他主张,古希腊哲学家的普世性概念也是由他们所处的社会中的物化带来的。然而,古希腊人并不是以"整个存在的普遍形式"来经历这种普世性现象的。② 相反,他们一只脚踏进"自然地建立

---

① 杜赞奇,《文化权利与国家》,3 页。
② 卢卡奇,《历史与阶级意识》,177 页。

起来的社会中"。① 从这个角度来说,卢卡奇分析对于中国的适用性,取决于晚清社会在多大程度上经历了作为存在之普世形式的物化或理性化。如果纵观整个社会,那么晚清社会还有许多彼此竞争或是残余的生活形式,物化还远远达不到普世的程度。古希腊甚至是宋朝或晚明这样的混杂性社会都被拿来和"现代性"作比较。然而,20世纪之交的中国有别于此前的这些社会,原因在于晚清存在于一个被全球资本主义所支配的世界,这个世界不断试图把它的外部吸纳进来。由此,我们需要强调资本的动态本质,将20世纪初期中国的物化当作一个运动来思考,而不是一个事实。

章太炎生平与时代:晚清知识分子与全球现代性

在章太炎接触西方哲学之前,他早期生活当中的一些影响已经塑造了他对现代概念的理解和诠释。章太炎1869年1月12日生于浙江余杭,比康有为年轻约11岁,比谭嗣同小两岁。章太炎在自述当中追忆,对他影响最早的是教他读经的外祖父朱有虔。章太炎幼年就知道满汉之别:"念《春秋》贱夷狄之旨",他读到戴名世、吕留良、曾静等人事迹,"甚不平"。有学者质疑章太炎所自称的幼年即有逐满之志,但是他对明末清初的顾炎武、黄宗羲的尊崇敬慕却是毋庸置疑的。实际上,"太炎"之由来,就是在黄宗羲的字"太冲"和顾绛的字"炎武"当中各取一字。②

---

① 卢卡奇,《历史与阶级意识》,177页。
② 关于章太炎的早期生活,参见汤志钧,《章太炎年谱长编》,另参见 Laitinen, *Chinese Nationalism in the Late Qing Dynasty*。

第一章 导论：章太炎与中国现代性

章太炎早期思想背景的另一个主要方面是，当时的中国知识分子对于研习西方科学日趋开放。中国在经历了鸦片战争和太平天国之后，中国士人与英国传教士合作，在中国翻译传播了科学理论。在18世纪，中国学者认为科学源起于中国，但是鸦片战争之后，"后工业革命的科学，如今称之为现代科学，被认为是与本土经学相匹配，却又并不屈居于经学之下。"① 早期的科学引介，对章太炎这一代知识分子影响极大。谭嗣同就接受了英国传教士傅兰雅(1839—1928)的许多观念，傅兰雅于1874年在上海创办了格致书院，并与徐寿(1818—1882)合作，用古文翻译了诸多西方科学著作，这一创举"将一种以文本为基础的科学，和中国那种认为科学是经学领域的观点结合起来"。②

章太炎和康有为、梁启超一样，最先是苦读经学，后来又将之和科学的观念结合起来。章太炎自幼研读经典，却并未取得功名。1883年，章太炎应童子试，但因考前几分钟猝发癫痫症而作罢。高田淳认为章太炎后来对科举体系的批评，可能与这段早年经历有关。③ 章太炎自此之后再也没有参加过科举。因此他对儒家经典和西方哲学科学理论的研读，都在国家的直接掌控之外。在接下来的几年当中，章太炎继续学习经典，而并不用写作科举所要求的八股文章。

1890年，在他父亲死后，章太炎进入诂经精舍，师从著名的古文经学大师俞樾(1827—1907)。④ 阮元(1764—1849)于1801年初创诂经精舍，后来毁于太平天国的战火之中，重建过程中，

---

① Elman, "'Universal Science' Versus 'Chinese Science'", 73.
② 上引书，71页。
③ 高田淳，《章炳麟・章士釗・魯迅：辛亥の死と生と》，9页。
④ 我将在第二章讨论古文经学和今文经学。

俞樾出力极多。清代教育的主要目标是为了进入官场当官,而诂经精舍则代表了一种另类选择。正如汪荣祖所指出的,俞樾承继了顾炎武和戴震所开启的强调音韵学和史学的思想传统,①在艾尔曼等人看来,这一传统正是现代科学的先驱。

在读经上,俞樾给学生极大的自由,章太炎得以摆脱传统的理解,创新性地把科学的发展和经学联系起来。②姜义华注意到,章太炎常用欧几里得这样的科学话语来阐释庄子的《天下篇》或是《淮南子》的章节。③这都指明了章太炎在进入政治领域之前,就已经开始把西方科学和中国经典中的观念结合在一起。他早期所受的学术训练可能为他后来的种族进化理论和对特性的强调铺下了道路。

我们可以说,早在甲午战争之前,科学就已经引介给了中国知识分子,然而甲午战败仍然是中国思想史上的分水岭。自强运动大多和强国强兵的说法联系在一起,科技发展也都以各大船厂、机器制造局为基础,战败使这些科学项目丧失了合法性。甲午战争不仅标志着中国被纳入到全球资本主义体系当中,艾尔曼的观点是,这一进程早就开始了。当中国被日本打败,中国知识分子的自我体现和在他者眼中的形象都改变了。

在甲午战争之前,中国人认为,由于在朝贡体系中占据了中央的位置,中国因此比各个邻国都要优越。④ 因此,中国在民族国家的世界舞台上自我认识,和它在朝贡体系中所扮演的角色,

---

① Wong Young-tsu, *Search for Modern Nationalism*, 6.
② 上引书,7页。
③ 姜义华,《章太炎评传》,16页。
④ 艾尔曼注意到,"随着甲午战争在1894年7月24号爆发,尽管初期有清军败绩的报道,外国媒体仍然普遍预测中国将最终获得胜利。"见 Elman, "'Universal Science' Versus 'Chinese Science'", 84页。

在某种程度上是相契合的。即使中国不再是世界的中心,它至少还是一个强国。甲午战争则极大地改变了中国知识分子对中国的理解,外国人对中国的批判书写也变得愈发尖刻。甲午战后,传教士所写的几篇中国积弱的文章成了必读书目。林乐知(Young J. Allen)对这场战争的描述,成为1896年湖南会试的参考书目之一。①

林乐知的文章倡导了改良的重要观念,这些观念后来极为普遍,促成一种更加"现代"的世界观的形成。林乐知认为,中国之落后,原因在于迷信、鸦片和科举。要解决这些问题,中国需要学习科学。在他看来,到目前为止,中国都没能真正涵括"物理之学"。② 追寻着这股格致的潮流,严复等改良派鼓吹进一步西化。具体来说,要反对迷信,就意味着要和自强运动那种调和中国传统与西洋科学的论调保持距离。到当时为止,用来翻译科学的词汇"格致之学"就来自于儒家经典。③ 甲午战后,人们逐渐开始使用日文的"科学"来替代"格致之学"。林乐知在他的观察中指出,作为"科学"的"science",明显和"迷信/superstition"对立并置起来,晚清知识分子也因此试图去魅并批判大众宗教的世界。我们可以将之理解为向着去魅的世界观的转变,马克思把它描述为自然成为客体的转变。但是在士人与官员批判宗教、改庙兴学的同时④,他们也分别以各自的方式,结合宗教和科学来创制新道德。

1900年之后,清政府在各方面遭遇挫败,促使章太炎成为

---

① Elman, "'Universal Science' Versus 'Chinese Science'", 88.
② 上引书,89页。
③ 上引书。
④ Goossaert, "1898", 312-13.

了反满革命者,他严厉批评康梁等改良派。然而,无论是革命党还是改良派,都以科学为准绳,同时借用宗教来发展一种民族国家的道德准则。因此,如果仅以章太炎的政治立场来看,我们就无法解释章太炎佛学著作不同寻常的本质,以及他对当时流行的重要理论(进化历史和国家的重要性)的否定。

要理解章太炎对佛教的兴趣,我们需要考虑两种背景:他1903-1906年的狱中经历,以及1906-1911年的东渡日本。众所周知,佛教在晚清时期经历了复兴,但是章太炎的转向佛教,其历程与谭嗣同、梁启超有所不同,这一点我将在第三章着重讨论。章太炎在狱中开始研习佛学,很大程度上是为了克服当时所处的困境,包括饥饿和狱卒的虐待。这使得他在个人和哲学两个层面上都与佛教发生关联,让他对现代制度保持清醒的距离,并从佛教的角度来重新考量这些现代制度。他在1906年东渡日本,进一步发展了这种批判的角度,在日本,他废寝忘食地通过日文来阅读现代德国哲学。明治日本的几位学者对他影响极深,这些人都批判了资本主义现代性的理性、科学的面向,而强调了个人。中岛长文在近著中讨论明治作家对鲁迅的影响,他特别提出了斋藤信策和姉崎正治,中岛认为这两人都通过个人来抵抗科学,"科学是资本主义发展的结果,它牺牲了乡村的利益来支援中日甲午战争。"[1]随着中日知识分子开始关注个人与乡村,将之视为城市与国民的对立面,他们也开始尊崇尼采叔本华等德国哲学家,因为尼采叔本华对抗了黑格尔的乐观主义。这种抵抗代表了转向资本主义的使用价值,它常常表现为情感共鸣,对抗了现代性的理性化。章太炎既追随着明治学者的脚

---

[1] 中岛长文,《ふくろうの声鲁迅の近代》,19页。

步,同时又在某种程度上超越了他们,他把佛教、黑格尔、叔本华和尼采杂糅一处,发展出一种对现代性的哲学批判。本书所要做的,就是以中国进入由民族国家构成的全球资本主义体系这一历史进程为思考背景,来分析章太炎的批判。

章节概要

章太炎以民族主义者的身份进入晚清的话语世界,最终以异化来评判这个世界,并试图否定它。章太炎思想的核心,是他的民族主义观念与佛学上的自我否定之间的反差。研究章太炎的学者已经努力调和他思想中的两种对立因素。然而,本书并不想要化解这种张力,而代之以分析章太炎思想中的对立是如何以全球资本主义现代性为条件,进而成为可能。更为复杂的是,章太炎的民族主义观念和他的佛教的自我否定论,其各自的内部也纠结着难以克服的悖论。这些悖论分别与民族主义和全球资本主义的难题连接在一起。

第二章分析了章太炎的排满话语,相对于章太炎,康有为对民族国家的儒学叙述将满汉都包括在内。章氏最终转向革命,但是他曾在进步时间性与回归原初的时间性(atavistic temporality)之间摇摆不定,他的民族理念也因其对国际政治的认识而有所变化。章氏对革命的看法,从当时流行的把革命视为进步,转变到将革命理解为返回到明清鼎革、满洲入关之前的一种身份认同。与此相似,他对身份认同的叙述,也从把中国当作和西方一样的文明开化,转变为把中国和抵抗帝国主义的亚洲和其他国家联系起来。这些立场虽然彼此迥异,但是我们可以将之理解为民族认同的表演性创造和民族的历时性悖论的各种面向。换言之,和民族出现之前的共同体形式相比,民族既需要展示出它的现代性,同时又需要证明它扎根于过往的历史当中。

第三、四、五章分别处理了章太炎佛学著述的不同面向。第三章比较了梁启超和章太炎各自对佛学的利用,这里展示了章太炎怎样批判性地利用唯识宗佛学。这一批判性利用源自章太炎早期的思想,尤其是他的"惑"的理念。他从对《庄子》和本体论困惑(ontological confusion)的解读中接受了"惑"的理念。章太炎把这一理念和他对佛学的阐释融合一处,发展出一种独特的抵抗哲学。章太炎的狱中经历促成了他的佛学转向,也许入狱使他对集体性的制度产生了质疑。清末的梁启超主要把佛教当作造就族群认同的一种方式,章太炎则深入探究唯识宗佛学,由此来破坏主体——主体是一切认同的基础,这里当然也包括对国家的认同。然而,当他不得不为自己对宗教和佛学的运用做出辩护时,他把唯识宗的概念翻译到表演性认同的框架当中去,表明了在革命的情境下,这些概念由于促进了自我牺牲这样的德行,因此也是可以利用的。

第四章检视了章太炎佛学的历史理论。他既把进化的概念建立在佛教概念之上,又最终用佛教概念来否定进化概念。他提出,黑格尔的进化概念并不是错,只是错置了。也就是说,黑格尔和进步的鼓吹者只是描述了进化过程的一个面向——善亦进化——而未能理解另一面的恶亦进化。此外,章太炎指出进化论的拥护者也未能理解进化的根本在于"种子"的生成,唯识宗佛教认为它产生了意识的波动,形成了表象世界。因此,章太炎的目的并非是要实现进化与历史,而是此二者的否定。由此我们可以看到,章太炎的作为业力识(karmic consciousness)产物的历史否定,和黑格尔派马克思主义的否定作为历史主体的资本,这两者之间有着结构上的相似性。换言之,黑格尔,甚至是卢卡奇,都把历史当作某种主体的正面进步,而受到佛学影响的章太炎,则把历史设想为否定的客体。

第五章探讨了章太炎对平等与公理的批判。章氏所批评的公理源于宋明理学的天理。公理的概念和章太炎对它的批评都应当在更广大的全球空间中来理解。公理可以应用到科学和道德的领域里,它意味着公正和公平,公理将特殊特异的吸纳到道德行为和社会运动的普世规律(比如社会进化)之下。章太炎借古代中国思想来批判"公理"与"社会",二者在 20 世纪之交都成了重要突出的概念。在批判之后,章太炎借用庄子的道家哲学指向了不齐为齐的另一种世界。①我们可以认为,章太炎试图以"平等/齐"来抵抗被抽象公理所支配的世界,这股力量在 20 世纪初的中国越来越盛行。

以上各章展示了章太炎的思想怎样转变得更加抽象、更加批判,同时我以章氏与康梁等改良派的论战,以及他个人生活中的事件为背景来把握他的著述。章太炎向来认为,他对存在的批判是和对政治的批判联系在一起的,但是这两个领域之间的彼此转换他又并非得心应手。尽管如此,作为进化和抽象公理霸权的批评者,章太炎留下的余绪对今时今日的我们仍然紧密相关。此外,他明确地发问:过往的残余或是哲学中超验的面向(比如佛学)能否用来抵抗资本主义现代性的同质形式及其种种意识形态上的表达(包括进化史观,以及使独特性服从于抽

---

① 葛瑞汉(A.C.Graham)依据《史记》,认为庄子是公元前 370—301 年的人物。学者大多认为庄子的著作当中,包括《齐物论》的《内篇》七篇出自庄子本人,其余诸篇因为后世之人所作。

象的、非人的公理)？在探讨鲁迅对章太炎思想遗产的表达，以及汪晖等当代学人对章太炎的阐释的最后一章当中，我将回到这些问题上来。

第二章　章太炎对康有为的批判：
反满、国粹与革命

　　1896年,章太炎离开他研究经学的象牙塔诂经精舍,踏入国家政治的世界。此后,他参与到国家/民族认同叙事的建构之中,进而卷入到更宏大的关于进化、文明、种族和革命的话语实践当中。然而,鉴于晚清知识分子如章太炎所接受的是多方面的传统教育,他们对全球范围内流传的话语的接受远不一致。当中国进入民族国家的全球资本主义体系时,中国知识分子为了理解、诠释和有时抵御关于进步史观、文明以及民族认同的全球主导话语,而开始改造他们的本土范畴。

　　排满主义与晚清改良主义之间的矛盾是这个过程当中的重要体现。在离开诂经精舍之后不久,将成为中国最著名的反满宣传家的章太炎,与改良主义最重要的支持者康有为展开了一场论辩。虽然已有很多对排满主义与晚清改良主义之间的论争的研究,但将之置于进化文明与文化抵御之间的矛盾这一更宏大的问题语境当中的却很少。

　　康有为以本土儒家为文明话语,重新制定一个普世的进步观之叙事。这种叙事与把清帝国想象为现代民族国家的重新想象相合,而这一想象里的中国身份是以文化定义的,这是为了囊括满与汉。因此,在康有为的观念里,帝国与国家存在于一种紧张却又相辅相成的关系之中。他冀望的是一个结合国家的力量与帝国的弹性和多元性的政体。直到1900年左右,章太炎追随改良派对他们文明叙事的拥护,与此同时,虽然他质疑儒家的正当性,但他并未明确地提倡反满革命。然而,1900年之后,章太炎提倡反满革命作为历史的进化叙事的一部分。在这个时期,章太炎提出了一个为晚清改良派和革命派所用的宽泛的进步文明叙事框架。1906年,自1903年因煽动叛乱罪名而被监禁的章太炎,在上海出狱之后,开始质疑这一进化叙事,并阐述了一套强调一国的文化特殊性——反对普世进步观的——的反满革命理论。最终,章太炎将反满主义连接到更大的反帝国主义的目标,这一转变与他在1906至1910年期间所谓的转向佛教是同步的。

在这几年间,章太炎开始显示他抵御作为主导话语的进化历史之一面。章太炎以中国国粹为他的批评立足点,并发展出一个国际多元主义的眼界。"国粹"这一承继自日本的概念,曾为许多反满知识分子所用,包括刘师培(1884–1919)和章太炎,以标示汉文化并抵抗满文化。他们的计划是通过复兴对中国经典的学习来复兴汉文化的国粹,其中的经典包括传统儒家经典以外的典籍,如道家经典。知识分子常将学习这些经典以及学习中国的历史、政治与哲学指为"国学"。① 此一文化视角的反满亦为抵抗西方帝国主义提供了立足点。章太炎把所谓的文明

---

① 顺带一提,虽然"国粹"这一概念在汉语词汇里已经式微了,但"国学"这一概念自1990年代却开始复兴。举例来说,章太炎会被指为"国学大师"。

进化过程描绘为一个侵害中国以及其他亚洲国家的压迫性进程,并且强调中国国粹用以文化抵御。

民族主义的复杂性:文化、文明与革命

现代民族国家有两个相互矛盾的任务:它们必须通过时间来表示自我认同以及自己与其他国家的区别。① 这两个方面总是涉及种族要素。国家与种族的联系是复杂的,但在任何情况下,正如艾蒂安·巴里巴尔(Etlenne Balibar)所认为的,为了维持统一,国家必须创建一个虚构的族群属性。巴里巴尔指出,虚构的族群属性应"被理解为类似于在制度效应意义上的司法传统里的虚构之人,一种'制造'"。② 民族主义以虚构之人来实现表演性的身份认同,在这一身份识别之下,突出的是人们种族化的形象。国家或虚构之人作为虚构的族群属性,意味着人们"可以被想象为在过去或未来自我形成了一个超越个人和社会条件,以及具有身份认同(出身、文化和趣味)的自然群落"。③

国家认同能超越个人认同只因国家认同在近代构成了自我认同的核心。这涉及一个共性与个性的独特辩证法:

> 通过建制人们虚构的族群统一性(与普遍主义之背景相对立)——即把每一个人仅仅归属一个族群认同,并因此在可能相应的不同族群之间把全人类划分为许多国

---

① 这就是杜赞奇所形容的"承异"的两面(传承和异见)。参阅 Prasenjit Duara, *Rescuing History from the Nation: Questioning Narratives of Modern China*。
② Balibar, "The Nation Form," p. 96.
③ 前引书。

家——国家意识形态能做的不仅仅是证明国家为了控制人口而采用的策略之正当性。它还写下了人们对于寻求归属的需要,这一归属是有双重意涵的——是什么使一个人属于自己以及是什么使一个人属于其他人类同胞。这意味着一个人,作为一个个体,可以以其所属集体的名义而被质询。①

换句话说,当一个人居于民族国家当中,其认同无时不被虚构的族群属性所介导,因此对自我的归属感亦表示对共同国家之同胞的归属感。于是,国家便有这样的复杂任务:创建一个虚构的族群属性并呈现其为自然和普世的——这是一个经常调用文化和种族之修辞的——工程。

种族与文化向来总是彼此相互建构。② 在 19 世纪期间,思想家如马修·阿诺德(Matthew Arnold)和欧内斯特·勒南(Ernest Renan)发展出一个以文化为基础的种族概念,但此一概念亦受制于固定的疆界,因而适用于国家。举例来说,勒南主张一个特定的种族是因其过去而成其为种族的,并有其特定的"一种语言、一种烙上特定地方特色的文学、一种宗教、一个历史以及一个文明"。③

通过界定人类的分界和国家主体以及促进特定形式的身份识别和质询,种族、文化和文明能设定政治环境和确定政治主体。虚构的族群属性这一概念并不是仅制约着一个国家的个人的认同,而是设置了一个以"国家"看待整个人类世界的视界。

---

① Balibar, "The Nation Form," p. 96.
② Young, *Colonial Desire*, p. 54.
③ 前引书,83 页。

这是为什么文化和文明需要界定的不只是"国家",而是要框定"人类之进步"的原因之一。这一更宏大的关于人类之进步的视界既能探知他人的位置,也能为一个人自身的国家定位。

然而,国家与进步或进化的时间性存在着矛盾关系。一方面,出现在世界舞台的国家是前进的;但其作为一种认同却仰赖着与过去的联系。这一关于时间性的矛盾是文明与文化间的紧张所引起的。文明指向的是进化时间线上物质方面的发展,而文化则指精神和道德方面的发展,一般植根于过去。民族主义者可以视历史和政治的条件而借用这些叙事当中的任何一种,并将虚构的族群属性与文明和物质发展或对进化文明之主导的文化抵御相结合。

我们可以从章太炎早期的思想看到其在这两种国家叙事间摆荡。要了解这一举动,我们必须注意革命——另一在晚清被明确表述的全球性话语修辞——如何暗含一定程度的文明的动力。然而这一过程比起仅仅的革命话语的流通还要复杂得多。用罗伯特·杨(Robert Young)的话说,我们需要注意随着全球资本主义现代性的到来,话语和概念实践如何"并不是简单地互相消解而是互相覆盖于对方之上,并进而引起了一些争论:它们只增加了对对方的笼盖,以及它们将身份认同转化为愈加不确定的多种混杂性认同"。①

这一仿造性使中国区别于西方。革命的概念在欧洲经历了几次语义的转换。在中世纪,后期拉丁语词汇 *revolutio* 与"回转"联系在一起,因而此一词汇在政治语境里被使用时即意指

---

① Young, *Colonial Desire*, p. 174.

折返原本或以前的境况。① 这当然与现代强调社会或政治变革,以及着重"新"的正当性的革命概念不一样。在之后的一个时期,在法国大革命之前,"革命"一词仅指"一个国家之政府里相当程度的改革",而一般来说,学者皆视其为某种要回避的东西。② 然而,在法国大革命之后,"革命"一词从政治向社会转移,标志着一个"不间断的变革过程"以及"人类思想发展的历史规律之表达"。③ 于是,"革命"一词由表示"回归"转向表示"极大程度的发展";简言之,"革命"成了文明的进步话语的一部分。

晚清知识分子通过日本的翻译——*kakumei*(革命)而认识革命的现代概念。这一实际上是日本从中国古文借来的合成词,是由"革"(除去)和"命"(天命)所构成。因此,与表示"回归"的中世纪词汇 *revolutio* 不同,"革命"主要指一个王朝失去天命而由另一个王朝获得。这一转变并不会带来任何政治或社会结构的变动。

章太炎在晚清使用"革命"一词的时候,他的观念里还有改朝换代的旧义。然而,由于章太炎的目的是驱除满洲人,他重提了另一个更为接近 *revolutio* 的意义的旧词,即"光复"。章太炎的革命思想在革命与光复国粹间的紧张下交叠,革命是以文明为目标的,而光复国粹则表示了一种打破全球性文明的本土时间性,也即可与"文化"相联系。在这两种情况里,章太炎利用既有的概念资源来发展一个革命性的反满主义以及一套反帝主义理论。

---

① Griewank, *Der Neuzeitliche Revolutionsbegriff*, pp. 2–3.
② Baker, *Inventing the French Revolution*, p. 205.
③ 前引书,212 页。

康有为对今文经学的再诠释

虽然传统中国士人没有发展出线性历史模型,但儒家相信蛮夷通过践行儒家礼仪而文明化的能力,在这个意义上,他们的这一观念与进化文明的现代提倡者的想法重叠,康有为即从中国传统之素材和今文经学对经典的诠释建构出可以比拟为文明话语的理论。① 康有为继承了今文经学的事业,他试图通过以儒家重新界定中国人身份来合法化满洲统治者以及去中心化对西藏和蒙古的管控。今文学派和古文学派之争始于汉末(公元前206年-公元220年)士人争辩哪种经典才是纯正之时。② 在秦皇焚烧儒家经典之后(始于公元前213年左右),士人如刘歆汇编了许多今文经文本,而古文学派士人对于这些新誊写的文本的原真性表示怀疑,他们认为那些在战国时代(公元前475-

---

① 康有为的政治生涯是为人所熟知的。他在科举中表现出色,且与清廷有着极为密切的联系。他试图以重塑儒家为宗教的方式来想象清王朝的民族国家转型。在其论述里,他试图维持清朝的多元种族面貌,为此他借用了汉代儒家如董仲舒(公元前179-前104年)的思想。最终,康有为在全球层面重新想象帝国以展示一个没有民族国家、也没有私有制的乌托邦之世界愿景。

今文学派与古文学派间的区别是多方面的。其中一个区分两者的主要因素引发了六经是否为孔子所撰的问题。为了促进改革以及维护夷狄可华化的儒家思想,今文学派拥护者相信六经为孔子所著。因此,在晚清,他们把孔子设想为宪政的象征。相反地,古文学派拥护者则称颂周公多于孔子,他们声称孔子只是一位出色的历史学家,而不是一位政治理论家。通过这种方式,他们试图散播模糊华夷界线的儒家叙事。

② 这里的"经典"指的是十三经,即《诗经》、《易经》、《书经》、《左传》、《公羊传》、《谷梁传》、《仪礼》、《周礼》、《礼记》、《论语》、《孟子》、《孝经》和《尔雅》。《春秋》包括在《左传》和《公羊传》两部经传内。在十三经里,《春秋》并不独立为一部经典。这两部经传是今文学派和古文学派许多争论的中心——古文学派提倡者称颂《左传》,而今文学派支持者则倾向于《公羊传》。

前221年左右)发现于孔子故乡或其坟墓的才是具正当性的文本。

在晚清,今文学派与古文学派之争在种族和帝国的政治语境里被注入了新的意义。今文经学的拥护者认为,是否中国人不是取决于种族特征或本质,而是取决于是否践行儒家礼乐文化。因此,如果非中国人践行中国礼乐文化,他们可以成为中国人。传统儒家即用"文明"一词来指称礼乐文化。简言之,将人类与蛮夷区分开来的,是礼乐文化。

为了应对全球性的民族国家系统的挑战,康有为创造性地借用了各种今文经。清代今文经学有一个基于《春秋公羊传》的具有包容性的中国人身份观。① 今文经学派士人的一些概念对于理解晚清关于文化与种族的话语以及康章之间的论辩特别重要。

在许多方面,为了发展政治理念,古文学派与今文学派理论家皆承袭清初回到经典的传统。然而,当清初士人如顾炎武和黄宗羲将中国礼乐设想为汉族身份的代表时,今文学派士人重新诠释礼乐,以创建一个以文化,而不是种族为基础的中国人认同。就如汪晖所解释的:

> 今文经学的经世思想以礼为根据,以王朝政治实践为中心,它在恢复清初诸儒的儒学命题之时,没有清初大儒的那种强烈的夷夏情节和隐藏在正统主义背后的反叛倾向,

---

① 《春秋》一书记录了鲁国从公元前722-前481年的政治事迹。其有三部经传:《左传》、《公羊传》和《谷梁传》。这三部传皆被认为是经典,它们通常用以揭示《春秋》的道德教诲。《公羊传》一般与今文学派联系在一起,它是以问答的格式为框架,以使道德观点得以清楚表达。

毋宁是在承认王朝合法性和历史演变的前提之下展开的。这一学术重心的转变的最为重要的动因，无疑是清代作为一个少数民族统治的多民族帝国这一政治现实。①

与清初儒学家不同，今文家如刘逢禄(1776-1829)和庄存与(1719-1788)作为清政府的一员，自然地认同于清王朝。再者，对礼的着重强调导向一个与现代国家概念——以公民身份和表演性身份认同为基础——不同类的身份认同。明代虽然并不是我们现代意义上的民族国家，但却有这一认同形式之面向，特别是在精英阶层，而清代今文学者试图维持较宽松的帝国认同框架。

为了强化清政府的合法性，他们模糊了内与外的分际。②众所周知，今文学派的追随者杨奂(1186-1255)为合法化元代而采用身份认同理论来诠释《春秋》。杨奂说："中国而用夷礼，则夷之，夷而进于中国，则中国之也。"③元、清两朝皆由少数民族所统治，因此，为消解种族界限，他们在儒学运用方面存在着共同点是毫不意外的。

为强调多民族的清帝国的统一，今文家援用了"通三统"和"大一统"的思想。传统上，在处于政变之时，儒学家会以这两个概念来述说文化的连续性。"通三统"一词与《论语》的一段有关：

---

① 汪晖，《现代中国思想的兴起》，上卷第二部，515页。
② 如汪晖所论："在清朝的特定语境中，对于历史和制度演变的肯定必然涉及种族关系问题。今文经学对历史流变的关心和'行权'的思考集中在改变经学的内外观，它以春秋公羊学之内外例消解早期经学和理学思想中的强烈的民族意识和夷夏之别。"前引书，517页。
③ 前引书，528页。

> 子曰:"殷因于夏礼,所损益,可知也;周因于殷礼,所损益,可知也。其或继周者,虽百世,可知也。"①

每个朝代皆从天命获得其合法性,而当其失却天命,即会有新的朝代获取天命。在这个过程中,统治者必须改换王朝的历法和服饰。② 然而,他们亦透过礼保持连续性。在汉代和晚清,今文家以以上段落作为朝代与文化连续性的叙事。但在晚清,在清廷进行各种改革之后,今文家凸显的是满族王朝与前朝的连续性并强调中国人身份的持续性。

除了"通三统"之外,今文家也通过"大一统"思想援用了三圣王的遗产及他们的帝国历史。"大一统"指的是,当中国首次成为帝国,帝国内各个群体和谐共在,及其自秦汉时期(公元前221年-公元220年)的时间上的连续性。借由强调"大一统",清中期和末期的儒学家创造了一个政治空间的新图像,它囊括所有的群体,因此没有明确的内外边界。③

在19世纪末20世纪初,这种帝国连续性范式遭遇危机。鉴于中国在1842年鸦片战争后的一系列战争和列强侵略中多次战败,中国知识分子必须承认他们置身于一个他们的朝贡国一个个成为独立的民族国家或被西方列强殖民的世界。如康有为所说的:"吾中国为列国竞争之世,而非一统闭关之时矣。列国竞争者,政治工艺文学知识,一切皆相通相比,始能并立,稍有

---

① 杨伯峻译注,《论语译注》,中华书局,1982年,21-22页。
② 衣着和发式与中国的王朝统治紧密联系。也许最为人所知的例子是与满人统治相关的辫子,章太炎即以剪辫为反满的标志。
③ 汪晖,《现代中国思想的兴起》,上卷第二部,518页。

不若,即在淘汰败亡之列。"①换句话说,当中国进入民族国家的全球性体系时,其传统实践失去了绝对性,并受制于更宏大的进化文明叙事。

当中国置于国际体系之中,它从天下变成了国家。② 汪晖指出,今文经学因此陷入了危机,因今文经学支持者志在消除内外的区隔:

> 如果说"大一统"的合法性理论以儒教礼仪为基础、以从俗从宜为原则、以逐渐消除内外(即种族界限)为取向,那么,殖民主义和资本主义的市场扩张却激发了以政治主权为基础、以普遍主义的法律为原则、以严格区分内外(种族差别)为取向的民族主义浪潮。这是多民族帝国的认同政治与民族主义的认同政策的冲突,前者以文化(礼仪和制度)作为政治社群的基础,而后者以种族作为政治社群的前提。③

正如前面已经提到过的,文化是与种族紧密联系的。汪晖在这里突出了以形式平等和虚构的族群属性为基础的国际体系与以礼为秩序的等级制帝国体系间的紧张。因此,在晚清,今文家如康有为面临这么一个矛盾的任务:利用儒家思想来模糊作为"我者"的满族和作为"他者"的汉族间的边界,与此同时又要

---

① 汪晖,《现代中国思想的兴起》,上卷第二部,741 页。出自康有为著,汤志钧编,《康有为政论集》上册,北京:中华书局,1981,301 页。
② Levenson, *Confucian China and Its Modern Fate: The Problem of Intellectual Continuity*.
③ 汪晖,《现代中国思想的兴起》,上卷第二部,518 页。

利用相同的思想资源来强调中国与世界其他国家之间的边界。一方面,康有为主张中国成为一个必须强调国民认同的主权国家;另一方面,为了解决中国与少数民族有关的内部紧张,实际上是合法化少数民族统治集团,康有为等人必须模糊内外边界并强调一种宽松的帝国统一。

为了应对这个新世界,康有为将今文经学范式和儒家的礼置于国家场域之内。他明确援用了今文经学的逻辑来消解夷夏分际,并依据特定的普世道德属性来定义中国人:"孔子《春秋》之义,中国而为夷狄则夷之,夷而有礼义则中国之。"①

虽然判断一个人是否中国人仍以儒家思想如礼义为标准,但这些概念在其时已有以进步史观为基础的全球性意义。因而康有为坚称文明与野蛮的分别是基于进化与否而非种族之辨,并且,与章太炎不同的是,他相信夷可入华,也即文明化。实际上,他声称"泰西所以强者,皆暗合吾经义者也"。②

为国家而调动今文经学,则需要扩展儒家话语的界限以圈定一个新的时间性。③ 通过这样的方式,康有为以进化视角解读今文经的"通三统"。

> 盖自据乱进为升平,升平进为太平,进化有渐,因革有

---

① 前引书,213 页。
② 康有为,《康有为全集》(三),743-744 页。转引自汪晖,《现代中国思想的兴起》,上卷第二部,750 页。
③ 为了建构其进化的时间视野,康有为创造性地使用另一个今文经学的重要概念:三世论。这一概念超出了本书的讨论范围,但它被指为源自《春秋》一书。使这一论说变得明确的也许是汉代今文家,举例来说,在东汉时期,何休把历史分成三世:据乱世、升平世和太平世。晚清今文家如刘逢禄和庄存与援用这一三世叙事以强调他们当时的世代,即太平世,为汉族与少数民族和平共处的世代。然而,康有为以这一论说来计划一个乌托邦式的未来。

因,验之万国,莫不同风。观婴孩可以知壮夫及老人,观萌芽可以知合抱至参天。观夏殷周三统之损益,亦可推百世之变革矣。①

在康有为看来,孔子能"推三世及百世",因为他已经理解进化的规律,亦即通三统的基础。②

然而,结合儒家与具时间性的现代性将进一步牵涉到礼这一重要概念的扩展以涵盖新的政治形式之境况:"盖孔子立天下义,立宗族义,而今则纯为国民义,此则礼律不能无少异,所谓时也。"③

如同此前的今文家一样,康有为援用礼和儒家来建立连续性,但此连续性是在帝国之外建立的,以形构民族国家的基础。礼可以改变以包含公民权、宪法及其他与民族国家相关的制度,不止是在中国,而是在全世界。礼已成为一种叙事的一部分,促进着人们以中华民族为公民识别,与此同时亦保持与过去的中国的连结,并援入一个进化式的未来。

康有为以进化的视角和用以模糊满汉界限的今文经理论来攻击反满革命思想——这是其眼前的政治任务。康在其1902年发表于《新民丛报》——一份由晚清改良派创办的重要报

---

① 康有为,《论语注》,28页。
② 在这一进化构想之下,康有为把帝国思想给除了,因从此以后都不会再有内外的分界。换句话说,"大同"将会实现大一统,因它超越了以国家为分界的世界。这一乌托邦式的视野与诸如礼的儒家实践密切相关,但康有为一直声称它超越任何民族国家,包括中国。"中国"一词在这一帝国观里派不上用场,因所有的蛮夷将会文明化。与列文森相悖,康有为的例子显示,对"中国"的特殊化,伴随着对"天下"的再普世化——这后来将引为整个世界体系。参阅汪晖,《现代中国思想的兴起》,上卷第二部,762页。
③ 转引自汪晖,《现代中国思想的兴起》,上卷第二部,737页。

刊——的文章《辨革命书》里提出了若干对革命的反对观点。这篇文章是在章太炎写了那篇可以说是第一篇著名的反满文章的《正仇满论》之后发表的。①

康有为反对革命的议论是在以种族间和国家间的竞争为主轴的世界舞台展开的。因此，在康有为看来，维系帝国有了在一个社会达尔文主义的世界保护华族的意义。

> 计百数年后，所存必仅数大国，自英、美、俄、德、法五国外，其余皆不可知者矣。我中国人民之众，居地球三分之一，土地等于欧洲，物产丰于全美，民智等于白种，盖具地球第一等大国之资格，可以称雄于大地而自保其种者也。②

从适者生存的角度来看，礼与生存的普遍法则相联系，而不只是维持社会稳定的实践。礼被赋予了科学的价值并可引向统一。这样，康有为将文明的道德目标与生存的驱动相结合。因而，康有为说"物皆有仁、义、礼，非独人也"。③

在这个意义上，礼失却了与传统帝国政治生活的联系，并可代表任何实践。康有为将礼与理相联系，并多次以理批驳革命："凡物合则大分则小，合则强分则弱，物之理也。"④随后他借助"公理"来论述这一点，这会在第五章讨论。"革命者日言公理，

---

① 汤志钧编，《章太炎年谱长编》，北京：中华书局，1979，页 121；Kauko Laitinen, *Chinese Nationalism in the Late Qing Dynasty: Zhang Binglin as an Anti-Manchu Propagandist.* London: Curzon, 1990. 80 页。

② 康有为，《辨革命书》，张枬、王忍之编，《辛亥革命前十年间时论选集》，第一卷（上册），生活・读书・新知三联书店，211 页。

③ 转引自汪晖，《现代中国思想的兴起》，上卷第二部，749 页。

④ 康有为，《辨革命书》，211 页。

何至并现成之国种而分别之？是岂不大悖谬哉！"①以此理为依据，康有为断定中国不应搞革命，因这会使中国分裂，进而成为易受帝国主义攻击的目标。"革命诸人，号称救国者，乃必欲分现成之大国，而为数十小国，以力追印度，求致弱亡。"②

避免亡国灭种的一部分，就牵涉到在政治发展的道路上逐步前进：

> 人道进化皆有定位，自族制而为部落，而成国家，由国家而成大统。由独人而渐立酋长，由酋长而渐正君臣，由君主而渐至立宪，由立宪而渐至共和。③

康有为这一以共和主义为终的目标与许多革命者相同，我们甚至可以说是他奠定了中国革命者的理论根柢。当然，康有为试图将这一愿景与以今文学派为基础的皇权儒学综合起来，他的目标是维持由满族统治的清朝，直到它自然而然地褪去旧有体制，并蜕变为共和国。这样，康有为试图在这个民族国家的世界保留多元族群帝国之思想。确实，康有为的大同思想体现着一个民族国家世界之外的乌托邦愿景——一个超越国家分际的世界将会出现，私有财产、甚至是核心家庭都会被淘汰。他的

---

① 康有为，《辨革命书》，215 页。
② 康有为，《辨革命书》，211 页。康有为继而讨论革命的概念并解除革命与种族的联接。他争论说革命的概念源自孔子，指的是人们处决不义之君王，而与种族无关。他指出，在西方，法国之杀路易和英国之杀查理士，是因为他们是国家的"公敌"。换言之，这些革命与儒家的原则相一致，是不区分种族的，它仅仅视治者是否正义。鉴于这种范例，康有为争辩说清朝虽然有几位独裁统治者，比如慈禧太后，但大体上满族人已促进了平等、进化与文明。
③ 康有为，《论语注》，28 页。

愿景的这一最后部分试图将没有内外分界的天下与民族国家之世界调和起来。

虽然其他改良派,诸如严复和梁启超,并不完全紧跟康有为的乌托邦理想,但他们也有相似的论述,只是他们的论述是在不明确的儒家框架之内。举例来说,严复和梁启超皆借由辩驳种族民族主义呼应康有为,他们担心内战将削弱中国并引来帝国主义的侵略。章太炎大概是这一群体最强大的意识形态克星,在1900-1903年间,他对改良派的概念框架展开了尖刻的攻击。

章太炎的革命政治转向

章太炎的政治生涯始于他在康有为和梁启超所办报纸《时务报》工作不久前。从1895到1898年,因与各编辑意见不合,他转过多家以改良为取向的报刊。由于章太炎师从古文学派的大师之一俞樾,他对康有为大部分的学术思想有着自然的抵触感。在一封他于1896年写给他以前在诂经精舍的一位老师的信中,他谈及其对康有为一派的沮丧:"麟自与梁、麦诸子相遇,论及学派,辄如冰炭。"[①]

章太炎在1900年成为革命派之后,大力表示与他们的歧异,但在这一转向之前,他提出了一个可以与康有为的统一满汉计划完全兼容的国家叙事。更加值得注意的是,即使在章太炎转向革命之后,他继续在一个结构上与康有为相似的文明话语里展开行动。因此,在章太炎的早期革命阶段(1900-1903),他与康有为的

---

① 转引自 Wong Young-tsu, *Search for Modern Nationalism: Zhang Binglin and Revolutionary China 1869-1936*, New York: Oxford University Press, 1989, pp. 9;章太炎,《致谭献书》,汤志钧编,《章太炎政论选集》,北京:中华书局,1977,14页。

主要差异在于他们对国家主体的界定,即国家认同的对象。

　　章太炎的革命政治转向是一个渐进的过程,当中涉及智性的新思想的接触,以及政治上的挫折,比如 1898 年的百日维新的失败和 1900 年的义和团运动。在百日维新被压制之后,慈禧太后开始迫害改良派,1898 年 12 月 4 日,章太炎逃往台湾。在台湾时,章太炎在《台湾日日新报》工作,①并定期给梁启超所办的报刊《清议报》供稿。《清议报》是康有为创立的保皇会的官方报纸,而在百日维新失败之后,保皇会试图恢复皇帝的权力并推动改革。② 章太炎发表于《清议报》上最著名的文章之一是《客帝论》,发表于 1899 年。这篇文章支持康梁的改革路线,但其中已有反满情绪的痕迹。文中议论说,要消解满汉间的紧张,满人应作为客帝,而孔子则应作为中国的象征性的皇帝。章鼓励光绪帝(1875—1908 年在位)接受"客帝"这个位置,并重复改良派的论述:满汉间的紧张会削弱中国。然而,如周启荣指出的,以"客帝"指满人,章太炎实已明确地再划定我者与他者的分界,隐含着满人即外来者的意味。③

　　章太炎后来与《台湾日日新》的编辑产生分歧,且遭遇言论压制。1899 年,他决定接受梁启超的邀请,前往日本。④ 在日

---

① 这份报纸出版日文与中文两种版本,章太炎工作于中文版。
② 参阅 Wong Young-tsu, *Search for Modern Nationalism*, 14—15 页。
③ Chow Kai-wing, "Imagining Boundaries of Blood: Zhang Binglin and the Invention of the Han 'Race' in Modern China." in Frank Dikötter, ed., *The Construction of Racial Identities on China and Japan: Historical and Contemporary Perspectives*, Honolulu: University of Hawaii Press, 1977, pp. 37—38.
④ Laitinen, *Chinese Nationalism in the Late Qing Dynasty*, 69—70 页。Laitinen 解释说那位编辑大概是对章太炎艰涩的文辞及其对改良派的支持有所顾虑,而当时正值改良派被日本政府所批评。梁启超在那时是最活跃于改革的时期,其与章太炎的关系在 1899 年最为密切。

本,章太炎接触到新的学问,也遇到了其他政治活动家。通过梁启超,他将与孙中山见面,但他们的关系在三年后他第二次访问东京时才变得密切。① 章太炎在 1899 年的秋天返回中国,并继续支持康梁的政治事业,然我们已经可以看到章太炎与改良派分裂的迹象。②

  章太炎这一时期的理论与实践之间的关系是极复杂的。他试图获取清廷高官的帮助以实施他的改良主张,以实现《客帝论》里倡导的计划为目标前进。1900 年 6 月,他给与清帝有密切联系的清廷官员刘坤一和李鸿章去信,以寻求他们的支持。他恳求他们"明绝伪诏,更建政府,养贤致民,以全半壁"。③ 与此同时,在日本的孙中山,亦试图间接地说服李鸿章脱离清政府的统治者。

  然而,刘坤一和李鸿章对章太炎的建议皆不予理会。1900 年,李鸿章接下直隶总督的职位,其后更成为全权议和的大臣。在这一职分上,1901 年 8 月,李鸿章签署了向胜利的外国列强做出许多让步的辛丑条约。章太炎视李鸿章的行动为对帝国主义的投降,这使他对中国的政治前景有所反思。此外,对章太炎政治思想的改变产生影响的还有其他事件,这自然包括 1900 年义和团运动所带来的震动。

---

① 高田淳,《章炳麟·章士钊·鲁迅:辛亥の死と生と》,东京:龍溪書舍,1974,页 34。
② 在这个时期,章太炎正筹备他那著名的《訄书》第一版,这部书完成于 1900 年 1 月,并在同年 4 月出版。如书名所示,章太炎是在匆忙之中将这些文章结集出版,因此这本书在思想内容上并不统一。书中有些文章如《客帝论》和《明群》明确持反革命立场,但有些文章却抨击康梁一派的改革派,有些甚至明确反满。同上书,18—19 页。
③ 章炳麟,《庚子拳变与粤督书》(1900 年 6 月),转引自姜义华,《章炳麟评传》,南京:南京大学出版社,2002,36 页。

1900年时,章太炎也许已经在成为革命派的边缘了,但他仍继续与改良派协作,他与改良派的经历将最终把他导向更坚定的反满立场。1900年2月,章太炎加入了自立会改名前的正气会,由政治活动家唐才常(1867-1900年)所组织。① 唐才常的思想在革命与改良间摇摆,这也许是他试图从两个相异的群体获得支持所致。一方面,他计划借助于跟湖南和湖北的秘密会社之联系发动起义,尤其是通过他的朋友林圭和毕永年——他们在孙中山的革命运动里与孙中山携手合作;另一方面,在资源上,唐才常主要依靠康梁从海外华人社区筹集的资金。

在清廷于1900年6月21日向列强宣战大概一个月后,唐才常在上海成立了国会,其成员有八十个,包括章太炎及作为副会长的严复。此议会旨在抵抗清政府的政策及为新政治制度铺路。国会列出其目标为:"保全中国自主之权,创造新自立国";"决定不认满清政府有统治中国之权";以及"请光绪皇帝复辟"。② 从这里,我们可以看到议会的创立原则的模棱两可,以及反满主义和以清朝为中心、与光绪帝相联系的改良主义之间的矛盾。

章太炎向其友夏曾佑这样描述其对此会议的不解:

> 或欲迎跸,或欲□□,斯固水火。就迎跸言,信国欲借力东、西,铸万欲翁、陈坐镇,梁公欲密召昆仑,文言欲借资

---

① 章太炎出席了这一组织的会面,并表达了他对他们的活动的浓厚兴趣。然而,他也担心这一组织在驱除满人这一课题上表现矛盾。参阅姜义华,《章太炎思想研究》,上海:上海人民出版社,137页。
② 汤志钧编,《章太炎年谱长编》,109页。

鄂帅。志士既少,离心复甚,事可知也。①

在这会议仅数天后的 7 月 29 日,章太炎呈上了一份题为《请严拒满蒙入国会状》的备忘录。然该备忘录被驳回,章太炎离席以示抗议。之后,为表最彻底的反抗,章太炎把辫发剪掉,作为与满人彻底决裂的象征。章太炎写了一篇题为《解辫发》的文章解释他为何剪去辫发,他融进了分析处于民族国家世界体系中的中国之地位的种族论述。在其论述的主要部分,章太炎指出,中国人原本有着不同的发式,是那些蛮夷(即满人)让中国人改变了他们的发式。他也指出,对于满人的辫子,日本人是讥笑以对,而欧洲人则称之为"猪尾",这本应使中国人感到耻辱。②

关于剪辫的象征意义已经有很多文章论述,但有两点特别突出,即传统发式与中国人认同之间的联系,以及剪辫与进化或文明之间的关系。在随后的几年,革命派和改良派都将撰述关于西方服饰和发式与文明的关系的文章③——章太炎也许是这一趋势的先驱。

在章太炎退出国会后不久,唐才常创立的自立会策划于 8 月 9 日,在秘密会社的帮助下发动一系列的起义。然而,湖广总督张之洞不知何故发现了这一计划,唐才常及 20 多个同谋随即被捕处决。在这一事件过后,虽然章太炎已退出由唐才常所召

---

① 转引自 Wong Young-tsu, *Search for Modern Nationalism*, 26 页。
② 章太炎,《解辫发》,汤志钧编,《章太炎政论选集》,页 148。此外,他对其时中国被怀有敌意的列强所围困的世界感到愤懑。在这一境况下,章太炎认为汉人不能自外。他亲自承担起责任,并称其"弗能剪除,余之罪也"。同上,149 页。
③ 参阅吉泽诚一郎,《愛国主義の創成:ナショナリズムから近代中国をみる》,东京:岩波書店,2003,129 页。

集的国会,但他的名字仍被列入通缉犯的名单内。随后,章太炎逃往日本三个月,在那里,他阅读了更多与西方政治和科学理论有关的书籍,并把这些新思想融进他的反满哲学里。

邹容与反满主义作为革命之表述

1903年,章太炎称其不过是从间接的革命转向直接的革命。在他看来,这一转向不过是加速历史的进程,以更快地达致诸如平等的启蒙之理想。这一共同的进化文明叙事可以解释为什么有时革命派和改良派的话语看起来相似。然而,晚清革命派不得不将种族与进化文明话语综合起来,就如章太炎年轻的革命战友和狱友邹容(1895–1905)所试图做的一样。邹容在他1903年出版的小册子《革命军》里,试图将以西方国家为中国民族主义发展的模范之进化史观,与反满主义调和起来。章太炎为邹容的小册子写了一篇序文,而他们俩因写作鼓吹煽动叛乱的罪名而入狱。

在《革命军》里,邹容向读者展示,一旦革命派否定今文学派的孔子与普遍文明之联系,他们的话语如何面临失去对西方的普遍叙事的资源之危险。因此,在他们试图变得同时具有革命性、文明性和中国性的时候,他们不断地诉诸各种修辞,如种族、谱系和黄帝。

对西方思想家的借鉴遍及于邹容的这本小册子。在其自序里,邹容提到他"信卢梭、华盛顿、惠特曼诸大哲"。[①] 而且,可能会让人感到怪异的是,其中一个最著名的早期中国民族主义革

[①] 邹容著,冯小琴评注,《革命军》,北京:华夏出版社,2002,5页。

命小册子,开头就倡导"洗尽二百六十年残惨虐酷之大耻辱,使……黄帝子孙皆华盛顿"。①

对华盛顿和罗素的借鉴说明邹容视革命为一个全球性的过程,而不仅仅是一个中国现象。邹容对革命概念的注解强调此一全球视角:

> 革命者,天演之公例也。革命者,世界之公理也。革命者,争存争亡过渡时代之要义也。革命者,顺乎天,而应乎人者也。革命者,去腐败而存良善者也。革命者,由野蛮而进文明也。革命者,除奴隶而为主人者也。②

大概没有比这更明确的关于革命作为进化文明话语的陈述了。邹容把传统思想,如"革命顺天"调动到进步历史的世界里。换句话说,支配天的不是宇宙法则,而是作为公理的科学定律。这一科学、文明与革命之间的联系,呼应的自然是18世纪法国的思想家,比如让·勒朗·达朗贝尔(Jean le Rond d'Alembert)就曾写道,"为了摆脱野蛮,人类需要一个可以给地球新的面貌的革命"。③ 邹容亦通过把中国的反满革命与美国和法国的革命联系在一起,强调前者的全球性。④

从这个角度出发,邹容解释说革命的主要目标为把中国人从奴役中解放出来,以及纠正其时的种种不公。然而,像公正和

---

① 邹容著,冯小琴评注,《革命军》,北京:华夏出版社,2002,7页。
② 前引书,8页。
③ Jean le Rond d'Alembert, "*Discours Preliminaire*",转引自 Keith Michael Baker, *Inventing the French Revolution: Essays on French Political Culture in the Eighteenth Century*, Cambridge, UK: Cambridge University Press, 1990, 214页。
④ 邹容,《革命军》,8页。

解放这些概念并不能证明推翻满人统治的正当性,除非这些普世理想被辅以满人的劣根性之论述。除了指出满人的腐败之外,邹容还提出一个种族分类系统以区分满人和汉人。他把世界上的种族分为两系,黄种和白种,并声称汉族和满族隶属黄种的不同分支。简单地说,黄种被分为中国人种和西伯利亚人种;汉人、日本人和西藏人属于中国人种,而蒙古人、土耳其人和满洲人则属于西伯利亚人种。

邹容哀叹人们对于自己的身份没有正确认知,因此在"物竞进化之大舞台"①,中国人没能认出正确的个性或主体。用巴里巴尔的话说,即这样的人在国家的斡旋之下没有学会"自我归属"。于是,邹容解释称如果一个入侵者闯进某人居所,该居所住户会受惊而把入侵者赶走。然而邹容抱怨其中国同胞"以一人所不能忍受之事,举国人忍受之;以一家所不能忍受之事,举族忍受之"。② 这就解释了为什么中国人不只屈从于满人的统治,也屈从于英国在香港和日本在台湾的统治。用邹容的话说,这说明"不明于同种异种之观念,而男盗女娼,羞祖辱宗之事,亦何不可为!"③

如前面已经提到的,章太炎为邹容的小册子写序,并对之表示强烈支持。在章太炎的革命生涯中,他不断在调适作为普遍话语的进化文明与反满民族主义所需的条件两者。在外来词更为频繁地进入中国的 20 世纪头十年,两者间的紧张愈加浮上台面,尤其是中国知识分子开始用"文化"一词来指称文化和儒家礼乐的时候。因而在 1907 年,改良派杨度(1875-1931)称华是

---

① 邹容,《革命军》,40 页。
② 前引书,44 页。
③ 前引书,44 页。

以"文化"定义的。① 章太炎反驳说"纵令华有文化之义,岂得曰凡有文化者尽为中国人乎?"②简言之,假如文化如同文明一样,指的是一个普遍的进化叙事,那么民族主义者则需要某种补充以作出区分。本章剩下的部分我们将看到章太炎如何从试图把汉族与西方种族联系在一起以表示汉族比满族更为文明,转向重视中国国粹而对立于满族和进化文明叙事。

章太炎鲜明的革命写作与种族和谱系之思想

章太炎的反满文章其实始于他剪去辫发之前。在其1900年出版的《訄书》初刻本里,他明确地转向了进化种族主义者的视角,而《原人》这篇文章尤其重要,因其中融入了进化理论。章太炎在1899年发表的带有种族/文化理论的《菌说》一文里就已经开始发展其进化理论。《原人》这篇文章亦构成了章太炎早期的反满种族主义理论的基础。这一理论在其出版于1902年的《訄书》第二版里发展得更充分。

章太炎试图写下存在于人类物种内的某些差异,即便他已指出所有人类出于同源:

> 人之始,皆一尺之鳞也,化有蚤晚而部族殊,性有文犷而戎夏殊。含生之类,不爪牙而能言者,古者有戎狄,不比

---

① 杨度,《金铁主义说》,原刊于《中国新报》第1—5期,1907。转引自章太炎,《中华民国解》,姜玢编选,《革故鼎新的哲理:章太炎文选》,上海:上海远东出版社,1996,244页。
② 章太炎,《中华民国解》,244页。

于人，而挽近讳之。①

通过将文化不只与种族相联系，也与人的本性相联系，章太炎排除了蛮夷最终走向文明的进化之可能性。这是他其中一个反驳康有为国家叙事的关键论点。虽然章太炎主张所有种族都有一个共同的起源，然他以文明这一概念来重新界定什么是人类，在章太炎看来，即为整体性。接着，为了制造满汉间的差异，章太炎利用古老的概念"含生"——即大致指众生，以特指那些可以使用语言的人类，并把其时人们所认为的人类区隔开来。在这一分类之下，章太炎欲写定文明与野蛮的概念，这使两者的差异介于生物学概念和历史文化概念之间。他在1902年写的文章《驳康有为论革命书》里更充分地解释了这一点：

> 近世种族之辨，以历史民族为界，不以天然民族为界。藉言天然，则禘祫海藻，享祧猿蜼，六洲之氓，五色之种，谁非出于一本，而何必为是聒聒者邪？②

这样，伴随着关于种族间存在着不均等的论点，章太炎能够支撑作为启蒙价值的普遍主义——它与关于物种起源的达尔文叙事相联系。借此，章太炎结合了西方人类学研究中两种截然不同的支流。如罗伯特·杨所解释的，维多利亚时代早期的人类学发展了一种衰落叙事，并以圣经为资料来源，认为人类最初

---

① 章炳麟，《原人第十一》，章炳麟著，朱维铮编注，《訄书 初刻本 重订本》，北京：生活·读书·新知三联书店，1998，22页。
② 章太炎，《驳康有为论革命书》，章太炎著作编注组，《章太炎诗文选注》，上海：上海人民出版社，1976，247页。

属于白种,而后来则退化了。启蒙思想家通过援用人类单一起源说反驳这一叙事,但同时又接受了进化和平等的概念。在接下来的 19 世纪,由于与可见的他者的接触增多了,学者如约翰·戈特弗里德·赫尔德(Johann Gottfried Herder)通过强调特殊性反驳启蒙思想的单一倾向。汪荣祖近来比较了章太炎和赫尔德,正是因为两者皆信奉国家特殊性。① 对他们的异同的简单讨论将能说明他们所针对的全球性问题。

尽管赫尔德因建构国家特殊性之理论而闻名,就如章太炎一样,但赫尔德显然相信人类物种的统一性:"人类,注定有着人性的物种,其起源是各种族所共享的,就如兄弟一样,他们流着同样的血,由同一个指引传统所构成;因此随着每一个群体的兴起——同一个树干上的树枝,同一个原始苗圃的植物——整体也都兴起了。"②在这一更大的框架之内,赫尔德突出由于气候、地点和地方情况而一直以来都出现的诸国多样性。这自然是赫尔德经常提起的民族主义者之相对主义和多元主义的一种表达,也即他用来批评殖民主义并合法化每一个国家的特殊文化的武器。

然而赫尔德亦建立了许多作为人类多源说者的"种族主义者"的理论基础,使文化与地区相连接。③ 于此特别重要的是戈比诺伯爵(Count Gobineau)具有文明等级区分的人类多源理论。④ 这一 19 世纪的叙事的关键要素是:较小的文明不能进步到

---

① 汪荣祖,《康章合论》,台北:联经出版事业公司,1988,55—56 页。
② 引自 Young, *Colonial Desire*, 38 页。
③ Young, *Colonial Desire*, pp. 39. 杨指出赫尔德并不出于"依据文明的程度判定人与人之间的区别",40 页。
④ Young, *Colonial Desire*, pp. 46–47.

更高的水平。亨利·赫兹(Henry Hotze)写于1852年的《对戈比诺伯爵关于人类种族的不平等的文章之分析介绍》(*Analytical Introduction to Count Gobineau's Essay on the Inequality of Human Races*)是此一范式显著的例子。在谈及中国人时,赫兹指出:

> 中国文明以自己独有的特色,跟我们的文明一样完美,没有更多。它不是个单纯的孩子,甚至不是尚未达到成熟期的成年人;相反地,它是一个衰老的老人。它也有它自己的程度;它也有它自己的婴儿期、成人期、成熟期……然而,由于中国文明有不同于我们的文明的倾向,我们视其为半文明。①

19世纪人类多源说者的观点与赫尔德和章太炎的观点有着结构上的相似;而且,他们都将气候和土地与民族性之发展关联起来。

章太炎大概亦利用本土资源。举个例子,明代反满思想家王夫之(1619—1692)将文化差异归因于气候和环境:"夷狄之于华夏,所生异地,其地异,其气异矣,气异则习异,习异而所知所行蔑不异焉。"②章太炎显然受到王夫之的影响,他在其多篇文章里有类似的观点。③ 在他对他1899年的文章《菌说》的修订里,他甚至在建议人类的多元发展时援用了环境特征。他在某个修订的段落里介绍了卡尔·福格特(Carl Vogt, 1817—1895)的人类多源理论:

---

① Young, *Colonial Desire*, pp. 48.
② 王船山,《读通鉴论》卷十四,2页。转引自王玉华,《多元视野与传统的合理化》,北京:中国社会科学出版社,2004,126页。
③ 可参阅的文章如下文会讨论到的《序种姓》。

> 然西方自博物学家夫奥古独创人种数源论,谓东半球人化于东半球高等之猿,西半球人化于西半球高等之猿,故肤体脑骨,各种人类悉皆有异。①

章太炎解释说达尔文为了反驳福格特的理论而创建了一个人类单一起源的理论,但此批评应谨慎对待。

> 若谓同处大陆,热度相均,如欧、亚、澳、美,皆有直于温带之地,何故甲方有人,乙丙丁方无人,而必待甲方之分布也? 是知人种一原之说,未可执泥。②

换言之,如同欧洲人类多源说者一样,章太炎也在单一和多源起源间转换,为的是捍卫并不会使所有种族变得平等的进化理论。③

尤其是,章太炎跟从人类多源说者,声称蛮夷不可能变得文明。在《原人》里,章太炎将试图使蛮夷变得文明与"虎而冠之"或"猿狙而衣之"相比拟。④ 他指出,"不以形,不以言,不以地,不以位,不以号令,种性非文,九趋不曰人"。⑤ 但当时中国人所

---

① 章太炎,《菌说》,章太炎著,朱维铮、姜义华编注,《章太炎选集(注释本)》,84页。
② 前引书,84页。
③ 罗伯特·杨解释说"戈比诺机巧地指出,尽管他们有着共同的起源,人类还是被人类第一次出现后不久就发生的宇宙大灾变永久地分离为不同类型——此观点首先由凯姆斯勋爵在其《人类历史素描》(*Sketches of the History of Man*)(1724)里提出,并在随后由诸如福格特或托皮纳尔的人类学家所发展,以作为一种使进化式的变化与种族类型的永久性之原则兼容的方式"。参阅 Young, *Colonial Desire*, 103页。
④ 章炳麟,《原人第十一》,23页。
⑤ 前引书,23页。

谓的人类是全球性标准的,晚清知识分子无法论定世界上其他的人都是蛮夷。章太炎指出,欧洲人、韩国人、日本人和中国人都是有文化的种族,"德性之人"。

在《正仇满论》这篇于 1901 年 8 月 10 日匿名发表于中国第一份革命学生杂志《国民报》的文章里,章太炎提出了如何在满人里把汉人区分出来的问题,提出了反满主义的论点。章太炎攻击梁启超于《中国积弱溯源论》的主张,即满汉属同种。章太炎认为,"种"和"族"是有区别的。①

就如前面对《原人》的讨论指出的,与梁启超不同,章太炎主张文化是根植于族的,而满与汉并不属于同一族。章太炎给他这篇 1901 年的文章增补了案语以阐明他的观点:

> 梁子又言,日本异国,我犹以同种同文引而亲之,何有于满洲。夫自族民言之,则满、日皆为黄种,而日为同族满非同族,载在历史粲然可知。自国民言之,则日本隔海相对,自然一土,而满洲之在鸡林鞨鞨,亦本不与支那共治。且其文字风俗之异同,则日本先有汉字,而后制作和文,今虽杂用,汉字犹居大半,至满洲则自有清书,形体绝异。若夫毡裘湩酪之俗,与日本之葛布鱼盐,其去中国,孰远孰近,然则日亲满疏断可知矣。虽然,以独立自主言,则虽以日本宰制吾土,而犹不欲降心相从,何有于

---

① 冯客(Frank Dikötter)认为"种"和"族"皆指种族,只是"种"指的是一个单一的种族,而"族"则指世界上许多不同种族。参阅 FrankDikötter, *The Discourse of Race in Modern China*, Stanford, California: Stanford University Press, 1988, 75 页。章太炎曾多次区分两者,但他用"族"来指称黄种之下的支系,因此,笔者认为"族"指的是谱系和文化。

满洲耶！①

在汉语里,作为复合词"种族"的一部分、用以翻译"race"的"族"一词,原本指的是家族或谱系。因此,像许多其他语言一样,在汉语里,谱系和种族的概念是紧密联系的。② 通过援用谱系,章太炎围绕着文化竖立起坚实的分界,这能建立起汉族的血统,同时与满族分离开来。

在《訄书》第二版里,章太炎投入了大量心思分析姓氏以证明满汉非同族。在《序种姓》里,章太炎试图完成明末清初学者顾炎武撰写中国人姓氏之历史的计划,以强调汉族与蛮夷的区别。这样,章太炎在20世纪前几年参与到了与其他革命者共同的事业,即追溯汉族姓氏至黄帝谱系。③

除了文章第二部分关于姓氏的长篇论述之外,章太炎也花了极大的心思证明汉人确是巴比伦的迦勒底人的后裔,从而中国人与西方人有着相同的血脉。为了展示中国与西方的种族的共性,他已经在《原人》一文里,借由指出罗马在古代中国被称为"大秦",凸显西方与中国的相似性。④ 在《序种姓》里,章太

---

① 章炳麟,《正仇满论》,张枬、王忍之编,《辛亥革命前十年间时论选集》第一卷(上册),98-99页。鸡林,也称作新罗,为一古国名称。靺鞨为古代居于中国东北的族群。
② 伊凡·汉纳福德(Ivan Hannaford)指出,"race"一词在葡萄牙文(raça)和意大利文(razza)里皆指谱系。这个词从西班牙南部传入欧洲语言。词的原型为阿拉伯文(râs),指的是"起源"、"开端"和"主要的"。Ivan Hannaford, *Race: The History of an Idea in the West*, Washington D.C.: Woodrow Wilson Centre Press, 1996, 5页。
③ 参阅 Chow Kai-wing, "*Imagining Boundaries of Blood*"。
④ 位于中国西北的秦国,作为公元前三世纪主宰中国的七国之一而崭露头角。它继而在一系列迅速的胜利当中打败了它的对手,并巩固其对全中国的控制而为秦朝(公元前221-前206年)。

第二章　章太炎对康有为的批判：反满、国粹与革命

炎利用日本汉学家白河次郎对拉克伯里的讨论以将各种中国古典文本与巴比伦尼亚传统里的著作相比较。① 小林武认为章太炎援用拉克伯里的动机大概是要批评康有为的儒家-满洲认同叙事。② 简言之，康有为和章太炎两人皆呈现西方和中国文化间的相似性，但在章太炎那里，这些文化相似性充斥着更为坚实的种族和谱系分界。

如前所述，章太炎将进化与作为世界历史进程的革命联系起来，但意识到这么一个革命概念，如同进化一样，涉及的不仅仅是反满主义而已。也许章太炎认可此一革命概念的最明显表达在于他给邹容的小册子《革命军》所写的序言：

> 同族相代，谓之革命……驱除异族，谓之光复。今中国既灭亡于逆胡，所当谋者，光复也，非革命云尔。容之署斯名何哉？谅以其所规划，不仅驱除异族而已，虽政教、学术、礼俗、材性，犹有当革者焉。故大言之曰革命也。③

在这一段落里，章太炎揭示了两种革命概念之间的区别，即一个是旧有概念，一个是后法国大革命的概念。旧有概念仅仅指朝代更替，而后法国大革命的概念则含有剧烈的社会变革和批判专制主义的意思。虽然章太炎支持邹容使用"革命"一词，但他将回到光复的时间性，在他从文明的进化视角——根据西方模式，是着重在进程的——转移的时候。

---

① 白河次郎，《支那文明史》，东京：博文馆，1900。
② 小林武，《章炳麟『訄書』と明治思潮——西洋近代思想との關連で》，《日本中国学会报》第 55 辑，2003 年 10 月，206 页。
③ 章太炎，《〈革命军〉序》，邹容著，冯小琴评注，《革命军》，2 页。

章太炎对西方中心话语的扬弃

虽然章太炎的中国人的西方血统理论是其《訄书》第二版的重要部分,但如小林武所指出的,在他出任革命杂志《民报》(1906-1908)编辑期间,他扬弃了拉克伯里的理论。① 特别是,虽然通过将汉族与西方人联系在一起,章太炎可以在满族之上合法化汉族的至高无上地位,但这样的取径违背了他的反帝立场,至少是从文化的角度。尽管如此,章太炎出狱后的写作将反满主义定为更宏大的反帝国主义计划的一部分——这一计划以文化反对进化文明。

章太炎1903年到1906年入狱期间的经历大概促成了他对西方主宰的情势的批判。无论如何,他对西方的摒弃正于1900年代早期中国民族主义强烈的反帝国主义潮流之背景。这一潮流在1905年达到高潮——当章太炎还在狱中的时候——人们以抵制美货抗议对美国华工的虐待。而且,如孟悦解释的,在20世纪早期,中国人开始认识到世界各地都有人受到压迫,这也解释了为什么《黑奴吁天录》(原书名为 Uncle Tom's Cabin)的翻译会受到欢迎。著名的翻译家林纾(1852-1924)断言:"是书系小说一派,然吾华丁此时会,正可引为殷鉴。且证诸秘鲁华人及近日华工之受虐,将来黄种苦况,正难逆料。"。②

当中国知识分子开始将西方与压迫挂钩,他们对中国的观感随着将中国与诸弱国相联系而转变。他们不仅仅是告诫中国

---

① 小林武,《章炳麟〈訄书〉と明治思潮——西洋近代思想との關連で》,206-207页。
② 林纾,《黑奴吁天录译本例言》,阿英编,《反美华工禁约文学集》,北京:中华书局,1960,661页。

人避免被压迫的命运,他们承认中国作为弱国的状态,并且寻求一个以亚洲共同体为基础的反抗叙事。章太炎出狱后的经历也将把他的思想推向反欧美。1906年章太炎一获释随即前去日本担任《民报》主编一职。在日本期间,他接触到了一些日本激进分子,如幸德秋水,而这很可能是导致他越来越强烈的对西方的批判性立场以及他对亚洲认同的鼓吹的因素。章太炎与其他亚洲激进分子一起从事许多活动,特别是他参加了社会主义讲习会(这将在第五章讨论)以及亚洲和亲会。无论如何,章太炎对两者的参与表示一种对民族主义的新理解,基于文化抵御是以国学和国粹体现出来。于《民报》工作期间,章太炎把关注点从反满主义转向反帝国主义,并在这个框架内重新思考反满主义。通过看他如何重划文明与野蛮之间的分界以及发展一个新的革命时间性,我们可以在章太炎的思想里看见此一变化。

许多在《民报》写文章的反满革命人士也给一份1905年创刊、致力于国学的杂志《国粹学报》供稿。① 如它的刊名所示,这份杂志展示了一个中国国粹和汉族认同的历史性叙事,以在意识形态上支持反满革命和反帝国主义斗争。再者,这份杂志的主要目的是要强调一个不同的革命时间性以及以古非今。

我们可以在章太炎早期讨论国粹的文章里看到这种非今。章太炎在《国粹学报》创刊前两年在他的《癸卯狱中自记》里第一次讨论"国粹"的概念:②

---

① Hon Tze-ki, "The Present of the Past: Different Uses of the Late-Ming in the 1911 Revolution," unpublished manuscript, pp. 2.
② Shimada Kenji, *Pioneers of the Chinese Revolution: Zhang Binglin and Confucianism*, Joshua Fogel, trans. Stanford, California: Stanford University Press, 1990, pp. 72.

> 上天以国粹付余,自炳麟之初生,迄于今兹,三十有六岁。凤鸟不至,河不出图,惟余亦不任宅其位,繄素王素臣之迹是践,岂直抱残守阙而已,又将官其财物,恢明而光大之!……至于支那闳硕壮美之学,而逐斩其统绪,国故民纪,绝于余手,是则余之罪也!①

章太炎用了很多与今文经学重叠的修辞,就如"凤鸟不至,河不出图"。② 而且,他甚至以"西狩"署名,即指孔子。无论如何,章太炎用这些词的主要目的是要表示"脱节的时间"。他用了很多比喻表示时间和历史正朝错误的方向前进。"河不出图"这一话语源自《周易》的《系辞上》,全文为:"河出图,洛出书,圣人则之。"③

神话传说中的圣贤伏羲和大禹以这些图和书来指引他们的政治实践,然而如今所有这些指引已在不知不觉中不复存在。以"西狩"借指孔子则是要突出一个与历史相关的相似的危机。《史记》中的《儒林列传》说明了这一轶事:

> (子)曰"苟有用我者,期月而已矣"。西狩获麟,曰"吾道穷矣"。故因史记作《春秋》,以当王法。④

这一段落有世界末日的基调。孔子感叹说"吾道穷矣",这

---

① 章太炎,《癸卯狱中自记》,《章太炎全集》(四),上海:上海人民出版社,144 页。
② 高田淳,《章炳麟・章士钊・鲁迅:辛亥の死と生と》,48 页注释 5。
③ 王弼著,楼宇烈校释,《王弼集校释》,北京:中华书局,1999,554 页。
④ 司马迁著,吴兆基等译,《文白对照全译史记》(第五册),合肥:黄山书社,1997,2877 页。

又暗示承载着历史的现在,存在一些根本上的错误。换句话说,当作为祥瑞之象征的神兽被捕捉,比如麒麟,这个世界的秩序则已混乱。

在其《狱中自记》的后半段,章太炎声称他应为恢复昔日的中国而承担起责任。与革命的进化时间性对立,章太炎慨叹过去的中国已经消逝,而唯有恢复其痕迹,中国文化才能被存留下来。章太炎并没有直指"中国文化",但如闻一多所指出的,河图"代表中华文化之所由始也"。① 再则,大概十年后,在民国建立以后,章太炎在被袁世凯关进牢里时给出了几乎一样的说法:"我死之后,中国文化亦亡矣"②

借由找回过去的痕迹,章太炎描绘了一个与清朝和进步史观相悖的断裂的时间线。甘·普拉喀什(Gyan Prakash)将国家置于19世纪后半叶印度拟古主义的背景里的分析同样适用于中国的国粹派。

> 不同于有机论在起源和现在之间画了一条不间断的线,作为古老之回归的现代国家概念使得过去和现在发生彻底的断裂;过去将直线中断,它并不演变成现在。随着当代民族的自我在特异的"回归"标志里形成,随着其时间以另一个时间的重复来表述,异化的他者则成为阐明国家之圆满的必要的方式。③

---

① 闻一多,《致梁实秋》,《闻一多全集》(12),武汉:湖北人民出版社,2004,212页。
② 转引自高田淳,《章炳麟·章士钊·鲁迅:辛亥の死と生と》,46页。
③ Gyan Prakash, "The Modern Nation's Return in the Archaic", *Critical Inquiry*, Vol. 23, No.3 (Spring 1997), pp. 540.

如同 19 世纪印度的拟古主义支持者一样,反满革命人士从一开始就在脱榫的时间里认同于另一个时间,并援用"特异的回归标志"来宣告他们的非当代性。根据古文学派的拥护者和国粹的支持者,国已不存在于当今,但却不断返回萦绕。譬如,由于他们视清为不合法,他们经常表示他们对 1644 年被满人推翻的明朝的忠诚。从 1900 年代初开始,这一时间修辞是反满主义的一个重要部分。举例来说,当章太炎在 1902 年流亡东京时,他组织了一个纪念明朝没落的纪念会。孙中山,甚至是梁启超都宣扬此纪念会,因而也引起了一阵轰动。① 清驻日公使蔡钧得知很多留学生将出席纪念会,他要求日本政府制止纪念会举行。因此在纪念会举办的前一天,即 4 月 25 日,日本警察告知举办方纪念会已被禁止,并令他们到神乐坂警局报告。当章太炎现身警局时,他引起了很多的关注。他身穿"宽松袖子的明朝式长袍",手握"一把大羽毛扇"。② 但比起装束,章太炎对警官的问题的回答更加显示他居于不同的时间里。警长问章太炎他们是清国何省人,章太炎回答:"余等皆支那人,非清国人。"警长讶异,再问他们是什么阶级,章太炎简短地回答:"遗民。"③"遗民"一词通常指改朝换代之后的前朝百姓。例如《史记》里就提到"成王既迁殷遗民"。④ 因此我们应该把章太炎理解为他和他的同伴都是不知何故发现自己活在清代的明代遗民。

---

① 梁启超当然让他们不把他的名字暴露出来。参阅 Kauko Laitinen, *Chinese Nationalism in the Late Qing Dynasty*, 83 页。
② Kauko Laitinen, *Chinese Nationalism in the Late Qing Dynasty*, p. 83.
③ 汤志钧编,《章太炎年谱长编》,页 134。
④ 司马迁著,吴兆基等译,《文白对照全译史记》(第一册),86 页。

第二章 章太炎对康有为的批判：反满、国粹与革命

在上海出狱后，章太炎以这一回归之时序定义"革命"。在一篇他出狱后写的文章里，他解释说："吾所谓革命者，非革命也，曰光复也，光复中国之种族也，光复中国之州郡也，光复中国之政权也。"①

国学支持者的"保守主义"显出一种汉族意识，而"光复"即表示革命推翻清朝，以便中国人能回到现时。然这一回归并不能轻易拒绝现代制度。为了完成这一回归过去的叙事以契合当下，国粹支持者需要在作为国粹的过去与现代性之间建立联系。虽然他们不断地提出从满人手里"恢复"汉人家国之说法。但他们对满人的批评同时也是对中国几个世纪以来的专制主义的批评。如同与他们对应的今文学派一样，古文学派学者从先秦经典找寻一个合适于民族国家之世界体系的政治替代方案。这一与传统的矛盾关系，一个看起来可以解决困境的传统的回归，部分是由于"国学"之"国家"维度的形式条件。这里，我们清楚地看到国学学校之国家如何进行"赞颂暮年"②和提供通往现代性的桥梁的矛盾任务。

在这方面，国粹派和今文学派之间最主要的区别在于他们的民族国家叙事和他们与既有政府结构的关系。换句话说，不仅国家认同的客体不同，国粹派学者所描绘的认同发生的世界舞台和时间亦不同。康有为将儒学与现代政治思想之元素，比如宪政，结合起来，而国粹派学者则将现代西方政治和帝国主义里更激进的部分灌注于汉文化中。

---

① 章太炎，《革命之道德》，章太炎著，朱维铮、姜义华编注，《章太炎选集（注释本）》，292 页。
② Benedict Anderson, "Narrating the Nation", *Times Literary Supplement*, No.4341, June 13, 1986, pp. 659.

章太炎关于国粹的论述旨在达到对西方学术连同西方帝国主义的基本抵御。① 与康有为不同,1906年过后,章太炎把"文明"与帝国主义和现状联系起来,并把国粹与其对立起来。章太炎说:"崇拜文明,即趋时之别语。"②因此国粹派学者指出,中国文化其实与抵抗关于政治和历史的主导叙事之运动是一致的。比如说,其中一个最著名的国学支持者、章太炎一段时间的密友刘师培,认为汉文化的主要特征是其无政府主义倾向。与此类似,章太炎在其著名的1906年给留学生的演讲中,说传统中国文化近于社会主义:

> 至于中国特别优长的事,欧、美各国所万不能及的,就是均田一事,合于社会主义。不说三代井田,便从魏、晋至唐,都是行这均田制度。所以贫富不甚悬绝,地方政治容易施行……其余中国一切典章制度,总是近于社会主义。③

虽然章太炎的社会主义概念看起来很模糊,并且跟我们现在的概念很不同,但我们可以看到他试图通过借助于过去设想一个欧美政治体系的替代。

具体而言,尽管国粹有乌托邦和无政府主义的维度,但它是一个没有国家的民族,且其到场,或"回归",需要在不久的将来

---

① 这样,章太炎继续其与今文学派对立的古文学派立场,但与借用其他文化相对,给《国粹学报》供稿的作者强调学习本土的重要性。可以说他们创建了一个"承异"叙事,他者不再是以满人为主,而是帝国主义者。这一双重他者当然已经出现在章太炎早期的写作当中,但在他写关于国粹的时候,这一重点转移了。
② 章太炎,《复仇是非论》,《章太炎全集》(四),274页。
③ 章太炎,《东京留学生欢迎会演说录》,姜玢编选,《革故鼎新的哲理:章太炎文选》,147页。

第二章 章太炎对康有为的批判：反满、国粹与革命

在国家内体现制度。① 因此，国粹作为反帝国主义斗争之超越象征而出现，而章太炎鼓励其他受压迫国家的居民，比如印度，去寻求自己的国粹。

国粹是一个延伸到所有弱势国家的原理，而章太炎明确地区分各国全球上的位置。在他于1907年发表在《民报》的文章《印度人之论国粹》里，他写道：

> 夫欧洲与日本，求事于其国粹，民族既完，亦可以少驰矣；求义于其国粹，非侵略人，则以人为舆台豢豕也。故发愤者欲事事拨去。盖矫弊匡谬之辞，有不得不尔者，此非所论于支那、印度也。盗贼自毁其跖、蹻之书，于义甚善，欲使良家亦尔，不太诬乎？②

从这一段落可以瞥见章太炎的民族主义概念，它与章太炎更宏大的、启发自佛教的超越国家之目标有关，这我们将在后面的章节进一步讨论。在这里，他认为国粹的概念被已经很强大并正在扩张的国家所用，或是被援用为反帝国主义斗争的一部分，都会有不同的结果。《印度人论国粹》这篇文章，以及一系列关于他在日本的印度朋友的短文——全发表于《民报》——阐述了他对弱势国家和帝国主义国家的区分之政治维度；这些文章也把《国粹学报》里表述的异常的民族主义与章太炎《民报》上的文章相联系。简言之，章太炎对国粹的观点涉及一个

---

① "不久的将来"也许是为什么刘师培会继续支持反满革命，即使他同时在提倡无政府主义作为国粹。
② 章太炎，《印度人之论国粹》，《章太炎全集》（四），页367。另可参阅 Shimada Kenji, *Pioneers of the Chinese Revolution*, 73页。

更宏大的解放其他受压迫和弱势的亚洲国家之计划。他在1907年的文章《五无论》中一段经常被引用的段落里表述他这一向度的民族主义：

> 既执着国家矣,则亦不得不执着民族主义。然而其中有广大者。吾曹所执,非封于汉族而已。其他之弱民族,有被征服于他之强民族,而盗窃其政柄,奴虏其人民者,苟有余力,必当一匡而恢复之。呜呼！印度、缅甸灭于英,越南灭于法,辩慧慈良之种,扫地尽矣！故吾族也,则当返;非吾族也,孰有圣哲旧邦而忍使其遗民陷为台隶？欲圆满民族主义者,则当推我赤心救彼同病,令得处于完全独立之地。①

这里我们看到元民族叙事的开端,在此,跨国的自我基于各个国家在全球资本主义世界里的位置和潜力而定义。鉴于从殖民主义普遍解放的目标,章太炎接触了其他国家的"自由斗士",甚至在1907年参与到反帝国主义的组织,如亚洲和亲会。②

---

① 章太炎,《五无论》,姜玢编选,《革故鼎新的哲理:章太炎文选》,254-255页。
② 关于亚洲和亲会,所知道的并不多,且各学者对这一组织的运作的描述有出入。可以知道的是,1907年,章太炎陪同一些印度学者出席一次纪念印度领袖希瓦吉（Shivaji）诞辰的纪念会。那之后不久,章太炎写了几篇文章描述是次会面,并强调中印间的协议的重要性。参阅 Rebecca E. Karl, *Staging the World: Chinese Nationalism at the Turn of the Twentieth Century*, Durham, N. C.: Duke University of Press, 2002; GotelindMüller, *China, Kropotkin und der Anarchismus: Eine Kulturbewegung im China des frühen 20. Jahrhunderts unter dem Einfluss des Westens und Japanischer Vorbilder*, Wiesbaden: Harassowitz Verlag, 2001; 竹内善作,《明治末期における中日革命運動の交流》,《中国研究》,第5号,1948年9月,74-95页。根据竹内善作,亚洲和亲会的第一次会面（当时组织成员被译为 The Asiatic Society of Humanitarian Brotherhood）在一些印度政治家住所进行。出席会面的是来自中国、印度、菲律宾、缅甸、马来西亚和日本的革命人士。

结　语

　　章太炎的种族思想在今文经学的框架之内生发，并最终发展为一种对民族国家之全球资本主义体系的回应，而这一回应是以他对古文经学和国粹理论的综合为基础的。康有为和章太炎两人的回应皆是借由推动一个表述人与国家认同之间的关系的叙事或饰词而进行的。康有为试图复苏旧帝国的共同体理念以建立一个调和各族群间的紧张的民族主义话语，尤其是满汉之间。章太炎则借由援用进化文明话语开始他的革命事业，以构建一个汉族优于满族的理论，然他最终援用了一个回归的时序，将汉民族对立于西方和满族两者。佛学在章太炎的回应里扮演着一定的角色，但在这里，促进印度和中国的文化纽带的是佛学的象征作用，而不是其内容。这代表着一种对改革派的对进化的着重强调及他们的全球等级体系的反话语——他们以西方国家为最文明。

　　章太炎建构了一个在20世纪初民族主义意识形态范围内运作的革命话语。他把种族、文化和谱系结合起来以建立一个国家叙事以及集结跨国同盟对抗帝国主义。虽然这些关怀在章太炎一生中始终一贯，但在他于1903年被监禁后，他的思想出现一个重要的佛学转向，并随后开始发展一个与他的民族主义设想相悖的框架。接下来的三章将探究章太炎的佛教世界观的一些政治意涵。

第三章　佛教认识论与现代自我认同：
　　　章太炎的"建立宗教论"

　　晚清思想家面对一个越来越理性化和物化的国族建构与全球资本主义世界,他们努力创造一种新的主体性以使得中国作为一个民族国家参与竞争。正是在这种新的、不同的环境中,晚清思想家企图重新发明宗教传统。他们的宗教论述成为了一种创造新的主体性的哲学工程,使得中国在这个新的、竞争性的甚至社会达尔文主义的世界中能保持不败。

　　近来,已有学者倾向于认为晚清思想家应该被理解为对各种各样的中国精神传统和宗教工程有着深深的承担。[1] 然而,大多数关于晚清思想的研究文献都没有把"宗教工程"、"精神传统"诸如此类的概念与更大的、伴随着国族建构与全球资本主义的全球认识论转型之间的关系理论化。换言之,出于从一

---

[1] 高万桑(Vincent Goossaert)反驳那些试图把精英知识分子的宗教观点化约为政治的学者,提出了下述个性化的观点:"事实上,正是这样的精神传统[佛教与儒教],而不是理性主义或无神论促使政治领袖改革宗教图景。因此,尽管改革家们关于迷信、宗教改革和没收寺庙的论述是自私的,并且部分地受到社会和政治工程的激发,不过,如果不考虑到致力于提升中国的精神状况的宗教工程同时就在进行,那会是一个大错误。"见《1898》,307页。

种过度政治化的阅读和简化中拯救出传统的热切渴望,全球历史语境通常被忽略了。晚清对于宗教的攻击,有一些新鲜的地方。正是在有着质的不同的环境里,宗教传统被重新发明。尤为重要的是,晚清的宗教话语成为了一种创造新的主体性的哲学工程,以使得中国在一个越来越理性化和物化的世界里作为一个民族国家参与竞争。因此,是现代性的全球工程,而非"精神传统",促使晚清知识分子改革宗教,并重新解释诸如儒教、佛教、道教等传统。正因为晚清知识分子看到了佛教与现代理性化的世俗世界之间的重叠,他们才援用这个框架作为多样的工程的一部分,以复魅全球资本主义的物化世界。

  章太炎和梁启超对于宗教的各自的使用提供了一种理解伴随着这种复魅工程的可能性的方向。章太炎可能首先被认为是一个反满的民族主义革命家,不过在他的生涯中,最复杂和哲学上最有趣的阶段是他的所谓《民报》时期(1906-1908),那时候他在编辑设在东京的革命派杂志《民报》,并且表达出他的"佛学之声"。① 尽管许多晚清知识分子研究佛教并且援引宗教,不过章太炎是极少数以一种哲学方式接近佛教思想并且与西方哲学如德国观念论进行了严肃对话的人之一。他的哲学努力有着政治意义,因为不同于把佛教局限于民族主义层次的早期的梁启超,章太炎指向了对更为抽象的宰制形式的克服。

  以下的讨论考察章太炎是如何通过援引唯识宗佛学来质疑现代性的认识论框架。他的佛教哲学从根本上说是一种对资本主义现代性的浪漫批判。正如迈克尔·洛伊(Michael Lowy)和

---

① 关于章太炎批评现代性的佛教写作,两本典范著作是:近藤邦康,《章炳麟の革命思想の形成》,收入《中国近代思想史研究》,以及汪晖,《无我之我与公理的解构》。

罗伯特·塞尔(Robert Sayre)所说的,浪漫的反资本主义并不仅仅指责经济上的阶级统治,而且回应了"其负面影响被整个社会各阶级都感觉到,以及在资本主义社会到处被体验为不幸的那些资本主义特性"。[①]遍及社会各阶级的负面影响比诸如不平等的现象更为抽象。在这些浪漫主义者的眼睛里,它们包括碎片化、主体与客体的分裂等这样的事情。章太炎通过利用佛教假设一个统一的主体-客体,从而克服了由物化所导致的分化与异化,以在哲学和宗教的层面展开对那些资本主义现代性的负面影响的批判。一开始,他创造统一体的工程似乎是一个与政治脱离联系的存在论的工作。在他从唯识宗佛学的立场上对各种哲学和宗教的批判中,章太炎一再声称其他宗教和哲学都不能真正克服主体与客体之间的二元性,因此它们假定了一个外在于自我的神。通过假设了作为一种同一的主体-客体的"阿赖耶识"的意识,章太炎的观点克服了这个物化的神的概念。在章太炎向佛教寻求资源中,他对超越性的强调看上去已经把他从政治中解脱出来,因为他表面上是从一个超越政治和主体性的空间中展开论述的。然而,章太炎离开政治是为了从一个更加激进的角度把政治重新政治化(re-politicize)。凭借诸如"密"这样的观念动员起佛教为政治服务,并想象出一种能够以一个不同的方式进入现代政治的世界的自我。

晚清中国知识分子承担了转变中国以使得它可以在一个民族国家的世界体系中竞争的任务,他们经常是通过日本的翻译和注释,研究西方政治和哲学理论,努力传播民族主义和现代性话语条件。

---

① Sayre and Lowy, "*Figures of Romantic Anti-Capitalism*," 55.

章太炎利用佛教参与到与全球流通的主体性话语和民族国家叙事的对话之中。他凭借了一些他在前佛教和前革命阶段发展出来的概念。部分地因为他在狱中的困难经历，章太炎是晚清主流思潮的一个例外，他质疑被其他人认为理所当然的概念和理念。他使得佛教与民族主义叙事之间的紧张显现出来。通过试图将对唯识宗哲学的理解与对政治行动的承诺结合起来，他表达出对于帝国主义、民族主义和主体与客体之间的现代认识论难题的一个特别的回应。不同于著名的改革家、在百日维新中殉难的谭嗣同，章太炎借助于源自佛教的一种原始的主体-客体，来克服现代世界的二元对立。这种本体论，尤其是这种同一化的主体-客体，代表了资本以一种未被承认的形式的实际运动。

章太炎以佛教术语表述出的这种主体-客体，他的态度当然不同于德国观念论者的看法。尤其是章太炎尝试否定而非肯定存在。他既肯定一个超越性的领域，也肯定人类工程的幻觉世界，以设想一个与所有生命存在同一的、临时性的自我的叙事，之后利用这个去抵制压迫。尽管最终章太炎跟随了唯识宗声称一个人必须同时克服自我和幻觉，他还是建构了一个宇宙的幻觉的概念，以推动人们从事伦理行动，并且当所有存在都被拯救的时候，最终克服自我。

现代宗教之谜：有限性与哲学

晚清时期对于"宗教"的使用，尤其是梁启超和章太炎各自对于佛教的使用，必须与伴随着民族国家的现代世界的全球话语联系起来理解。当中国进入民族国家的全球资本主义体系，知识分子提出宗教(包括佛教)作为与现代民族国家发展相联系的新的认识论和主体性的更大的工程的一部分。民族国家和为主体与客体所占据的新的概念世界所带来的问题相互叠加在一起。这个新的世界不仅为一个新的宗教概念创造了条件,而且产生出一种在现代政治生活中占据主导的身份认同类型——我延续了埃格顿,将之称为"表演性的身份认同",这与民族主义的政治有着紧密的联系。

梁启超和章太炎都是用佛教以构想和塑造民族主义的主体条件。然而,当他们把佛教引入到与新的全球政治的形式的联系中时,他们参与进了现代世界中的一个更大的宗教话语。已有学者讨论现代宗教话语是如何暗示了一种宗教与世俗世界的区分,并指出这种区分与现代科学、现代生产和现代国家的兴起有着密切的联系。而且,这种现代的宗教话语强调了对个体的信仰。[1] 为了更好地理解现代世界与现代中国中宗教的诉求,我们需要追问伴随着现代性的转型如何影响了个体信仰者的情绪和信仰的动机。

现代宗教信仰是对与现代性相伴而生的社会和认识论转变的一种回应。随着现代资本主义社会的出现,人类已经栖息于一个主体和客体之间的明显分裂的碎片化的世界。这种明显的分裂,通过科学世界观与自由观念的一种结合而被体验到。科学世界观强调规律和事物脱离于人的主体性的独立性和客观性,自由观念则坚信人类的自由本质。我称之为明确的分裂,因为资本主义覆盖了主体和客体,但是人并不能以这样的方式立

---

[1] Asad, *The Genealogies of Religion*, 39.

刻体验到。相反,人们以物化的形式或者以"小碎片"把握它。①而且,这种碎片化也撕裂了人类主体的经验,使得人们漠视他们的社会阶级:"即使资本家,仍然存在这样的人格分裂,人类被撕裂为(Zerreissen)商品运动的一个因素和这个运动的一个(客观无力的)旁观者。"②换句话说,在现代"资产阶级"社会,主体被撕裂为一个旁观者(看上去有思考和行动的能力)与一个客体(遵循包括社会进程和自然法则的大量的客观的力量)。

如此,我们可以理解宗教是作为一种设想整体性的本体论的浪漫冲动的一部分的,这种本体论能够通过克服异化和分化,以恢复自由。研究章太炎对佛教和德国观念论的综合时,我们将回到这个把宗教作为浪漫回应的观点,以充实研究框架。不过,要把握为了政治目的对宗教的特定的使用,我们必须检验一个不那么抽象的中介层次,即自我的建构,不止是与本体论(即客体与法则)相联系,而且与人类他者相联系。

当晚清政治理论家用宗教来建构在国家中显现的主体时,他们依靠了现代主体性的视觉维度。海德格尔(Martin Heidegger)把现代世界的主体和客体描述为一幅"世界图景",他强调了现代世界的这种视觉维度,在其中我们既是旁观者,也是被观察者。海德格尔对于世界的讨论表明自我作为主体和客体的分裂,不仅包含自我和客观的进程,也包含他者的外观。海德格尔深知,在现代:

> 人就把自身置入关于存在者的图像中。但由于人如此

---

① Georg Lukács, *History and Class-consciousness*, 德文版 348 页, 英文版 165 页。
② 前引书,德文版 350 页,英文版 166 页。

这般地了解存在者,人就炫耀他自己,亦即进入普遍地和公开地被表象的东西的敞开区域之中。借此,人就把自身设置为一个场景,在其中,存在者从此必然摆出自身,必然呈现自身,亦即必然成为图像。人于是就成为对象意义上的存在者的表象。①

在这里,海德格尔描述了一种宗教和政治的话语都试图处理的现代主体性的模式。在现代世界,人们"把自身置入存在者",这暗示着他们是面对世界(即客观的世界)的主体。然而,人类就是客观世界的一部分。

然而,自我只是由于另一个自我而作为一个客体存在,尤其地,自我建构只有通过他者的中介才成为可能。② 术语"置入场景中"(sich in der Szene setzen)字面上的意思是把某个东西放入众人注意的中心,这意味着主体总是已经在一种被看的舞台上了。人从来不能完全地成为他自己的客体,在一个人有自我意识之前,他需要其他个体的既存的观视。最终,人把他者的观视内在化了,这种观视成为我们对于自我的感觉的一部分。当这个外在他者被内在化,它丧失了独特性,成为了一种普遍化的他者(Other),一个见证我们行动的观众。现代自我包含了一个虚拟的维度,这是各种政治和宗教叙述竭力操纵的。③世界图像可以被理解为一个身份认同的舞台,人们在其中扮演各种各样的

---

① Heidegger,"Die Zeit des Weltbilds"。中译参考海德格尔,《世界图像的时代》,载《林中路》(修订本),孙周兴译,上海:上海译文出版社,2008年,80页。
② Egginton, *How the World Become a Stage*, esp. chap. 1 and 4.
③ 前引书,12页。

角色。当人们"进入场景",他们真的登上了一种舞台。① 当然,角色扮演在整个历史中无处不在,世界图像的重要性也不在这里。我们应该注意到在上文引用的段落,海德格尔谈及了被脱离实体的他者(Other)"普遍地和公开地表征"。对于舞台上的演员来说,观众就是他者,因为他们代表了一种完全外在于戏剧的时间与空间的观视。在人们是他者存在(being-for-others)的情况下,他们的认同根本上是由他者所构成,就好像他们在舞台上一样。②

人们认同于舞台上的角色与他们认同于一个国家或者承担

---

① 德文 Szene 有时候被翻译为"舞台"(在短语 hinter der Szene[后台]或者动词形式 in hinter der Szene[上演]中),这支持了埃格顿的观点。
② 埃格顿声称,这种现代认同的原初的外在性使得身份认同过程得以可能,并且模仿了剧场的中心。换言之,当人们观看一场戏剧,他们认同于舞台上的人物角色,实际地感受到各种角色感受到的痛苦,尽管这些角色存在于一个虚构的或者虚拟的空间。他们能够实现这样的身份认同就是因为现代主体自身的身份是由他者的观视所构成的。人总是和表征一个角色的角色自我相认同。不同于前现代社会,角色很大程度上被写入宇宙秩序,并且通常表达了等级位置上的具体的主体之间的关系,现代空间观念是水平的,并且是可以互换的,允许在更大的现代认识论范围和普遍文化与意识形态霸权之内的大量不同的身份认同。这就是埃格顿把现代自我的分裂重新界定为一种在我们对于我们自己的活生生的感觉与我们想变成、并且也相信别人会喜欢的角色之间的分裂,拉康和弗洛伊德把前者称为我们的理想自我,后者称之为自我理想,它存在于他者的空间。这种身份认同的现象包括某种幻想性的屏幕,角色(自我理想)在其中扮演特定的角色。这种使得身份认同变得可能的幻想性屏幕,允许自我暂时地把它的两个一半(理想自我与自我理想)联合起来。一个暂时统一的自我从而为作为观众的他者扮演出一个角色。当自我不遵循这个他者或者当他者显现时,自我会遇到危机,从而摧毁了幻想。这可以相当于颠覆一场戏剧中观众与舞台之间的区分,使得戏剧呈现为幻想。因此,拉康式的心理分析师的目标通常是使得构成观看自我的他者的幻想性屏幕呈现在自我面前,从而摧毁了它。这与意识形态批判是相似的。例如,当民族主义叙事被揭露为民族主义叙事时,其力量就削减很多。毕竟,民族主义叙事自身致力于把人们插入一个特别的幻想性屏幕,然后生产出一个有着特定的目标和义务的、道德化的"角色自我"。

抽象的政治认同的方式是一样的。事实上,民族主义叙事试图把人们固着到特定的角色——作为公民的人——之中,公民反过来会认同于民族国家。这个认同逻辑不仅运作于身份认同的民族主义叙事方面,并且也在运作于宗教叙事。例如,当一个人与一个宗教形象或超越性的精神自我相认同时,他必须把自己调换到一个抽象的、非经验性的自我中。在某种程度上,我们可以把晚清知识分子依靠佛教提出这样的身份认同并且重新建构自我,看作是导向一种特别的共同体类型。

主客体的身份认同与有限性

主体与客体之间清楚的分裂加强了我们对于人类有限性,或者用保罗?利科的话是"时间之绝境"(aporia of time)的感受。"时间之绝境"是在我们有限的时间经验与时间的客观之流之间的区分。① 任何回应"时间之绝境"的、关于身份认同的叙事,都必须有一个抽象并且相对持久的组成部分,因为这样的叙事是要克服暂时的世界。宗教和哲学叙事通常试图在暂时的自我与某种永恒的形式的鸿沟之间架起桥梁,实施某种类似于黑格尔所称的时间之消灭(annihilation of time),暗示了一种对世俗世界的超越。② 我们将要看到,章太炎作品的关键的主题之一,就是对于有限性问题的两种不同的解决之道之间的紧张:一种是民族国家,另一种则是哲学与宗教上的超越观念,它们密

---

① Ricoeur, *Time and Narrative*.
② 黑格尔写道:"时间作为空洞的直觉,是在意识中代表自己的概念。因此,精神必然在时间中显现,并且只要它不抓住精神的概念,即只要它消灭时间,就会显现。"《精神现象学》,德文版 584 页。

切联系着一种浪漫的回应。

尤其重要的,对于人类有限性的民族主义和宗教的回应是相冲突的,因为后者可以在哲学层面上表述为超越民族国家,并且试图完全地克服主体和客体的分化。我们在德国观念论者和章太炎的佛教模式中看到了这种主体-客体的思想。尽管教条的哲学家把主体和客体的世界看作是给定的,不过批判的哲学家,比如费希特和黑格尔,认定在主体与客体的分裂的背后,存在着一个更为原始的过程。卢卡奇以下面的方式解释这种浪漫的冲动:

> 对于我们这里的问题重要的是,知识的主体(自我)是根据内容而被知晓的,并且接下来能够作为一种方法论上的指引而服务。更普遍地说,接下来的哲学潮流变成了:提出一个主体的概念,这个主体可以被想象为内容的总体性的创造者。再一次普遍地,根据文法意义上,接下来的需求变成了:找到和显现出一个客观性的层次,一个主体的假设,在这里抹去了主体和客体的二元性(思考与存在之间的二元性正是这种结构的一个特殊例子),在这里,主体和客体结合在了一起,变得同一化。……与教条地接受纯粹给定的(外在于主体的)现实构成对比,接下来的需求出现了:抓住每一个给定的作为一种同一性的主体-客体的产物,抓住每一个作为原初的统一体的一种特殊的派生物的二元性。①

---

① Lukács, *Geschichte und Klassenbewußtsein*,德文版 301 页,英文版 123 页。中译参考卢卡奇,《历史与阶级意识》,杜章智等译,商务印书馆,1996 年。

根据卢卡奇的观点,这种原初的统一,是一种误认的资本主义形式,被德国观念论者在思想的层面把握住了。换句话说,德国观念论者取得了一个巨大的进展,即他们强调日常生活经验的碎片化的和物化的本质,并且持久地假设一个作为更为整体性的知识基础的超越性的总体性。而且,不像假设这种超越性的统一是作为客观事实而存在的教条的理性主义者,德国观念论者们把这种统一想象为既是主体,又是客体,想象为与意识不可分的东西。然而,他们没有认识到这种超越性的统一性是一种历史性的独特的社会形式。因此他们既想象出了碎片化/物化,又想象出作为超历史的总体化的主体客体。

　　章太炎在1906-1910年期间所写作品的一个主要主题就围绕着这样的目标:在佛教和道教的帮助下,为所有分离的现象建立一个同一化的主体-客体的基础。然而,当德国观念论者,如费希特和黑格尔,使用同一化的主体-客体以证成民族国家,因为相反的经验、章太炎的革命规划以及佛学的哲学结构等多重因素,章太炎动员了同一化的主体-客体——他自己使用的是阿赖耶识——来反对国家以及我们根据现代性和文明所理解的很多内容。在这个意义上,章太炎的思想改变了叔本华、尼采和海德格尔所延续的方向。他们所有人表达出了对现代主体性的一种反动,但仍然附着在超历史的主体-客体的某些版本上。

现代中国与宗教

　　当晚清被裹挟入民族国家的全球资本主义体系,中国知识分子开始转向现代认识论的世界观。很清楚地,通过国家建构的政策,晚清国家开始了社会生活和实践上的变化。这些变化部分地是造成晚清知识分子对现代哲学和宗教理论问题感兴趣的原因。① 然而,知识分子经常与国家政策之间存在辩证的关系,同样重要的是,他们也积极地试图传播关于人类和他们的客观世界(世界图像)的本体论假设,以为民族主义建构(在章太炎的例子是,或许是克服)主观条件。中国知识分子是在明确感知到面临帝国主义势力的情况下承担这些工程的,他们相信成为一个民族国家是中国抵抗被入侵——用一个著名的比喻,被外国势力"瓜分"——的首要的方法。

然而,中国民族主义的特殊语境形塑了中国知识分子对于宗教的解释。民族国家体系的形式平等掩盖了世界体系中的不平等的关系,这种关系形塑了特殊的民族主义的意识形态策略。② 汪晖提出,中国知识分子关于建构一个民族国家以抵抗帝国主义的中国意识,开创了从根本上不同于有着悠久传统的北大西洋民族国家的政治哲学的解释。尤其是中国知识分子没有强调国家和宗教之间的区分。相反,在中国,宗教的问题和宗教哲学是在国家建构的语境中兴起的。由受到传统教育的晚清学人创办的《申报》,在1898年发表了三篇社论,提倡把寺庙改造为学校。这三篇社论都强调政府需要立刻行动,改造寺庙,因

---

① 对于这些变化的详细讨论超出了这本书的主题,不过在最近的研究中,Manu Goswami 绘出了伴随着进入民族国家的世界体系的普遍的转变。她注意到"殖民和资本主义扩张是普遍主义的成熟形式的源泉,这种普遍主义形塑了客体和主体的进程。"("Rethinking the Modular Form," 787) Goswami 注意到这些进程包括普遍主义趋势的全球化,即通过"社会经济流动和文化上的互相联系性的密集网络",把时间和空间同质化(前引书)。接着 Goswami,我们可以说,民族的特殊性的确认,只有通过这些更大的普遍化的进程才能实现。关于这些全球转变是如何影响中国的,参见汪晖,《现代中国思想的兴起》,第四卷,1398-1399页。
② 汪晖,《现代中国思想的兴起》,第四卷,837页。

为他们是在"国际竞争使得中国的生死存亡问题格外凸显的语境中"。①

对于知识分子而言,这种改造宗教的热情无可救药地连接到提升科学的世界、打击迷信的运动,在这个过程中,知识分子接受了一个更为全球化的认识论框架。康有为、梁启超、谭嗣同和章太炎都卷入了废寺兴校的运动中。他们通过引入在他们所称的宗教与由中国人所实践的信仰和礼俗之间的一个清楚的区分,为这个运动证明合法性。②

我们将可以看到梁启超和章太炎是如何发展出宗教身份认同的叙事以为民族主义创造出主体性的条件。梁启超对佛教的使用特别重要,因为它是中国的现代宗教话语的第一批明确的例子之一,而且他的作品表达了现代科学世界观的某些基本的要素,并且再生产了一种集体身份认同的传统的模式。另一方面,在1906年发表的《建立宗教论》一文中,章太炎尝试通过援引佛教唯识宗的概念,批判性地为主体和客体的世界建立基础。这是章太炎使用佛教创造一种革命道德,并且批判一些概念(诸如进化、国家——我们会联系到现代性)的宏大工程的一个基础。

梁启超的宗教概念

由于章太炎自己关于宗教的观点可以被解读为是对梁启超想法的一种批判性回应,因为我将首先讨论梁启超关于宗

---

① Goossaert,"1898,"316.
② 前引书,311页。

教的观点。梁启超开始在现代意义上使用"宗教"是在1899年,在他读到日本关于这方面的论著之后。① 在接下来的一些年里,他写了一些文章,把佛教与科学和民族主义身份认同联系起来。比如,在他发表于1902年的文章《论佛教与群治之关系》中,他声称佛教教义中"因果"就像发送电报一样发生作用:"因果之感召,如发电报者然,在海东者动其电机若干度,则虽数千里之外,而海西电机发露若干度,与之相应,丝毫不容假借。"②因果是根据同样的方式发生作用的,只不过关乎时间而不是空间。梁启超解释因果是一系列的行动的"熏积",最终能够开始一个进化或堕落的过程。他声称人与前因的关系,缘于"阿赖耶识",这个也能超越个人。梁启超还把自我依赖和因果的主题从个人转变到了国家,认为人们现在需要好好努力,"造善因",这样才能保证国家在未来进化。

梁启超对科学和因果的参考,在某种程度上为世界图像创造了时空条件,在这样的情况下,这个世界一定是平等和空洞的空间之一,为远距离的因果和行动提供条件。这是可以被分离的(互不相关的)实体所居住的空间类型。在他的《论小说与群治之关系》的文章中,梁启超提出了一个空间,供人们以一种特殊的方式"进入场景"或者被包含入世界图像中。③ 尽管这篇文章主要是关于小说在建构自我中的作用的,梁启超不断使用佛教概念去论证他的观点。在他对于因果的讨论中,他使用了空间性的术语讨论小说。在论文的开头,他将一种分裂的空间类

---

① 参见 Bastid-Bruguiere,《梁启超与宗教问题》。
② 梁启超,《论佛教与群治之关系》,50页。
③ 梁启超,《论小说与群治之关系》,为了带出空间隐喻,我修订了翻译。

型确证为表演性的特质:

> 而此蠢蠢躯壳,其所能触能受之境界,又顽狭短局而至有限也;故常欲于其直接以触以受之外,而间接有所触有所受,所谓身外之身、世界外之世界也。……小说者,常导人游于他境界,而变换其常触常受之空气者也。①

梁启超把虚拟空间的生产看作是小说的一项根本功能和构成主体的一个重要部分。他然后引用了唯识宗佛学的一个概念——"熏"。"熏"是指种子(即使是在最直接的层次上)构成对客体的感知。因此它们表明,即使是"直接感知"也必需一个虚拟的维度。梁启超引用了《楞伽经》中所谓"迷智为识,转识成智"。② 我们将在对章太炎的讨论中更具体地看到唯识宗关于自我认同的理论,这里我们只要注意到梁启超声称小说能够起到像种子那样"熏"或者促生感情的作用。梁启超解释说:"人之读一小说也,不知不觉之间,而眼识为之迷漾,而脑筋为之摇飏,而神经为之营注。"③

然而,梁启超通过援引我们上面看到的分割的空间来描述在小说和佛教中都存在的幻觉。他解释说,当一个人读小说时,"此身已非我有,截然去此界以入于彼界,所谓华严楼阁,帝网重重,一毛孔中万亿莲花,一弹指顷百千浩劫。"④

在梁启超看来,这种自我的转变也必然使得一个人与他所

---

① 梁启超,《论小说与群治之关系》,中文本,283 页;英文本,75 页。
② 前引书。
③ 前引书。
④ 前引书,中文本,页 285;英文本,78 页。

第三章 佛教认识论与现代自我认同：章太炎的"建立宗教论" *111*

读故事中的某个人物发生"表演性的身份认同"。梁启超解释说，比如，一个人如果读了主人翁是释迦或孔子的故事，"则读者将化身为释迦、孔子"。① "化身"这个术语字面上的意思就是"改变了自我"，不过这本身也是佛教的概念，意思是释迦的身体根据众生(sentient beings)的需要而出现。尤其在唯识宗，化身是指以任何形式出现，以帮助众生。

梁启超脑海里很可能存有佛教关于"化身"的概念，因为他继续解释说，阅读小说，"度世之不二法门，岂有过此"。② "度世"这个术语在佛教文本翻译到中国之前就存在，指的是离开尘世(换言之，世俗世界)。然而，在佛教中，术语"度"可以被翻译为 nayati，指的是渡过到彼岸或者实现了觉悟。梁启超脑海中清楚地存有关于"度世"的早期含义，在另一个空间变成另外的人是一种娱乐的方式；但是，考虑到他对佛教术语"法门"的使用，更重要的是，考虑到他对小说教育本质及在促使人们向宗教和道德转变上所扮演的角色的强调，他似乎也将佛教这个术语的意义融合进来了。在他关于小说的论文中，梁启超引用了佛教，表明意识总是已经被熏化的，但是为了救国，一个人需要通过小说重新熏化意识。他注意到政治家依靠小说的力量以"组织政党"。③

尽管文章的题目叫做"论小说与群治之关系"，梁启超并未详细解释小说或佛教是如何将个人与群体连接起来的。然而，通过分析他在辛亥革命前最后一篇关于佛教的论文《余之死生

---

① 梁启超，《论小说与群治之关系》。
② 前引书。
③ 前引书，中文本，页285；英文本，78页。

观》(发表于 1904 年的《新民丛刊》)①,我们仍能一窥梁启超对于与群体身份相关的佛学概念的看法。尽管佛教通常被视为一种强调个人救赎的宗教,梁启超却用"因果"和"业"(karma)来将克服死亡与群体认同联系起来。

> 吾以为此所谓不死者,究无二物也,物何名? 亦曰精神而已。综诸尊诸哲之异说,不外将生命分为两界,一曰物质界,一曰非物质界。物质界属于么匿体,个人自私之……非物质界属于拓都体,人人公有之。而拓都体复有大小焉。大拓都通于无量数大千世界,小拓都则家家而有之,族族而有之,国国而有之,社会社会而有之。拓都不死,故吾人之生命,其隶属于最大拓都者固不死,即隶属于次大又次大乃至最小之拓都者皆不死。②

在这里,梁启超为其宗教理论中的表演性认同搭建了舞台,然而他意识到如果个人是物质性的,而群体是精神性和理想性的话,群体认同将变得不可设想。因此,跟他讨论小说的论文一样,他在《余之死生观》中加上了一条重要的注释:"么匿体又非徒有物质界而已,亦有属于非物质界者存"③。借此,梁启超创造出了一种个体身份构造中的他者性,并基于此解释了表演性认同。换句话说,如果我们认为非物质的自我总是紧密地牵涉他者的视角——因为非物质的自我总是联系着某种群体身份——那么我们就可以说在梁启超看来,个人已经内在包含了

---

① 梁启超,《余之死生观》,参见《饮冰室文集》第 17 卷,1–12 页。
② 前引书,6 页。
③ 前引书。

"他者"的空间。梁启超并没有对某一特殊群体作出优先解释,而是将个人描述为在现实与理想,或者个人和群体之间占据着一个空间。

一言蔽之,梁启超认为中国人需要纯理论之外的东西来介入到政治行动中。他与佛学的接触并未使得他对政治产生激烈的批评。因为佛学思想从根本上构建出了一种世界图景,因此如果认为梁启超只是将其视作一种工具则是错误的。然而,我们能够意识到梁启超是携带着对于民族国家的设想来汲取佛学思想的,此外,尽管他对佛学的阅读可能深化了他对民族主义的主体条件的理解,他未能从根本上挑战这种世界图景,或民族主义。而我们即将讨论的章太炎的佛学思想,恰恰进行了这种挑战。

章太炎的早期形而上学框架及其宗教观

跟梁启超一样,章太炎的宗教观也先后历经了一系列变化。在章太炎倡导改革的阶段中(时间大致为 1895–1899),他持续地批评鬼神信仰,并介入到一种迷信批评中。在这个意义上,章太炎提出了一种世界图景(world picture)或者是科学世界,但是正如我们接下来将看到的,到了百日维新失败后不久的 1899 年,章太炎已经发展出了关于世界由"惑"创造的形而上学思考。因此从这一早期阶段开始,章太炎的著作中就包含了一种认同理性化的科学世界和"惑"之间的矛盾。

章太炎在一篇发表于 1899 年的,讨论将庙宇改建为学校的论文中表达了对宗教的敌意:"今之世,非禨祥神道之世也。有绝地天通者出,果于务民事,则几于殄尽矣!"①此外更在同年发表了一系列文章批评宗教概念。例如在均发表于1899年的《儒术真论》、《天论》、《菌说》中,章就反复用诸如宇宙学等科学词语来反对天、鬼及其他超自然现象。在这些论文中,他极力地证明中国古典哲学、佛学是可以同科学世界相调和的。从许多方面来说,这些文章都为旨在回应国家建设和现代哲学的宗教观和佛学思想创造了概念空间。

与此同时,章太炎有选择性地援引传统概念来阐释科学,因此产生出一种混合的概念构造。这样含混的宇宙观出现于他的《菌说》一文,该文一方面推崇科学世界观批评佛学,但另一方面又调用《庄子》和《易经》来坚称"万事从惑而起"。

《菌说》一文题目语出《庄子》第二章,"乐出虚,蒸成菌",伯顿·华兹生(Burton Watson)将之翻译为"music from empty holes, mushrooms springing from the dampness",华兹生所根据的似乎是郭象和成玄英的注释,此二人都将"乐"和"菌"分别解释为音乐和菌类植物。②

然而在《菌说》一文开篇,章太炎则通过把"乐"解读为"快乐"或"情感",将"菌"解读为"细菌"或"菌子",从而把这两个概念和现代医学联系了起来:

> 曩读《庄子·齐物论》,有云"乐出虚,蒸成菌",而不谛其所自。负人心之乐,发于空虚,而能蒸成有形之菌,岂所谓荒唐之言耶?顷之得礼敦根所著《人与微生物争战论》,

---

① 章太炎,《鬻庙》。
② 郭象(卒于312年)和成玄英(631—650年期间)都是《庄子》的评注者。英文版参见 Watson, *The Complete Works of Chuang Tzu*, 37—38 页。

乃悟其言之不虚也。①

章太炎接着解释了罗伯特·科赫(Robert Koch)是如何发现肺结核是由细小的细菌引起的。但是章太炎并非仅仅用现代生物学来阐释庄子。他把科赫纳入到中国传统医学和哲学世界中。在西医传统中,细菌可以用来解释恶心(sickness)和一系列病变。然而,章太炎却试图将"菌"改造为一个更为根本性的概念,将其解读为人类存在的根源。② 他接着将细菌和古汉语中一个含义复杂的汉字"蛊"联系起来,该字的含义包括"虫"、"惑"和"事"。章太炎解释科赫说:

> 德医告格尝究诸病所自生,于霍乱则谓其由于尾点微生物,于肺痨则谓其由于土巴苦里尼,皆同物也。夫霍乱勿论,若肺痨则往往始于耽色极欲,欲之过而为霉者,亦有蚑行芝生之物孽芽其间,斯所谓"乐出虚、蒸成菌"者非耶? 其递相传染者,虽与乐无涉,而其端则必自乐始。医和之言曰:女阳物而晦时,淫则生内热惑蛊之疾。③

通过将多个汉字相互联系起来,即从"情/菌"转到性欲和昆虫,章太炎连接起了他关于享乐的观点中的基本元素。章太炎解释说性欲、情感和疾病可以相互生产:"虽然,非特淫乐之

---

① 章太炎,《菌说》,54页。
② 章通过引用《淮南子》中很晦涩的一篇建立起了人类存在和细菌之间的关系: 吾又读《淮南·坠形训》曰:发生海人,海人生若菌,若菌生圣人,圣人生庶人,凡皮者生于庶人。夫置若菌于海人、圣人之间,则若菌亦人也。前引书,59页。
③ 前引书,55页。

足以成菌成蛊也。菌蛊已成,则又能强撼人之志念,而使从淫乐。自淫乐以外,喜怒哀乐,又莫不有受其撼者也。"①

在昆虫和情感间建立联系以外,章太炎又通过玩味"蛊"字的双重含义将"蛊"的概念推进到观念的层次(ideational)。在《易经》中,"蛊"字被注解为"惑"和"事"。章太炎则通过援引杰出的道家阐释者伏曼容对"蛊"卦的解释从而将"惑"和"事"摆在了一处。伏曼容写道:"蛊,惑乱也,万事从惑而起,故以为蛊事。"②通过伏曼容的思考,章太炎把细菌放置在与蛊的关系中来解释,后者又被他与此佛学思想相勾连,即人类是通过无知和困惑才意识到自己的存在的。

左翼哲学史家侯外庐称赞了章太炎《菌说》中的唯物主义立场,并反对谭嗣同在发表于1899年的《仁学》中所发展出的儒家唯心主义。③ 然而,如同我们看到的,章太炎将"菌"与"惑"联系起来,并引用伏曼容来表明万物皆生于"惑",因此也就等于将"菌"的物质性视作了问题。章太炎又进一步发展了这一观点,他注意到人非神所造,而是产生于"惑",后者则依附于"精虫":

> 因人有牝牡之情,而传之于精虫,精虫受之,其情则与人同,而有慕为人形之志,于是为之胚胎以象之……精虫果能成人也,人始已蛊,而精虫以蛊成其事也。夫非有上帝之

---

① 章太炎,《菌说》,57页。
② 前引书,60页。伏曼容的原著见文渊阁《四库全书》,第7卷,677页(台北:台湾商务印书馆)。(作者误将伏曼容与王弼当作同一人,原书多次将伏曼容写成王弼,中译已改正。——译注)
③ 见侯外庐《中国近代哲学史》,345页。

造之,而物则自造之,故曰:咸其自取,怒者其谁耶?①

欲望和困惑超越个别事物,但却始终寓于个别事物中。跟谭嗣同代表着本体论起源的宇宙之爱不同,欲望和困惑自身并不会变为形而上的实体。章太炎用这一世界观来批评包括佛教在内的所有宗教。因此他在论文中才会声称,与佛教相反,"舍妄亦无所谓真"。② 1899年章太炎从他的形而上学中衍生出了政治观点,即呼吁通过国家和等级关系来控制"惑"。在下面的部分,我们将解读章太炎在成为革命者之后是如何来解读佛教的。在这个新的语境中,他将在一个佛学的框架内发展他关于本体论式"惑"(ontological confusion)的观点。

章太炎的牢狱之灾和他对佛学的再阐释

1900年抵达日本后,章太炎的宗教观念开始发生了转变。跟梁启超一样,章太炎在最初到达日本后首先接受了西方的宗教观念,尤其是在阅读了日本宗教学之父姊崎正治(1873—1949)的著作后。③ 梁启超在其思想生涯早期对佛学产生了兴趣,然而章太炎却是通过一段独特的生命遭遇确立了他面对佛学的相对位置。1903年,章太炎因革命活动获罪,被监禁在上

---

① 章太炎,《菌说》,60页。《庄子》中的原文是:"夫吹万不同,而使其自己也。咸其自取,怒者其谁耶?",见《庄子·齐物论》。
② 章太炎,《菌说》,70—71页。
③ 一般来说,学者们都认为《宗教起源论》一文(该文表明章太炎对西方宗教观念的接受)中包含了章太炎的原创性观点。但是近来小林武向我们表明该文第一部分的大部分篇章仅仅是对姊崎正治《"宗教"概念解释》一文的翻译。见小林武《章炳麟与姊崎正治》。

海的一间由西方人设立的监狱中。在上海,英国人拥有治外法权。

从1903—1906年,狱中的生活环境大大地推动了章太炎的哲学思路。在基督教手卷和基督教相关书籍之外,探视者不允许为囚犯携带任何读物。中国教育会在上海的一位成员每周去探视章太炎并询问他有何需求。章太炎则提出他想要阅读《瑜伽师地论》。中国教育会的另一位成员蒋智由在他的藏书中找到了这些文本,并将它们转交给了章。①

章太炎在狱中如饥似渴地阅读这些佛学书籍,而且很有可能正是狱中恶劣的条件迫使他追寻超越(transcendence),探寻内在自我。从他们一入狱起,章太炎和他的年轻的革命同仁邹容就常常陷入对死亡的沉思。② 当章太炎和邹容一开始看到外国守卫是如何以"非人"的方式对待囚犯时,章太炎告诉邹容说与其被外国人在这样的监狱中羞辱,不如选择自杀。他们两个人都知道,如果他们两个中的一个死了,那么就可能引发丑闻,而这样另一个活下来的人就可以得到稍好的对待。因此,章和邹都提出甘愿为另一个人牺牲。

自杀并非易事,章太炎注意到他们不被允许携带任何药剂或刀具进入囚室。因此章太炎决心绝食自杀。绝食七天后,章太炎开始吐血。然而一位看出章太炎意图的狱友却告诉章说,绝食七天根本不足以了结性命。那个人又解释说有的在服用药物的人,不食长达四十二天,但即使是感到晕眩,呕吐,腹泻,仍

---

① 汤志钧,《章太炎年谱全编》,第1卷,198页。
② 接下来关于章太炎狱中经历的部分都记录在《章太炎年谱全编》一书的191—192页。汤志钧从一篇章太炎出狱后发表于刊物《汉帜》(1907年第2卷)的文章中引述了这些信息。

第三章　佛教认识论与现代自我认同：章太炎的"建立宗教论"　　119

然不会死去。

听到这番话后,章太炎决定恢复饮食。但是食物相当地糟糕,谷物甚至没有脱掉谷皮,以至于他甚至可以在自己的排泄物中看到。章太炎解释说,正是由于这种环境,在500名囚犯中每年约有160人死去。极端恶劣的环境、难以下咽的食物和单调沉闷的生活方式①无疑激发了我们在章的宗教和佛学观中发现的概念转换(conceptual shift)。

章太炎说,正是由于专注于佛学,他才得以度过狱中生活,佛学为他重新理解他的苦痛的意义提供了新的框架,他由此得以以另一种方式来体验这些苦痛。邹容,没有如此幸运,死于狱中。在关于章太炎的传记中,金宏达记录说,章太炎在邹容身边,递给他一本《因明入正论》,告诉他说,"好好学这个,可以解除我们这三年坐牢之忧。"②但是邹容并没有听从章的建议。章太炎在自传中写道,他"晨夜研诵,乃悟大乘法义。威丹不能读,年少剽急,卒以致病。"③。1905年,邹容死后,官员们担心如果章太炎也死去,则很有可能引发骚乱,因此改善了章的生活条件。这些变化很可能就是章太炎相对良好的健康状况的原因;然而章太炎的一位朋友沈延国则说,1906出狱的章太炎看起来健康而抖擞,很大程度上是因为他从诵读佛经中获得了力量④。

章太炎在很多地方都提到在入狱前他并不能真正地理解佛

---

① 除了工作和来自外国传教士周日的探视,囚犯们几乎没有什么活动(见《章太炎政论选集》,262-63页)。
② 金宏达,《太炎先生》,134页。
③ 汤志钧,《章太炎年谱全编》,第1卷,189页。
④ 沈延国,《记章太炎先生》,66页。

经。狱中时光改变了他对佛学的态度,如他1905年仍在狱中时发表于《国粹学报》①的《章太炎读佛典杂记》中所表明的那样。这些笔记显得零散,并未围绕一个具体话题;然而,我们仍然可以看到,章太炎这两页笔记通篇关注着一些他入狱前并未强调的话题,即自由、拘禁、悲和喜。这些笔记看起来就像是章太炎企图用新概念来解释他的监狱生活的一种尝试。

在《杂记》的一开始,章太炎就提到了亚里士多德和日本学者森内政昌,二人都把人类行为和快乐联系在一起。森内指出,人类所真正欲望的并非快乐而是活动(movement)。章太炎则说,苦痛其实是由活动受阻所引起的。例如,他提到生产的妇女之所以要经历巨痛,乃是因为胚胎使得产妇血气受阻。

章太炎最后总结说,纯粹的自由和纯粹的不自由都是不存在的。他解释说那些所谓的自由人其实仍然受自然法则,如饥饿,或是受由暴力机器所维护的社会约法的限制。另一方面他也认为,即使是被囚禁的奴隶也并非全然不自由。即使被监禁在囚室里的人仍然可以选择死亡:

> 虽至住囚奴隶,其自繇亦无所失,所以者何?住囚奴隶,人所强迫也,而天下实无强迫之事。苟遇强迫,拒之以死,彼强迫者亦无所用。今不愿死而愿从其强迫,此于死及强迫二事,固任其取舍矣。任取其一而任舍其一,得不谓之自繇乎?②

---

① 章太炎,《章太炎读佛典杂记》,6页。
② 前引书。

这段话已经指向了章太炎自己选择在狱中生存而非死亡的理论涵义。此外,一个人即使入狱也并未完全失去自由这一想法,也表明了一种超验的视角(transcendental perspective)。日本历史学家小林武称这种超验视角跟一种佛学和德国唯心主义的结合相关。比较清楚的是,此时的章太炎已经阅读了一些佛教文献,而且小林武还指出章太炎也已经通过森内的著作了解到了叔本华,前者章太炎有所提及。① 无论如何,此时的章太炎呼吁一种超验的选择行为,而这种行为决定着人的自由。

我们能够在康德的《纯粹理性批判》中发现一种类似的自由观念:"从实践的角度来说,自由就是意志脱离感官动力而获得独立。"② 然而跟康德不一样的是,章太炎并没有把自己的理论构筑在理性(reason)之上。他借助佛教唯识宗的阿赖耶识概念发展出了一种更近似尼采和海德格尔的哲学。从这里出发,他最终又批判了各种各样的宗教和哲学,其中就包括康德哲学。现在我要来谈一谈他各种批判之下的哲学地基,即唯识宗框架。

《建立宗教论》

1906 年 6 月 29 日章太炎刑满出狱后,当时由孙中山领导的同盟会派人邀请章太炎前往东京编辑革命刊物《民报》。鉴于他当时已经是声名狼藉的革命人士,而将来跟满清政府的冲突也大概无可避免,因此章接受了编辑职位,并于 6 月 29 日晚奔赴东京。

---

① 小林武,《章炳麟与姊崎正治》,97 页,至于他怎样找到森内政昌的文章,却并不清楚。
② 康德,《纯粹理性批判》德文版,524 页。

章太炎曾两次到过东京,但是这一次情况有些不同,因为他如今已经是备受尊崇的革命人士。《民报》当时发表了一些著名的反满激进分子的文章,其中如胡汉民(1879-1936)和汪精卫(1883-1944)就一系列革命政治相关话题撰写文章。然而,章太炎在《民报》发表的作品却因为常常有关佛教而别具一格。1906年11月,章太炎发表了首篇细致探讨唯识宗佛学的文章《建立宗教论》。这篇论文用佛学框架来评估各种宗教,用唯识宗原则来解构凡俗世界并呈现了一种使相对的小己和大己同一的话语。章太炎首先通过唯识宗分析消解了主体和客体二者,但在接近文末的部分他又肯定了一种主体性的观念,以及与活物的认同(identification with living things)。我们将看到,与梁启超的话语不同,源于牢狱生活的,对唯识宗佛学的审慎研习,使得章太炎能够跟当时的政治活动保持批判距离,而后者在后来也受到了章的批判。

尽管在收入《訄书》的早期的宗教文章中,章太炎认为所有的宗教都是一样的,在《建立宗教论》中,他却用新的评判标准来评估种种宗教:"宗教之高下胜劣,不容先论。要以上不失真,下有益于生民之道德为其准。"①恰恰是这两条准则之间的裂隙,即所谓"上……"与"下……",将章太炎对佛学更深远的解读和梁启超对佛教的工具性利用划分了开来。和梁启超相同的是,章太炎也将佛学视作是对他周遭所遇种种问题的回应。

今之世,非周、秦、汉、魏之世也,彼时纯朴未分,则虽以孔、老常言,亦足化民成俗。今则不然,六道②轮回、地狱变相之说,

---

① 章太炎,《建立宗教论》,202页。
② 六道即地狱、饿鬼、畜生、阿修罗、人、天。

犹不足以取济。非说无生,则不能去畏死心;非破我所,则不能去拜金心;非谈平等,则不能去奴隶心;非示众生皆佛,则不能去退屈心;非举三轮清净,则不能去德色心。①

在这里,章太炎选取了佛教唯识宗更哲学化的面向,而剔除了其复杂的,牵涉着一种全然不同的形而上学的地狱学说。此外,他更是援引宗教和佛学来试图回应一系列社会政治问题,包括商品化、拜金、自治的缺失以及畏死心。然而,章太炎的佛学讨论的逻辑早已超出了跟民族国家(national)或革命伦理的显见联系。换句话说,章太炎对"真"的追求是一种典型的浪漫冲动,因此也提供了一个用来质询政治成规(political givens)的思考架构。因此,《建立宗教论》一文的主干乃是对唯识宗佛学的细致阐释,而没有直接涉及当时的社会问题。他的话语主要是在一个更高的抽象层面来回应现代资本主义社会,试图克服主体和客体间根本上的矛盾。

章首先通过提出本体论(ontology)问题来进一步解释这一框架:"自来哲学宗教诸师,其果于建立本体者,则于本体之中,复为之构画内容,较计差别。"②章太炎指出"本体",即唯识宗的主客同一体(identical subject-object),能够有效地解释主体和客体的世界,同时表明客体世界乃是根本的幻象,而这种幻象又隐藏了一个原初的伦理主体(primordial ethical subject)。

章太炎通过解释唯识宗的"三性"理论来为自己的论说构形。尽管这些都是佛教概念,但是章太炎并不把它们作为宗教的部分来讨论。事实上,它们看起来似乎具备了科学所拥有的

---

① 章太炎,《建立宗教论》,212 页。
② 前引书,198 页。

地位。在《建立宗教论》开篇第一段中,章太炎评说道:

> 三性不为宗教说也。白日循虚,光相暖相,遍一切地,不为祠堂丛社之幽寒而生日也,而百千微尘,卒莫能逃于日外,三性亦然。①

因此唯识宗佛学的基本原则并不自身构成一种宗教,按照章太炎后面的说法,这些原则被视作一种建构在证据之上的哲学。沿着古代哲人如荀子(约公元前298-238)、王冲(公元27-97)的路径,章太炎强调说太阳并非遵循人之需求而运行,它自身具有着客观的力量。那么同样地,三性也并非仅仅是个人的信仰。相反地,章太炎是用包括三性在内的唯识宗理论来解释信仰是如何成为可能的。他论证说,恰恰是由于三性具有超越个人信仰的解释性力量(explanatory force),它们可以用来作为讨论宗教的标准。②

所谓"三性"是指:"遍计所执自性"、"依他起自性"、"圆成实自性"。"遍计所执自性"是指存在于空间和时间中的普遍的事物领域。在章太炎看来,这个层面就是人们通常作为主体以体验客观世界的层面。这些不同的"自性"都跟唯识宗不同的意识分层体系相关。

尽管唯识宗强调经验体验的完整性,但是为了解释人类苦

---

① 章太炎,《建立宗教论》,197页。
② 关于章太炎对于佛学究竟是宗教还是哲学的讨论,见章太炎《论佛法与宗教、哲学及现实的关系》,收入《革故鼎新的哲理》,398页。在这篇最初发表于1910年的文章中,章太炎论说,因为人们能够体验到"真如"、"如来藏"这样的佛学概念,因此佛学并不建立在信仰之上,所以也就不能被称之宗教。

痛的起源，并指明克服苦痛之道，唯识宗区分出了意识的八个层次：阿赖耶识(也称藏识)、末那识(实质为恒审思量)、意识(也称第六识)、其他五识(眼、耳、鼻、舌、身)。遍计所执自性主要就出现在八识中的最后六识中。

在章太炎看来，唯识宗最大的贡献在于其对八识中最高两识的发现。我们将通过第二自性来理解它们。第二自性，即依他起自性，是最难领会的。章太炎认为所有的西方宗教和哲学都忽略了这一点。

第二自性，由第八阿赖耶识、第七末那识，与眼、耳、鼻、舌、身等五识虚妄分别而成。即此色空，是五识了别所行之境；即此自他，是末那了别所行之境。①

这种自性认为事物不具备独立的存在，并且通常被认为与佛教强调相互依存的"缘起"观念含义相同。然而第二自性同样暗示了一种对事物的具体可感的分析，这种分析向我们表明那些看似独立存在的事物是在何种程度上由他者性(otherness)组成或以其为中介。从依他起自性中得出的一条重要结论是，自我(the self)实际上依赖于阿赖耶识，或藏识。以这种方式，章太炎就将自我的主体和客体面向都安放在了阿赖耶识中：

> 赖耶惟以自识见分，缘自识中一切种子以为相分。故其心不必现行，而其境可以常在。末那惟以自识见分，缘阿赖耶以为相分。即此相分，便执为我，或执为法，心不现行，境得常在，亦与阿赖耶识无异。②

---

① 章太炎，《建立宗教论》，197页。
② 前引书。

上面这段引文描述了一种产生出自我意识的意识外在化（externalization of consciousness）。阿赖耶识，也可以被描述为一股纯粹的意识流，贮存着可以产生种种现象，即种子的丰富潜能。自我、主体和客体均由阿赖耶识及其种子的转化而产生。通过坚守佛教的独特教义，并相比梁启超更强调超验面向，章太炎得以超越认同-国族（nation）的层面，进入主体-客体/精神-资本的超越性层面。

跟德国唯心主义的情况一样，章太炎的思考并未停留在起源等同（originary sameness）或超越性（transcendence）的层面上。当末那识将阿赖耶识视作客观对象（objective aspect）时，独立自我（independent self）的概念想法就产生了。由于末那识实为阿赖耶识，但却并不自知，暂时自我（temporal self）就通过自我误认（self-misrecognition）而产生了。

唯识宗的自我理论牵涉着一种其中没有主客体之分的状态和一种其中有自我的衍生状态的疏离（alienation）。尽管很难把这种自我理论跟西方哲学放在同一层面讨论，但它确实跟黑格尔的思考有关。同黑格尔的"精神"一样，阿赖耶识也是一个原始统一（primal unity）的领域。原始统一继而分化为主体和客体。然而唯识宗强调这种运动的心理特质，并描述一种误认的时刻（moment of misrecognition）。《瑜伽师地论》中说：

> 由此末那。我见慢等恒共相应思量行相。若有心位若无心位。常与阿赖耶识一时俱转。缘阿赖耶识以为境界。执我起慢思量行相。[1]

---

[1] 《瑜伽师地论》，五十一卷

第三章　佛教认识论与现代自我认同：章太炎的"建立宗教论"

因此是阿赖耶识一直伴随着末那识,甚至当末那识以为自己独立时。这跟黑格尔的"精神"很相似,后者伴随着在时间中逐步个体化(individualization)的事物。黑格尔写道,"精神的力量在于其在自我外化时仍能保持同一。"① 至此我们可以看到,末那识将其对象物阿赖耶识视作一种自我或主体,因此它同时既是主体又是客体,并且都是阿赖耶识的外化。

然而,在几种情况下末那识并非一种普通自我(ordinary self)。在本章的末尾,我们将重新讨论这种差异(关涉着末那识的特质)的政治涵义。首先,它拥有非凡的持续在场性(presence)。唯识宗认为,即使在末那识并不显现的时候它仍然在场,例如像深度睡眠这种潜意识状态下。此外,尽管有"这是我"这一表述,唯识宗并没有明确地将末那识理论化为他者的空间(space of others),或处在一个客体的空间(a space of objects)内,而是将其视作一个未被打断的自我。

佛教僧人和学者玄奘(602？-664)在他的《成唯识论》中描述了末那识,并坚称末那识可被称作恒审慎思。因为与常常面向阻断②的第六识(意识)不同,末那识能够在不被打断的情况下始终保持恒审慎思。

末那识处在一个特别的类型中,因为它本身并不认知客体,而仅仅作用以误认阿赖耶识。因此即使一个人总结道,

---

① 黑格尔,《精神现象学》德文版,588 页,英文版 490 页。
② 玄奘,《成唯识论》英文版 Cheng Wei-shih lun,97 页。Wei Tat 的译本充满了他自己的评论,并且跟原文本融合在了一起。在上面的引文中,玄奘的原文并没有提到任何关于第七识和第六识的差异,而是到末那识可以被称作恒审慎思就结束了。但是我还是保持了 Wei Tat 增加的部分,因为这对于增益理解是有帮助的。

"说'我'"意味着另一个存在,在末那识的层面上,这个关于他者的概念是十分模糊的,并且从唯识宗的角度来看,"末那识生成的妄念,也就是意念本身,在通往觉悟的道路上最难被转化。"①

因此,根据唯识宗学者的看法,当第六识和前五识(感官意识)联合起来认知客体时,就会出现主体和客体的分裂。第六识通过从前五识中提取信息来产生对客体的认知。尽管阿赖耶识自身就分裂为主体和客体部分,这些都发生在不同的意识层面上,相应来说是第七层和第六层。此外,唯识宗还认为这种种划分乃是帮助人们理解自身的无知并获得智慧的启发工具。最后,该体系表明时空中的所有客体事物都是意识产生的虚幻,因此唯识宗相信除了意识之外,不必设想其他任何存在。②

对唯识宗佛学概念的理解加上冥想实践能够帮助人们把握第二自性,即"依他起自性",并前往第三自性,即"圆成实自性"。换句话说,当一个人意识到关于自我的意识(sense of self)是由末那识对阿赖耶识的依赖产生的,此外我们对于客观世界的感知也是建筑在以前六识为中介的阿赖耶识之上时,我们就可以到达一个超越概念和语言抽象的境界,从而体验完整的自性。章太炎这样描述这种性质:

---

① Tao Jiang,"*Alaya vijnana and the Problematic of Continuity in the Cheng Weishi Lun*",256.
② "唯识"通常被解读为给予意识一种本体论的地位,但是正如上面的阐释应该已经展示清楚的,唯识宗是从一个认识论的角度来论证的,而他们的主要目的是要解构这一想法,即事物是独立存在的。Dan Lusthaus 在他的《佛学现象学》(*Buddhist Phenomenology*)一书中强调了这一观点。

第三章　佛教认识论与现代自我认同：章太炎的"建立宗教论"

> 第三自性,由实相、真如①、法尔(犹云自然)而成,亦由阿赖耶识还灭而成。在遍计所执之名言中,即无自性;离遍计所执之名言外,实有自性。是为圆成实自性。夫此圆成实自性云者,或称真如,或称法界,或称涅槃。②

在这一点上,章太炎已经达到了建立起一个本体论的基础,并坚称"是圆成实自性之当立,固有智者所认可也"为一种本体论基础。③这是他早期的著作,如《菌论》所未曾提出的,当时的章太炎还相信幻象之外无物。

章太炎从这个复杂体系的视角出发,评价了多种其他宗教和哲学,该体系设想一种既是主体又是客体的本体论性起源。如同我们看到的,章太炎以一种跨历史的方式来描述本体论起源和意识生产之间的关系。此外,认为这种意识运动乃是跨历史的,章太炎抨击一切物化的神。章太炎对人设想神明的心理过程的描述凸显了有限主体跟无限世界间的裂隙。他用"烦恼障"和"所知障"这一对佛学概念来解释主体和客体间困局的表象：

> 要以藐尔七尺之形,饥寒疾苦,辐凑交迫,死亡无日,乐欲不恒。则以为我身而外,必有一物以牵逼我者,于是崇拜以祈获福。此其宗教,则烦恼障实驱使之。④

---

① 即"禅"的内容。
② 章太炎,《建立宗教论》,198页。
③ 前引书。
④ 前引书,200-201页。

姊崎正治将宗教理论化为用来解决人类必死性(human finitude)这一问题的尝试,而我们也知道《訄书》第二版中收入的,大约写于 1902 年的文章《原教》的很大部分内容就是姊崎正治《宗教学概论》一文的中文翻译。下面要引述的姊崎正治的文章恰好跟上述章太炎的观点相应和:"如果谈到宗教的直接动机,当自我的欲望超越了其能力,为了实现欲望,自我指望一种在其之上的人性。"①

然而,在他 1902 年的文章中,章太炎所主要强调的是姊崎正治的观点,即一切宗教都是一样的。他忽略了姊崎正治关于人类必死性中包含的宗教直觉的存在论根源(existential roots)。小林武指出《民报》时期的章太炎对叔本华和德国唯心主义的不充分的认识解释了他对人类必死性所缺乏的兴趣。这可能是一种偏颇的解释。但是章太炎的牢狱生活对于解释他的兴趣转向的确十分重要。毕竟我们能够从他的狱中笔记里看到他明确地呼应了人类自由限制的问题。

在《建立宗教论》中,章太炎超越了他狱中的笔记,并且致力于提供一种在不崇拜任何具体客体的情况下解决时间困局(aporia of time)的方法。章太炎指出对快乐的欲望(实为对神明进行设想的根源)源自于"烦恼障"。烦恼障源自对自我的执迷,特别是那种在第六识与前五识互动时显现出来的自我。

章太炎接着描述了对人类必死性的感受以及对其的宗教回应,是如何有可能由一种更为概念化的(conceptually grounded)"惑"产生:

---

① 姊崎正治,《宗教学概论》,569 页。

或有山谷之民，出自窟穴，至于高原大陆之上，仰视星辰，外睹河海，而爽然自哀其形之小，所见所闻，不出咫尺，其未知者，乃有无量恒河沙数。且以万有杂糅，棼不可理，而循行规则，未尝愆于其度，必有一物以钤辖而支配之，于是崇拜以明信仰。此其宗教，则所知障实驱使之。①

在这种情况下，就不是欲望，而是一种对无限宇宙的认知式理解（cognitive understanding）引发了那种类似于康德式崇高（sublime）的恐惧感。在唯识宗体系里，"所知障"（最初用来指涉一个人无法认识到凡事皆空）是一种对通向智慧的更为微妙的阻碍。在上面的篇章里，章太炎提到所知障来批评"论证神之存在的宇宙观"，即为了解释宇宙的崇高原则而设想神的存在。

章太炎称，对一种知识的缺乏阻碍了人类意识到世界起源于意识的转化。"不能退而自观其心，以知三界惟心所现，从而求之于外；于其外者，则又与之以神之名，以为亦有人格。此心是真，此神是幻。"他又接着说，许多人将幻象视作本源，并因此"不知依他起自性也。"②

用唯识宗的术语来讲，由于绝大多数宗教的呼吁者都直接从遍计所执自性转到他们对完全真实（complete truth）的设想，他们的思考就不能够大幅度地超越第六识，第六识是以感觉为中心的意识，区别了世间的客体。章太炎用上面的论述否定了

---

① 章太炎，《建立宗教论》，201 页。
② 前引书。

许多宗教,包括基督教、泛神论①以及拜火教等崇拜客观物质的"下劣"宗教。

> 彼以遍计所执自性为圆成实自性也。言道在稊稗、屎溺者,非谓惟此稊稗、屎溺可以为道;言墙壁、瓦砾咸是佛性者,非谓佛性止于墙壁、瓦砾。执此稊稗、屎溺、墙壁、瓦砾以为道只在是,佛祇在是,则遍计所执之过也。非特下劣诸教为然也,高之至于吠陀、基督、天方诸教,执其所谓大梵、耶和瓦者,以为道祇在是,神祇在是,则亦限于一实,欲取一实以概无量无边之实,终不离于遍计矣。不得已而以广博幽玄之说附之,谓其本超象外。②

这段文字已经预示了章太炎将于 1910 年撰写的《齐物论释》(对《庄子》的阐释)一文,在该文中,他把唯识宗佛学和道家学说进行了对比,我将在接下来的两章里探讨这篇文章。在《建立宗教论》中,章太炎借用了《庄子·知北游》中的"(道)在稊稗"和"在屎溺"③。在上面这段引文中,章太炎跟庄子思想的呼应在于他认为"汝惟莫必,无乎逃物。至道若是,大言亦然"。④

这里的关键点在于从逻辑上来说本体论起源必须先于物化的事物世界。或许海德格尔用他的"本体论差异"概念把这一

---

① 章太炎在与《建立宗教论》同样发表于 1906 年的《无神论》一文中批评了泛神论。
② 章太炎,《建立宗教论》,202-203 页。
③ 见《庄子译诂》,438-439 页。英文版请参见 The Complete Works of Chuang Tsu,240-241 页。
④ 前引书,中文版 439 页,英文版 241 页。

点解释得最为清楚。海德格尔论证说,从柏拉图开始,特别是在现代世界中,人们对存在(Being)是视若无睹的,因为人们已经忘记了本体论差异,并且将存在(Being)理解为了一件物(也就是 being)。理解存在(Being)需要人们能够对主体和客体的世界进行解构,后者建筑在对存在(Being)和此在(being)的界限的混淆上。

然而章太炎却把我们或许可以称之为独特的现代主体性和客体性的东西放置在佛学概念之上。他不仅认为唯识宗已经解释了康德哲学的种种范畴,这些佛学概念更是超越了康德式的主体和范畴概念。首先他认为康德的十二范畴已经包含在唯识宗第六识的对象物"法尘"概念中了。① 唯识宗将五种感官的对象物"五尘"跟第六识的对象物"法尘"区别开来,后者属于直接的心理感知,不依靠任何感觉器官。章太炎解释说,在感觉的对象物层面,我们其实不能真正地感知不同的对象,而只能拥有模糊的感觉印象。接下来第六识起到创造对象物的合成作用,并在这个过程中运用到范畴。这就是为什么章太炎相信唯识宗领先于康德的哥白尼式转折,前者强调了意识,并且区分了对感觉印象(近似于康德的直觉[Anschaung]概念)的单纯接受和通过范畴整合而产生对象物客体。

然而,章太炎指出康德并没有真正把握到世间事物和他们的本体论起源之间的关系。

> 夫彼亦自知持论之偏激也,故于物质中之五尘,亦不得不谓其幻有,而归其本体于物如。若尔,则空间时间何因不

---

① 章太炎,《建立宗教论》,199 页。

许其幻有耶？物有物如，空间时间何因不许其有空如时如？①

章太炎注意到，康德关于一个不可知的"物自体"以及感觉的虚幻对象的解释范式是很不充分的，因为他没能够认识到所谓"物自体"其实仍然依赖于"异他"。因此，他尝试着去纠正康德的范式：

> 谓此概念法尘，非由彼外故生，由此阿赖耶识原型观念而生。拙者以彼外界为有，而谓法尘为空。② 实则外界五尘尚不可不说为无，况于法尘而可说为非无。若即自此本识原型言之，五尘、法尘，无一非空。而五尘、法尘之原型，不得不说为有。人之所以有此原型观念者，未始非迷。迷不自迷，则必托其本质③；若无本质，迷无自起。④

章太炎在这里引入了"原型观念"的概念，这一概念仍然由

---

① 章太炎，《建立宗教论》，200 页。
② 章太炎加了一条注释说："愚蠢的人想到一种空间之内的空无。"
③ 《佛学大词典》将"本质"解释为感知的基础。例如，当眼睛识别（cognize）到一个物质领域时，除了那出现在眼中的图像外，外部还有一个阿赖耶识种子所产生的物质达摩（material dharma）。这个物质达摩（material dharma）就是"本质"。如果一个人可以在第六识中自由地想象事物，如一只长着角的兔子，那么人们就只拥有一个图像，而没有本质。这就叫"虚幻的感知"（illusory perception）。见丁福保，《佛学大词典》，851 页。章太炎论证说"惑"是通过本质而产生的，因为"惑"依赖于阿赖耶识种子的运动，而正是通过这个运动，自我（the self）、图像和本质之间的区隔才产生了。
④ 章太炎，《建立宗教论》，203-204 页。

于强调通过主观沉思构建世界而向康德哲学致意。我们将在章的《齐物论释》一文中看到他明确地将原型观念和康德的范畴联系在一起。①

章太炎的阿赖耶识概念把主体性放置在了超越个别主体的幻觉运动(movement of delusion)中。这就是章太炎对康德的主要批评,并且也同时是跟黑格尔和费希特对物自体的批评相呼应,黑格尔和费希特也认为存在一种超越主客体之分的超验主体性(transcendental subjectivity)。然而,在接近尼采,而不是理性精神的意义上,我们才谈到幻觉(delusion)。这种幻觉来源于一系列的误认,即阿赖耶识转化为其他七识。我们在《菌说》中已经看到章太炎把"惑"视作根本性的本体论状态(fundamental ontological state)。借助佛学思想,章太炎得以在其与主体困惑(subjective confusion)的关系中来解释"惑"这一本体论状态。他最终将在《五无论》(我们将在接下来的两章中探讨)中指向一个克服了"惑"的领域。但是由于"惑"和"迷"都内在于个体意识从中生发的基本运动(basic movement)中,终结"惑"就意味着取消感知主体(perceiving subject)及其世界。② 然而,一旦

---

① 章太炎,《齐物论释》,13-14 页。小林武对章太炎《齐物论释》的解读为我们呈现了这个文本的另一面。他指出,章太炎能够解读出阿赖耶识包含着原型观念,乃是通过阅读姊崎正治讨论印度哲学的著作,在其著作中姊崎正治也进行了相似的联系。出于某种原因,姊崎正治将"意识"表述为"末那识",即第七识,而通常"意识"这个词是用来指称第六识的。换句话说,是因为阿赖耶识中的自相种子(karmic seeds),人们才感知到世界。小林武意识到在明治时期的哲学中,"原型"的概念往往跟柏拉图的"Idea"联系起来。(小林武,《章炳麟与姊崎正治》,99 页。)在《建立宗教论》中,章太炎也应和了这个潮流,并且指出在佛教中,通过阿赖耶识而建立起来的"如是"(suchness)是跟柏拉图的 Idea 相似的。(章太炎,《建立宗教论》,198 页。)
② 我将"迷"翻译为 delusion,将"惑"翻译为 confusion,但是章太炎对这两个词是互用的。

章太炎超越了主体,他就需要为重新进入政治世界再确立某种自我。

回归主体性和认同

如我们前面所看到的,章太炎用唯识宗原理来解构了主体和客体的世界,并向我们展示了它们是如何产生于阿赖耶识的转化。然而,在《建立宗教论》的结尾部分,章太炎却从唯识宗思想那里退了回来,声称自我和世界的空虚,并试图建构出一个政治主体。这种建构有两个步骤。首先,章太炎指出,自我可以跟所有的事物进行认同,因此这样一个自我便倾向于普遍的解放(universal liberation)。第二步要显得困难得多,因为章太炎必须把这种普遍解放跟反满革命这一特定目标联系起来。在唯识宗哲学中,从阿赖耶识的角度出发,自我、他人(other)、事物都是不存在的。事实上,甚至连意识本身都不存在。因此阿赖耶识代表着一个可以从其他意识层次进行理论化的领域(realm),但是从体验的角度来说,它只能通过与佛教修行实践相关的高强度的冥想来达到。

章太炎在监狱中可能有过类似的体验,因为我们知道,在被囚禁期间,他每每整日诵读佛经。然而,在他担任《民报》编辑期间写下的文章中,章太炎却论证说佛教并不是一种寂静主义的哲学,相反地,它可以有实践运用。在某种意义上,章太炎预见了来自革命同仁的,对他无视革命事宜的批评。例如,在1908年,章太炎就回应了武田范之关于抵消世界的佛教如何助益于革命的质疑。①

在《建立宗教论》中,章太炎已经预见到了这些反对意见,因此恳请读者不要将佛教视作单纯的和平主义且与革命水火不容。近藤邦康就解释说,章太炎只把反满革命视作通往有感存在(sentient beings)普遍解放的一个环节。②在《建立宗教论》中,章太炎反对一种对主体的彻底解构,并表达了一种类似于但不等同于梁启超的认同话语。章太炎把佛学和行动联系在了一起,并且由于他取道唯识宗思想,因而他的目标远远超出了国族的(national)界限,并致力于解救不限于人类的所有有感存在。

他指出佛学并非一种"厌世"哲学:

> 就俗谛而言之,所谓世者,当分二事:其一三界,是无生物,则名为器世间;其一众生,是有生物,则名为有情世间。释教非不厌世,然其所谓厌世者,乃厌此器世间,而非厌此有情世间。以有情世间堕入器世间中,故欲济度以出三界之外。③

章太炎创造性地运用佛学概念来构建一种对物化的批评,并引入了那些在原始概念中并不显现的二元主义。在佛教中,

---

① 章太炎满怀同情地回答了武田范之的问题,因为章将其视作革命友人。然而武田范之自己却是一个很复杂的形象。武田范之自己是曹洞宗禅僧,也是日本入侵朝鲜的支持者,同时也参加过1894年镇压东学起义的军事行动。1904年伊藤博文成为朝鲜总督后,武田范之曾被邀请去朝鲜传播佛法。对于他和章太炎的关系,我们知道的不多,但是他是章的饮酒伙伴,此外他们也有许多书信来往。见中尾良信,《内山虞道与武田范之》,235页,另见 Jorgenson, *Indra's Network*。

② 近藤邦康,《中国近代思想史研究》,85页。

③ 章太炎,《建立宗教论》,209页。

"三界"与"器界"意义并不相同。① "三界"是指驳杂的人类欲望场域,但是其中的第三界,即无色界,乃是不具有物质形式的、高度的精神教养场域。章太炎凸显了原始佛教哲学体系中并未显现的,有感存在与物质世界间的区别。尽管唯识宗的确区分了(有情/众生)和自然世界,但却认为这二者都是虚空的。章太炎的阐释则使得他能够从生命的立足点出发,瞄准于事物世界(world of things)。

章太炎继续在唯识宗对意识的强调之上组织自己的论述:

> 若夫大圜星界、地、水、火、风无生之物,则又依众生心而生幻象。众生度尽,则无生之物自空。是故有度众生,无度四大。②

章太炎论证说,既然事物依赖于意识,而众生(sentient beings)的解脱也就意味着从意识中解脱,一旦人解脱了事物也就不复存在。这些观点跟他在《五无论》中的立场十分接近。在《五无论》中,他认为我们应该将种种生物与世界一并抵消。然而,在《建立宗教论》中,他却从追随佛教逻辑的激进立场上退了下来,因为这种立场无疑会质疑任何类型的认同,并像我们知道的那样消除政治。毕竟,严格地说,唯识宗哲学摧毁了认同的根本,即自我。

章太炎试图去救赎出一些自我的概念并坚称:"惟其如是,故大乘有断法执,而不尽断我执。以度脱众生之念,即我执中一

---

① 吴如钧,《佛教大辞典》,525 页。
② 章太炎,《建立宗教论》,209 页。

事。"①在章太炎看来,要救度众生的欲望源自对自我的构想,这种构想扩展开来与众生进行认同。

尽管章太炎后来用一种佛/道视角来批判黑格尔式的统一观,在《建立宗教论》中,他引用费希特来解释万物与自我的统一:

> 如吠希特之言曰:"由单一律观之,我惟是我;由矛盾律观之,我所谓我,即彼之他,我所谓他,即他之我;由充足律观之,无所谓他,即惟是我。"②

章太炎描述了一种从存在于他者(Other)空间内的,作为"他者的他者"(the other of others)的自我到一种包罗万象的自我的运动。他认为那些希望救度众生的佛学者克服了个别的自我,但却永远不能批驳源自充分理性原则(principles of sufficient reason)的自我。

充分理性原则跟阿赖耶识相似,后者被章太炎跟众生、自我等同起来。此外章还称这种同一性(identity)解释了为什么佛学者发愿要救度其他众生。"以众生同此阿赖耶识,故立大誓愿,尽欲度脱等众生界。"③这种原初的自我(primordial self)与行动,在章看来又特别与伦理行动相关。章太炎通过声明自己与消极的佛学者的区别来说明这一点:"缁衣之士,惟有消极之道德,更无积极之道德可以自见。"④

---

① 章太炎,《建立宗教论》,209 页。
② 前引书。
③ 前引书。
④ 前引书,210 页。

在发展一种原初伦理自我理论的过程中，章太炎援引了唯识宗佛学，但是他通常极富创造性地解读这些佛经。① 尽管作为佛学的一支，唯识宗明显地预先假定着智慧和同情心的关联，但是唯识宗所主要关心的是个人的救赎，因而很少在阿赖耶识的层面上讨论"他人"的问题；毕竟，在阿赖耶识层面，原本就不存在他者与自我。

近藤邦康解释说，通过指出末那识与阿赖耶识之间的关系，章太炎对唯识宗哲学的阐释暗示了一种包含众生的自我。从唯识宗的视角来看，末那识乃是引发人类苦痛的真正根源，因为它代表了一种只有真切的冥想实践才能克服的跟自我的微妙关联。但是近藤邦康指出，"章太炎相信将阿赖耶识视作自我的末那识乃是一种困惑的媒介，这种媒介依靠于其他事物并且十分近便（convenient），因此指向真（truth）。他将这个跟第六识中差异化的自我分隔开来。"②

根据唯识宗哲学的看法，一切事物都由意识的混合（confusion）所产生，因此人们需要一种可以通向了悟（enlightenment）的媒介。而从唯识宗的普遍法则观之，第七识，即末那识似乎是最好的选择。与其他六识多多少少跟客观物质世界相联系不同，末那识紧紧将阿赖耶识作为它的对象物。根据唯识宗的观点，末那识将阿赖耶识视作一种自我，实际也就是指个体化的根源（the root of individualization）。因此冥想实践便旨在转化，而不是获得末那识。进一步推进唯识宗的逻辑，章太炎可以总结说，通过转化末那识，人们就可以实现一种并未个体化的，而是

---

① 早期的唯识宗典籍拒绝将阿赖耶识视作一种自我。
② 近藤邦康，《中国近代思想史研究》，82页。

包罗众生的自我。在这个阶段,一个人便包含了依他起自性的最高层次,因为这个时候人所依靠的他者乃是阿赖耶识。

近藤邦康的解读的确提供了一种可能性,而章太炎自己也用一种不与之相冲突的方式解释了自己关于阿赖耶识自我的理解。但是这里重要的并不是末那识本身,而是对原初的幻象和惑乱进行积极意义上的再评价。章太炎同意唯识宗的观点,认为要摆脱自我就必须摆脱幻觉。然而,他又接着区分了与幻觉的积极和消极两种关系。简而言之,章太炎认为通过介入"惑"的原初运动,可以使人自发地拯救众生于物化。

在他的《齐物论释》一文中,通过援引唯识宗佛学和《庄子·庚桑楚》一章,章太炎重新回到了包罗万象之自我与行动的问题。为了解释自我是如何自发行动的,章太炎引用《庄子》:

> 动以不得已之谓德,动无非我之谓治。名相反,而实相顺也。羿工乎中微,而拙乎使人无己誉。圣人工乎天,而拙乎人。夫工乎天而俍乎人者,惟全人能之。唯虫能虫,唯虫能天。全人恶天,恶人之天,而况吾天乎人乎!①

通过把自发行动跟无所不包的自我(自我外其实并无他物)联系起来,庄子其实暗指了一种并不符合寻常道德和理性法则的行动。此外,庄子更为我们展示了沟通天界与人世的途径,而这也恰好是章太炎所要面对的问题——佛教智慧与人世

---

① 《庄子译诂》,480-481 页,英文版见 The Complete Works of Chuang Tsu,259-260 页。

行动之间的联系。晋代(公元265-420)的评注家郭象重新解读了上述引文的第一句:"率性而动,不舍我效物。合于正理,故不乱。"①可见庄子的关键之处在于在不区分自我与他者的情况下自发行动。

章太炎借用唯识宗的概念,并在与上述原初惑乱(primordial confusion)的关系中来把握无所不包的自我与人世行动之间的关系:"动无非我者,谓本由迷一法界,成此六事,迷者即如来藏,如来藏此谓真我。"②

为了提升虚妄的现世(deluded temporal world)的地位,章太炎把两个看似相对立的唯识宗概念结合到了一起。"一法界",或单一的真实领域(single realm of truth),原本是指唯识宗体系中的终极真实;而迷,或假象,则指阻碍人们认识真实的东西。然而,章太炎却把这两个概念结合了起来,这样,只要用恰当的方式来观察,"迷"本身就是一种真实。

这种跟尼采思想的并行向我们展示了章太炎是如何进行了对一种源自19世纪并持续发展到今日的客观主义本体论(objectivist ontology)的全球性批判。尼采指出,"我们能够确定的唯一存在便是那种再现其自身的存在,因此它是持续变化的,永不同一的,完全相对的。"③在这种情况下,如克罗索夫斯基(Pierre Klossowski)在他关于尼采的专书中所解释的,"不仅存在是由持续的幻想所维持的,就连存在本身也是一种幻想。"④考虑到尼采对于存在之根基的认识,他的工作就是要"为了更

---

① 刘文典,《庄子补正》,736 页。
② 章太炎,《齐物论释》,42 页。
③ Klossowski, *Nietzsche et le cercle vicieux*,法文版 195 页,英文版 132 页。
④ 前引书。

好地神秘化"①而进行去神秘化。至少在 1908 年的《菌说》一文中,章太炎便认为"惑"和"迷"处于存在的根源之处,且并不属意于"迷"之外的真实。在《菌说》中,他用作为本体论条件的"惑"来批评佛教。在《民报》期间,他则结合了原初"惑"的概念和唯识宗的认识论,从而积极地批评了"惑"并推迟了克服"惑"以达到乌托邦未来的计划,后者我们将在他的《五无论》中一窥究竟。在《建立宗教论》中,他将作为本体论条件的"惑"跟自发行动(spontaneous action)联系起来。在章看来,"更好地神秘化"不仅意味着理解"迷",更意味着以一种包罗万象的,能激发人们道德行动的方式来呈现"迷"。

然而,这种道德行为并不局限于约定俗成的规则,因此本身就是迷幻和疯狂的。在 1906 年出狱之际对学生发表的著名演说中,章太炎形容自己为"疯癫"。事实上,他的讲话表明了被启蒙者和疯狂执迷者的相似性。

> 大概为人在世,被他人说个疯癫,断然不肯承认,除那笑傲山水诗豪画伯的一流人,又作别论,其余总是一样。独有兄弟却承认我是疯癫,我是有神经病,而且听见说我疯癫,说我有神经病的话,倒反格外高兴。②

章太炎提到自己在科举考试当天癫痫发作的轶事。这个经历使得他获得了一个封建士人体系之外的思考位置,这一独特位置便是他"疯癫"的一个面向,且联系起了疯狂和革命:"遇着

---

① Klossowski,*Nietzsche et le cercle vicieux*,强调为原著者添加。
② 章太炎,《东京留学生欢迎会演说词》,141 页;英文翻译见参见岛田虔次著 *Pioneers of the Chinese Revolution*,29 页。

艰难困苦的时候,不是神经病的人,断不能百折不回,孤行己意。"①

在这里我们可以看到,除了包括章在内的所有民主主义者都呼吁的群体认同以外,章太炎还强调了一种个体性(individuality),以及对与现存的权力结构,尤其是与满清帝国相关的主体性进行拒绝的超然性(aloofness)。

在他对学生的演说中,章太炎用宗教术语,特别是引用佛学思想来叙述他的监狱生活。

> 暗想我这疯癫的希望,毕竟是难遂的了,就想披起袈裟,做个和尚,不与那学界政界的人再通问讯。不料监禁三年以后,再到此地,留学生中助我张目的人,较从前增加百倍,才晓得人心进化,是实有的。②

尽管章太炎在狱中阅读佛经,但却没有证据表明他在入狱前有出家的想法。事实上,在他入狱前所写的有关宗教的文章中,他大多持中立态度,甚至还对佛教颇有微词。就像僧人遁入空门一样,章太炎锒铛入狱,也被迫切断了他与学界和政界的联系。然而,章太炎仍然将自己与其视为消极的僧人区别了开来。事实上,章太炎即使在狱中也未曾真正离开学界和政界,而是以一种不同的,甚至是疯狂、奇异,但同时又是社会化的方式重新进入其中。

在上面的篇章中,我们能够感觉到章太炎的主观转化(sub-

---

① 章太炎,《东京留学生欢迎会演说词》,141 页。
② 前引书,140 页。注意,当章太炎在颂扬大众的时候,他是在褒奖的意义上用"进化"一词的,尽管他后来又批评了这个词。

jective transformation)和他者的主体性(subjectivity of others)之间的联系。换句话说,传统的隐士遁于山林,冥想沉思,也会重新入世看看政治状况是否有所改变。如孟子的名言所说:"穷则独善其身。"① 然而,章太炎是一位更加现代的隐士:他从政治生活中抽身,但却致力于产生一种新的意识以推动政治改变。因此,当其他隐士被人称为疯癫时,章太炎却认为个人的疯癫还是不够的。在他演说的结尾部分,章太炎声称,"要把我的神经病质,传染诸君,更传染与四万万人。"②

以上的部分展示了章太炎是如何建立了一个临时主体,从而得以进入政治。然而,这第二个步骤,即勾连临时主体和革命,其背后的逻辑仍然不太明晰。换句话说,尽管从末那识到疯癫的转化是有可能的,因为圣人的行动可以超越成规,但是关于这种行动是否意味着革命,尤其是反满革命,其中的逻辑却并不清晰。关于这个问题,近藤邦康有一种解释,即认为佛教和革命的关系是章太炎的基本预设之一:"对章来说,这是一个无需任何解释便成立的前提",而且章太炎视"反满革命为靶,佛学思想为箭"。③ 章太炎融合了一种抛却自我的宗教目标和与国族(nation)认同并以其为名义推动革命的计划。在该计划中,民族主义和自我视角(perspective of the self)都是在通往完全解放与原初阿赖耶识或空意识(consciousness of emptiness)之实现的路上暂时但却十分必要的阶段。近藤邦康解释说:

---

① 《孟子·尽心章句上·第九节》,见杨伯峻注,《孟子译诂》,304页。英文版183页(对翻译有所改动)。
② 章太炎,《东京留学生欢迎会演说词》,149页,英文翻译见 *Pioneers of Chinese Revolution*,43页。
③ 近藤邦康,《中国近代思想史研究》,82页。

国家的主权建筑于个人的主权之上。这并不是说国家乃是实体(substance),而个人只是从属于国家的偶然因素(accidents)。普遍的压抑表现为国家的压抑,因此个人的反抗便表现为国家的反抗。换句话说,人们可以说个人主权是目标,但是因为个人主权倾向自我毁灭,所以我们也可以说自我毁灭便是目标。章太炎并没有在诸如阶级、国族这样的集合体的意义上来看待人的本质。人的本质就是对个人(the individual)以及显现在意识中的无限众生的自我意识。此外,这种意识也有其负面因素。因此这一观点便产生了,即反满革命乃是通往众生解脱的一个阶段。在这里我们可以看到两个结构:从实践的角度来说,只有完全的革命者才能担任反满革命的角色。而从支持行动的理想层面来说,惟有菩萨能够解救众生。①

简而言之,章太炎佛学是与其革命实践紧密联系的。在章太炎看来,众生的解脱和自我毁灭必须以民族解放为中介,而后者则要求一种自我,甚至一种与民族自我(national-self)的认同。如此看来,章太炎对佛学的研习最终还是将他带到了一个接近梁启超立场的地方,即认可某种主体(subject)。然而,他在理论上的绕行——让章太炎的理论比他的当代人的哲学尝试都要远为抽象——最终使得章能与他所面对的世界保持批判的距离。借用近藤邦康的术语,我们可以说,"箭"的力量是如此之大以至于它甚至扩展并重新勾画了远远超出反满革命的"靶"。这是从民族主义政治到资本的抽象模式的移动,后者在这里被

---

① 近藤邦康,《中国近代思想史研究》,85–86页。

第三章　佛教认识论与现代自我认同：章太炎的"建立宗教论"　　*147*

理解为主体–客体＝惑(confusion)。我们将在接下来的两章里看到章太炎是如何动员佛教思想来批判进化以及诸如国家这种政治结构的。在这里我们应该注意到，章之所以有能力做到这些，是因为他并没有将哲学或宗教放在国家和现有社会的从属地位。不同于梁启超对宗教的讨论，如国家和社会等政治概念很少出现在章太炎的文章内。此外，章太炎的佛学话语已然超越了人类中心主义(anthropocentrism)，而深入开掘到了迷失之存在(confused existence)的本体论根底，并旨在救度众生。但是由于他又致力于反满革命–民族主义，他不得不试图让有关认同的特殊性叙述和我们已经看到的普遍性叙述达到一种平衡。如果我们考虑到他当时的写作环境——如武田范之等人要求章将自己的理论跟当下的计划联系起来，并且把他的佛学话语用大众话语表述出来——这一点就显得尤为重要了。章太炎的佛学话语诚然与包括反满革命这样的行动计划相关，然而在终极意义上却旨在消除存在本身。这一点在《建立宗教论》中已经有所暗示，并将在《五无论》中得到更全面阐发，我们也将在下面的章节里讨论。如果我们认同这一观点，即认为存在为"迷"，那么想要摆脱"迷"，我们就必须摆脱存在。然而如同我们之前看到的，根据唯识宗思想，存在本身便依赖于众生(living things)的意识转化。因此，"无众生"便成为了"五无"之一。①

---

① 章太炎的理论与尼采的不同处在于，章太炎引入了一个时间的维度，因此对于无(negation)有一个不同的解读。尼采认为取消存在是一种虚无意志，也是一种不满(resentment)，他将此与一种对虚幻(delusion)和幻想(fabulation)的激进的肯定对立起来。然而章太炎却对以下两者都给予了肯定，一方面是本体论的虚幻，另一方面是对虚幻的克服作为一种指向未来的渐进的(asymptotic)理想，在那个未来中苦难的根源，即"人"、"世界"、"聚落"、"众生"和"政府"都被消除了。这表明了存在着理解"无"的不同方式，而且它们并不都暗示着消极与被动。

结 论

章太炎对唯识宗哲学的阐释令现代认识论和本体论陷入了被拷问的局面。然而,章太炎却并未拒绝现代性。如我们所看到的,他的论述从建立唯识宗的"三自性"、"八识"概念开始,从而解构了主客二体,此外还描述了它们作为一种误认过程的发生。而这种误认又跟一种原初的迷惑相关。在这个意义上,他分享了德国唯心主义者将世界的分化(distinctions of the world)追溯到原初统一(primordial unity)的想法。但是章太炎不像德国唯心主义者一样认为这种分化起源于如精神(spirit)这样的实证的(positive)、规范的力量。章认为分化起源于意识的幻化过程(delusional processes)或自相种子(karmic seeds),我们将在下一章深入讨论。此外,由于"惑"生发自世界的本质,而非世界之外,因此他不得不在迷惑的世界图景内部寻找到一个可以克服它的空间。因此,章太炎建构出一种暂时的主体性,这种主体性断言众生的集体性的错觉,以及我们需要将它们拯救于物化的想法。用章太炎的话说,我们必须拯救众生于"器界"。

以上我一直关注于章太炎思想中更为哲学化和带有形而上学色彩的部分,但是在章看来,那些未能成功把握自己的"迷"的形而上学家往往成为了那些想办法掩盖自己压迫行径的政客的帮凶。章最终动员了这一框架来攻击进化、抵抗帝国主义,以及呼吁消除存在。但是章太炎的哲学论述的重要性在于他指出,那些解放他人的人其实本身就是问题的一部分,因为在章看来帝国主义本身就起源于存在之"惑",是这种"惑"产生了自我与世界的概念。因此尽管他为了抵抗帝国主义侵略而为临时自我(主体)的建立正名,他认为这些抵抗者的终极目标应该是摧毁其自身存在的可能。因此,像德国唯心主义者一样,章太炎建构了一种指向超越政治领域的更高的抽象层面,旨在克服自我/他者,自我/客体对立的哲学。以这种方式,他倾向于超越民族主义和表演性认同(theatrical identification),并在一个抽象层面上与资本主义交战。换句话说,如果人们认为黑格尔的"精神"概念去历史化地把握了资本的抽象动力,并在思想层面将之合法化了的话,那么章太炎则是从相反的方向重复了这一行为。他的阿赖耶识和"迷"的概念代表了一种人们于其中苦苦挣扎的异化动力(alienating dynamic),不同的是,章太炎的目标并非实现这一动力,而是将其去除。当然,章太炎的否定视角使得他所面临的理论与实践的裂隙比德国唯心主义者的要大得多,后者最终无疑认可了现代世界。由于存在受迷惑的自相种子之"熏",章太炎最终的路径便指向存在和历史本身的取消。现在我将转而讨论章太炎对作为"进化"的历史的批判。

第四章　现代时间性的变容：
章太炎对进化历史的唯识宗批判

　　过去 20 余年间，学者常常为历史是否意味着进步这一话题陷入争论。所谓的现代化理论家们对一种放之四海而皆准的发展模式大加赞扬，后殖民学者则猛烈抨击这种普世性的自负，认为这是隐蔽的欧洲中心主义与帝国主义霸权。这些争论的中心，往往是历史与时间的观念，在中国与日本的语境当中亦然。历史的概念——尤其是作为进化的历史——进入中国与日本的时刻，在 19 世纪末 20 世纪初，正是两国对抗西方帝国主义的过程之中。中国与日本的知识分子常常将他们所构想的本国的落后状况，转化成为以进化历史为框架的时间范畴。他们进而将进化史观与儒释道这样的非西方宗教传统结合起来。具体说来，中日知识分子常常通过佛教范畴来生成历史理论，以期在各自通往资本主义现代性的途径上，理解并拯救自己的民族。章太炎汲取一种特定的佛教形式，以创制历史理论，他为此所作的努力尤其值得注意。与接受了进步史观的同时代者不同，章太炎批评了进步的观念，这种批判反映了批判资本主义现代性的全球潮流。20 世纪与 21 世纪的哲学家们，仍然受这股潮流的影响。学者们把章太炎对进化的批判描述为一种对现代性的反应,却很少具体探究他怎样利用佛教的概念与范畴,来阐释并同时否定现代线性时间与进步史观的兴起。

研究章太炎的出版物汗牛充栋。张灏提供了对章太炎思想的总论以及对章氏"佛教世界观"的描述。① 汪荣祖的《追寻现代民族主义》(1989)和高歌(Kauko Latinen)的《晚清中国民族主义》(1990)是两部颇具代表性的英文研究著作。汪荣祖关注章太炎的现代性与民族主义,却并未深入探究他的佛学观念。高歌对章太炎的现代主义阐释与汪荣祖相似,而更专注于他的反满理念。西顺藏首次把章太炎当作现代性的批评者来加以讨论。② 西顺藏的学生近藤邦康则在论述章太炎的一章里条分缕析地说明了这一阐释的意涵。③汪晖的论点庶几近之,在他的《现代中国思想的兴起》与章太炎相关的章节里,他又明确地将之与更广泛的现代性批判联系起来。小林武讨论了章太炎佛学思想与明治时期学术思潮之关系,尤其关注于浪漫主义的问题。④

上述学者描述了章太炎通过回应现代性,来对进化做出批判,但是他们很少具体讨论章太炎是怎样利用佛教概念与范畴来阐释并否定现代线性时间与进化史观。其结果是,他们并未能在全球情境下把握章太炎著作的意义。通过讨论章太炎对佛教的批判应用,以及他独具慧眼地以佛教视角阐读庄子,我们可以看到,章太炎的文本之中,佛教扮演了双重的角色,一方面使

---

① 参见张灏(Chang Hao), *Chinese Intellectuals in Crisis*, chap. 4, pp. 105-45。
② 参见西顺藏,《中国思想の中の人民概念》,1995。
③ 参见近藤邦康,《章炳麟の革命思想の形成》。
④ 参见小林武,《章炳麟と明治思潮:もう一つの近代》。

得现代客体性成为可能,一方面对资本主义现代性的线性历史发难。他对线性模式的发难,同时也具有两重意义,一方面,他引用庄子,以一种相对的、多元的模式对抗一种单线发展的模式,另一方面,他试图将进化历史的模式置于种子之力的运作之中。我认为,我们可以通过哲学话语的全球流布来审视章氏以佛教对进化观念的批判,这种批判,也是对资本主义逻辑的回应。这也进一步使我们可以把晚清思想史置于总括全局的全球轨迹当中。

我将援引黑格尔、海德格尔和普殊同(Moishe Postone),来描述一种全球规模的现代性危机,并尤其注意这一危机给历史与时间观念所带来的后果。由于章太炎在政治上与理论上的立场,都与倡导进化思想的人相对立,因此,接下来我会简略讨论晚清中国向时间与历史的道德进步观(morally progressive visions)的普遍转向。然而,章太炎批判进化与线性历史的文章,大多创作于日本,因此所牵涉的又不仅仅是中国的情境。1906年,章太炎东赴日本,编辑《民报》的时候,日本学者已经对佛教与进化史观能否相互融合而展开讨论。与章太炎同时代的晚清学者,往往是通过日文文本和翻译来了解德国和印度哲学的。我将简略讨论井上圆了与加藤弘之之间针对进化与线性历史的论争,以此来展示当时日本的情境。井上圆了以融汇黑格尔与佛教来表述对进化的批评,章太炎的思想,正是回应了井上圆了的尝试。然而,我们应当看到,章太炎对佛教——尤其是唯识宗——的阐释,使他的批评,比起晚清和明治的进化史观的拥护者都更为激进。章太炎借佛教来对抗并超越克服进化史观。章太炎通过唯识宗的范畴来进行两项截然不同的工作:一方面,他解释了一种表面上的历史客观性,并且描述了一种出于伦理道德的统辖而尊重他者的空间与历史的差异。另一方面,他以唯识宗的种子概念,消解了进化的历史进程,证实这一历史进程造成了整体化的、依据层次而组织起来的关于世界的叙事。

现代性与危机

随着中国进入民族国家的全球资本主义体系,中国知识分子面对着全新的概念领域,其中就包括对时间与历史的思考模式。这一思考模式关系着主体与客体的区分。在现代国际体系之中,每个民族国家的存在,依赖于整个民族国家体系对它的承认。① 因此,在全球层面上,作为主体的民族认同依赖于来自一种普遍化他者的认可,这一普遍化他者的凝视(gaze),必然在一定程度上使民族认同成为客体。然而,这一主体-客体之间的辩证,也正是民族国家内在境域的特征。民族国家的建立,无可避免地与现代化关联在一起,而现代化带来的是科学以及与之相关的认识论。在 20 世纪早期的中国,晚清知识分子将国家建设与科学联系在一起,而科学的框架也唤起了海德格尔所称的"世界图景"的某些层面。具体来说,海德格尔认为,现代的世界图景的重要观念之一,正是主体与被可量化客体所占据的世界之间的概念上的对抗。在欧洲,在以亚里士多德主义和基督教混合物为主要特征的中世纪与文艺复兴哲学次第衰败之后,这一世界观与资本主义的兴起紧密相连。海德格尔的论点是,从笛卡尔开始,哲学家不再将事物理解为有其独特的肇因,或是

---

① 日本想让"国联"承认满洲国,恰恰说明了,某一民族国家的存在,需要得到民族国家体系的承认。

目的性的功能,这些肇因与功能,或是与先验的神祇(基督教)相关,或是与原始的自然(亚里士多德)联系。

上述祛魅的过程,生成了意义丧失的危机,在19、20世纪之交尤为凸显。这一危机牵涉了现代时间性的两个概念,章太炎对佛教与道教的理解也受其影响。随着人们从由神祇占据的迷魅世界转向具体的主体/客体的世界,他们逐渐看到并体验到由具体而客观的当下构成的时间。下面我将引述查尔斯·班巴奇(Charles Bambach)的解释,他将这种时间概念与现代思想联系起来,并且预示了对另一种时间模式的讨论,亦即进化的时间:

> 现代思想强调了一种历史主义对时间的独特理解,它认为时间是线性的,串珠一般前后连贯的肇因与结果。这种思考过去的方式制造了一种"中性的时间",在这里,一切事件都被客观地衡量,恰如地图学以经验的距离与位置来丈量空间。本雅明所称的"空洞而同质的时间",地图学与数学的时间,提供了维持价值中立性的最后语境;它创造了一种幻象,亦即由等值测量的间距间隔着的历史延续,如兰克(Leopold von Ranke)所表达的,"以公平无私之双眼,洞察普遍历史之进程。"①

上述引文涉及两种不同的时间性,一种是抽象而空洞,另一种较为具体,也就是历史主体在时间中的运动。章太炎以抽象而中性的时间概念,来阐发一种以民族文化为基础的相对主义。又以佛教范畴的具体的时间概念来解释进化历史。这两种时

---

① Bambach, *Heidegger, Dilthey, and the Crisis of Historicism*, p. 9.

间,是历史(尤其是进化的)现代概念的条件。历史的进化,或是普遍历史的进程,预设了抽象时间的概念,同时也提出了不断向着更高层次进化或运动的主体。简而言之,历史的主体不断行进在由抽象时间构成的背景之上。

时间的两个侧面,都与现代资本主义相关联。正是现代资本主义为普遍意义上的现代哲学和章太炎的著述创造了全球性条件。时间的抽象与具体两方面,分别体现了资本主义量与质的两个方面,也就是商品形式的使用价值与交换价值的二重性。从使用价值/质的角度来看,一件商品作为具体实物有其各种用途,然而在交换价值的层面上,商品与商品之间的差异仅仅在于量以及商品具体代表的价值。在资本主义社会里,通过买卖与使用商品,人们无时无刻不在体验着商品形式的两个层面。商品渗透于资本主义社会之中,商品形式也辩证地与时间概念相关联。时间构成了资本主义社会关系的可能性,人们的工资是以时间为单位的,另一方面,商品形式影响到社会(包括时间的概念在内)的诸多层面。与商品形式的交换价值相关联的抽象化,不仅仅牵涉经济交易,同时也涉及现代官僚体系与法律治理的形式化。这种种形式的共通之处在于,由具体特殊性而来的抽象化。正如交换价值与价格将商品的具体使用抽象化了,现代法律也将性别、种族这样的具体情境抽象处理。在时间概念这一方面,商品的量的层面呼应了抽象而连续的时刻,这样的时刻用来衡量速度与工作时间。时间的抽象概念,构成了日历时间与计时工具的历史连贯可能性。

量的层面为进化历史提供了抽象的框架,而具体的质的层面则提供了内容,也就是历史朝向着完整性的运动。这一运动也常常被理解为现代的目标。这种想法或可称之为历史进步的幻象,这里所要研究的问题是,历史进步的概念,如何成为可能?换言之,进步的历史在现代社会里是普遍存在的概念,而在现代之前的时代里却并非如此。我认为,这正呼应了一种历史特殊性,在这里,社会向着更高层次的生产力运动着,生产力的提高暗示了使用价值的生产在较短的抽象时间里不断增长。资本主义里商品的生产,以人力劳动与机械化的不断升级的速率为基础,这改变了个体的单位时间。在普殊同(Moishe Postone)看来:"随着生产力的增长,时间单位愈发'密集'。然而这种密集性并没有在抽象时间性和价值的范围里表现出来:作为抽象时间单位的小时以及创造出来的整体价值是不变的恒量。"①

换言之,在资本主义社会里,随着机械化生产的加剧,一个时间单位里所生产的价值的量是不变的,这是因为生产每件商品所需的劳动时间下降了。由于社会劳动小时仍然保持恒常的60分钟一小时,随着单件商品的价值逐渐下降,这一生产力提高的运动最终无法以抽象时间来加以衡量,而是需要另一种时间概念,亦即历史时间。"资本的内在动力使得历史的流程成为可能",普殊同把这一"历史的流程"称为与抽象时间相对立的"历史时间"。② 科技与机械的应用高效大量地生产出使用价值,对于资本主义当中的生活来说,这带来了反复出现的根本上的结构重建。

在这样的历史进程之下,我认为,进化时间性的观念不仅仅是幻象,这些观念试图以非历史的方式把握资本主义社会当中历史的真实运动。简单来说,在资本主义世界里,人们倾向于错

---

① Postone, *Time, Labor, and Social Domination*, p. 292.
② 前引书,293页。

误地认为,社会向更高层次生产力的运动是在每一个时代都有效的历史进程的普遍动力。20世纪50年代之后普遍流行的一种社会观,也就是人类社会必然经历奴隶社会、封建社会、资本主义社会这样的进化观点,恰恰宣扬了这种错误认知。

与进化时间性相关联的这种错误认知,建立在几项因素之上,其中一个因素就是资本主义以超历史的方式表现其自身的关系。我们将会看到,章太炎处理了两种回应,一种强调价值的中性,另一种则强调进化历史。抽象时间被分割为无数个当下和资本向更高层次生产力的动力。众所周知,作为当下的时间带来了一种价值上的中性,因为每一个当下都和其他当下彼此一般无二,可彼此替换。而另一方面,由于历史时间牵涉着实践的不断加速,并且创造出一种节约时间的文化,因此历史时间更为具体,并且在某种程度上是真正经历过的。然而,这种更具体的时间,主要体现为一种无目的的动力,在这里,生活节奏不断加速。总括来说,抽象时间与具体时间之间的辩证,产生出一种保罗·利科(Paul Ricoeur)所称的时间的悖论(aporia of time)——当人们遭遇无垠的宇宙时间和有限的被死亡侵扰着的经验时间之间的分裂之后,所产生的无意义性的经验。[1]班巴奇提出,当传统叙事把个人和宇宙的崩塌联系起来,这一主体与客体之间的悖论就更为强大,也促使着知识分子去寻求一种遮蔽了存在主义鸿沟的历史叙事。[2]

晚清中国,朝代更迭让位于由民族国家构成的世界体系。这一转变造成了意义上的危机。在史学家当中,列文森最先明

---

[1] Ricoeur, *Time and Narrative*, p. 273. 同时参见 Duara, *Rescuing History from the Nation*, p. 28。

[2] Bambach, *Heidegger, Dilthey, and the Crisis of Historicism*, p. 9.

确地提出要理论化这一危机。他对这一危机的探讨并未从时间的悖论这一角度出发,但是,通过历史当中的价值的相对主义和绝对主义,他的分析还是使我们看到了抽象时间与历史时间的辩证所造成的一些矛盾对立。此外,列文森对相对主义的讨论也呼应了章太炎自己的相对史观。列文森注意到,随着中国转变成为民族国家,知识分子们开始从历史的角度审视他们自己的传统,这与中国的世界观渐行渐远。用列文森的话来说,在民族主义的框架里,"相对主义就是历史的一切"。① 在这一背景下,历史由自然时间操控着,其结果是,晚清知识分子不再认为自己的传统放之四海而皆准,而看到了传统的独特价值。因此,列文森的阐释,大多由上述这种相对主义的标准架构起来。列文森的预设是,认同的危机和时间的流动,只有诉诸于一个持续存在的民族国家才能得到解决。只有在这样的时候,列文森才会含蓄地应付存在主义的时间悖论。

然而,列文森的叙事并没有批判性地理论化空间上的相对主义和时间上的绝对主义,这两者确立了现代性的合法性。相对主义仅仅是现代时间性的一面,而它与另一面的关系还模糊不清。②现代时间性的另一面就是"历史连续体的错觉",它让人们认为自己能够"以公平无私之双眼,洞察普遍历史之进程"。班巴奇将之描述为"世界历史的黑格尔式盛会",也就是一种试图逾越价值与客观历史之间之鸿沟的进化叙事。如果把班巴奇

---

① Levenson, *Confucian China and Its Modern Fate*, Vol 3, p. 87.
② 列文森并未处理章太炎的历史理论,但是章的历史理论代表了相对主义直接对抗现代性的价值,在列文森的观念里,现代性使中国文化贬入边缘外围。尽管列文森通过相对主义把握了现代历史性的重要面向,他并未能看到这一概念给支配性话语带来的潜在的解构力量。

和普殊同结合起来,我们可以说,"历史连续体的错觉"和"普世历史的进程"这样的现象,都是资本主义的具体进程所造成的错误认知。换言之,进化观念的时间和资本主义社会中的拜物教迷信有关,在这里,人们把一种仅存在于资本主义社会中的进程转移到普遍的历史叙事当中去。史学家们援引进化叙事来解释分割为发达国家和欠发达国家的现代世界。

由于民族国家既预设了历史的延续性,同时又要求进步与发展,因此民族主义者常常鼓吹进化叙事。① 然而,进化的叙事仅仅是回应资本主义和民族国家的诸多叙事中的一种。章太炎对进化的批判,反映了另一股潮流。在19世纪末期和20世纪初期,工业主义所带来的问题越来越明显,欧洲的学者们开始质疑所谓"世界历史的黑格尔式盛会"。班巴奇描述了20世纪初德国知识分子之间的危机意识,他尤其注意到了海德格尔。这些知识分子否定了历史即是进步这样的观念,他们本可以接受一种和抽象时间相联系的相对主义。然而,仅仅是简单地描述由一系列同等有效的当下构成的时间和时间的价值中立,并不能使海德格尔、尼采和叔本华感到满足,他们表现了一种黑格尔进化史观的反向运动,并对历史时间的运动做出了他们自己的判断。这三位思想家都代表了一种对现代性叙事/现代化理论的悲观转向或批判转向。他们各自尝试着通过诉诸于人类存在与历史的原始维度,来解释现代性的诸多分歧与悖论,这其中就包括主体与客体的分裂。因此,用海德格尔的话来说:"在方法上来说,如果把历史当作凝思的对象来分析,哲学就永远无法了

---

① Duara, *Rescuing History from the Nation*, p. 28。民族国家被视为是现代的,与原始的前现代共同体有所区别,并且比这些共同体更优越,民族主义者常常借用一种进化的叙事来正当化民族的形式,视之为比之前的政治组织更加进步。

解历史。历史的谜题就是作为历史性的意义(what it means to be historical)。"①

"存在"(being)的问题当然极为复杂。一方面,它显然牵涉着对存在(existence)的阐释;另一方面,海德格尔对作为客体的历史和"历史性的存在"所做的对照,直接涉及了一个概念,作为主体的历史存在(existence),还是作为和主体活动相关联的历史存在(existence)。黑格尔、尼采和叔本华的哲学尽管千差万别,其核心,正是这个存在与主体活动之间的关联,或是主体与先于主客体差异并创造了主客体差异的存在之间的关联。对于他们来说,历史是一项实践的活动,但是他们当中有人相信这项活动是由自觉的精神推动着的进步的盛典,有人则认为盛典背后是由无意识的倾向操控着走向堕落的毁灭,因而他们走上了不同的思想轨迹。在后一种情况所面对的任务是,将这种盲目的发展转变成为不断增长的不平衡,并另辟一条蹊径。我们将会看到,章太炎肯定了后一种方案。

晚清的时间与历史

我们必须把中国思想史放到现代思想的全球重构当中来理解。中国对列强不平等条约的回应,表达了一种与商品形式之两面相关联的辩证。从抽象的观点来看,条约的缔结,存在于两个平等的国家之间。19世纪晚期,条约与种种商业合同都暗示了抽象时间的观念。简言之,缔结条约的两国,必须有同样的时

---

① Heidegger, *The Concept of Time*, p. 20。转引自 Bambach, *Heidegger, Dilthey, and the Crisis of Historicism*, p. 15。

间框架,才能保证条约的时效性。如果两国之间有着不同的时间概念,则条约不可能有效力。因此,作为晚清现代化大业的一部分,官府与士人都开始接受一种新式的、与现代时钟与日历相联系的抽象时间①。抽象时间也使得中国易于参与跨国条约与商贸往来,并且以时间来衡量工钱。

然而,自鸦片战争以来,中国屡战屡败的经验也生成了一种更为具体的历史时间。中国受胁迫而签订条约,正是由于意识到中国与列强之间生产力与军事力量上的差距。中国所感知到的差距暗含着一种复杂的时空性:在某些领域,从诸多角度来看,中国士人与官僚开始认为他们在时间上落后于帝国主义列强。

这一落后的感知意味着要迎头赶上,也意味着对未来的定位,意味着对中国能否在新世界当中存活下来的危机感与不确定性。在19世纪末的战争与危机面前,中国的士人与官僚开始质疑逐渐失势的儒家历史观,或者至少是对其作出修正增补。②

为了把握中国在民族国家之世界体系当中的新地位,中国的知识分子也不得不把握他们内在的冲突,张力与困惑。谭嗣同将佛教、儒家与现代科学融会贯通所作的努力已经清楚的表现了这一点。谭嗣同的《仁学》著于1896年,他处置了一种本体论的根源,将诸如以太、儒家的仁、佛教的慈悲等概念融合一处。谭嗣同哲学的张力延伸到他的历史观,他宣称,历史之目的,体现在节省时间与机械化,而这在儒家经典里已经有所预示:

---

① 巴斯蒂夫人(Bastid-Bruguière),《梁启超与宗教问题》,41–54页。
② Kwong, "The Rise of the Linear Perspective on History."

> 故西国之治,一旦轶三代而上之。非有他术,惜时而时无不给,犹一人并数十人之力耳。《记》曰:"为之者疾。"惟机器足以当之。①

作为改良派的谭嗣同,以资本主义当中机械化生产的重要性,对儒家三代的理念加以增补,借此发展出治国平天下的新理念。谭嗣同将西方国家的进步,带入到理想化的中国历史中去,并由此为线性发展提供了道德的有效性。在这里,历史与速度、惜时与机械化这样的时间范畴连结起来。一旦与儒家思想联系起来,谭嗣同将之表现为一种规范性的、与民族主义叙事相契合的概念。

当然,对于融汇传统经典与现代时间性的尝试,谭嗣同并非独一无二。康有为的"三世说"(据乱世、升平世、太平世),以及严复对斯宾塞与赫胥黎的创造性阐释,都是为了融汇儒家道教与进化时间性而作的努力。严复在他翻译的甄克思著《社会通诠》序言里,表明了他试图统和道教的循环时间性与进化的线性观:

> 夷考进化之阶级,莫不始于图腾,继以宗法,而成于国家……此其为序之信,若天之四时,若人身之童少壮老,期有迟速,而不可或少紊者也。②

严复一方面坚持进化的线性进程,另一方面,又援引四季更

---

① 谭嗣同,《仁学》,80 页。
② 严复,《社会巨变与规范重建:严复文选》,133 页。

替这样的循环时间。然而,虽有易经、佛教,尤其是道教的诸多因素影响了严复的进化理论,他的历史观所强调的往往是进化的线性观念。

  章太炎的观点与此相反,他对进化加以批判。当然,身为著名的革命者,章太炎不遗余力地批判康有为、严复、谭嗣同等人。或许有人认为,章氏对进化的批判是以政治为动机,其目的是攻击改良派的儒、道进化观。这种观点只能是豹窥一斑。章太炎对改良派的批判,在于改良派依附儒家,并试图将儒家与进化联系起来。然而,进化的框架在革命的话语里也是无处不在的。举例来说,邹容就曾将进化与革命联系起来。在这样的语境里,章氏对进化的批判,超越了革命派与改良派在政治上的对立,而试图瓦解两方阵营所共有的关乎时间与历史的哲学认知。

连结佛教与进化:日本的尝试

  章太炎以佛教视角批判进化,其雏形形成于1903至1906年,期间他因革命活动而遭羁押在狱。获释之后,章太炎转往东京,他所著的批判进化理论的文章,鲜明地谈到了几位著名日本知识分子,其中就包括姉崎正治对于宗教与德国唯心主义的观念。由此,几乎可以肯定的是,章氏对日本人所判定的进化概念,颇为熟悉。加藤弘之(1836-1916)与井上圆了(1858-1919)之间对于历史之进步概念与佛教的关系的论争,对章太炎也意义重大。

  日、中两国同时被纳入全球资本主义体系,日本知识分子观察中国的同时,许多中国知识分子的主要著述也是在日本写成的。此外还有一些例证,说明章太炎很熟悉当时的主要日本知识分子。① 日本的进化理论之所以对理解章太炎来说意义重大,不仅仅在于它们可能影响了章太炎。恰如当时中国的情境,日本关于进化的论证,也应当放到日本被纳入民族国家的全球资本主义体系的轨迹中来理解。其结果是,广义上的中日两国情境的相似性,具体的章太炎与明治知识分子之间的相似性,指明了两国的思想史应当被视作更为宏大的全球轨迹的一部分,其中既有资本主义的全球扩张,也有对帝国主义的抵抗。换言之,思想从德国流传到日本,到中国,这正表明了一种全球共时性(global contemporaneity),其中也包括了印度这样的较晚进入全球资本主义世界的国家。② 共时性极为重要的一方面,即是在帝国主义面前时间概念的转变。

为了应对西方帝国主义的威胁,明治国家迅速发展工业,而在此过程中,新的时间概念也随之而生。举例来说,1868 年明治维新之后,日本政府以西历为基础,推行了统一历法。③明六社等等亲近西化的学社以及为数众多的知识分子,以新的时间概念鼓吹进化语境下的"文明"与"开化"。④然而,正是由于明治国家初步的现代化极为成功,到 19 世纪末期,知识分子已经开始了解资本主义现代性的黑暗面。其结果是,他们开始探寻,

---

① 章太炎沉浸于明治时期的哲学文本,关于这一点,小林武提供了极多证据。小林武指出,章太炎于 1906 年抵达日本时,他即刻向宋教仁索要哲学相关的著作。在宋教仁推荐的书中,就有井上圆了的书。参见小林武,《章炳麟と明治思潮:もう一つの 近代》,93 页。
② Andrew Sartori 探讨了 19 世纪末 20 世纪初的孟加拉知识分子怎样构想抵抗现代性和公民社会的理论。参见 Sartori, *Bengal in Global Concept History*。
③ Stefan Tanaka, *New Times in Modern Japan*, p. 6.
④ 明六社最初的成员包括森有礼、福泽谕吉、西村茂树、西周、津田真道、中村正直、加藤弘之、箕作秋坪、杉亨二、箕作麟祥、中村正直等人。他们通过公开演讲和《明六杂志》来鼓吹道德和文明。

希望超越现代世界的物质与自私。这又引领他们重新对佛教的哲学阐释萌发兴趣。1890 年代,井上圆了——当时佛教哲学的领军人物之一——以佛教来批判明六社及其曾经的哲学老师加藤弘一的物质主义倾向。

争论的两边都围绕着本体论而起,本体论也正是他们关于进化与历史的理论前提。加藤弘一提倡一种一元论的唯物主义,并且认为自我的个人是进化发展的基础。在加藤的一些著述当中,他放宽了对个体的界定,把世间万物都包括了进来,其中也包括了民族国家和社会这样的聚合体,因此,他可以从他的哲学框架当中发展出一套民族主义的道德准则。他宣称,个体应当认识到,在与异类的竞争当中,通过推动整个族群的进化与发展,个体也推动了他们自己的生存。①

由于宗教将一些东西置于国家之上,因此加藤反对一切宗教,他进而认为宗教最终会侵害民族主义道德准则。他拒绝了上天的概念,因为他把上天和旧政体联系在一起,认为这都是要给现代国家让路的。② 他发表于 1895 年的一篇文章,就用这些观点来批评佛教。③ 作为回应,有几位明治晚期的思想家为佛教做出辩解,试图把佛教概念、进化与道德调和在一起。在章太炎自己的进化理论成型之先,井上圆了这样的佛教哲学家就已经详细阐明了双向进化的理论——进化也可以是倒行逆施的、通往堕落的。④ 对于这种结合了进步和退步的进化,井上给出

---

① Godart, "'Philosophy' or 'Religion,'" p. 78.
② Thomas, *Reconfiguring Modernity*, p. 101.
③ Godart, "'Philosophy' or 'Religion,'" p. 84. Thomas, *Reconfiguring Modernity*, p. 106.
④ 舩山信一,《舩山信一著作集》,538 页。

了不同的称谓。

井上又把这种观念和黑格尔的概念结合起来。首先,他提出,进化所应对的仅仅是现象,它并未能企及变化的实质。因此,井上认为,尽管一般来说,我们都相信有机体来源于非有机体,意识自觉的生活来源于无意识的事物,然而这仅仅是从表象的角度来看问题。他的解释提供了佛教的和黑格尔式的隐喻。佛教的隐喻是,尽管有变化如波似浪般地袭来,然而这样的波浪都容纳在水中,而水始终是水。同样的,他引述黑格尔的现象学,指出种子生根发芽,长成大树,然而转变都蕴含在种子当中。①在《精神现象学》当中,黑格尔写道:

> 花朵开放的时候花蕾消逝,人们会说花蕾是被花朵否定了的;同样地,当结果的时候花朵又被解释为植物的一种虚假的存在形式,而果实是作为植物的真实形式出现而代替花朵的。这些形式不但彼此不同,并且互相排斥互不相容。但是,它们的流动性却使它们同时成为有机统一体的环节,它们在有机统一体中不但不互相抵触,而且彼此都同样是必要的;而正是这种同样的必要性才构成整体的生命,但对一个哲学体系的矛盾,人们并不习惯于以这样的方式去理解,同时那把握这种矛盾的意识通常也不知道把这种矛盾从其片面性中解放出来或保持其无片面性,并且不知道在看起来冲突矛盾着的形态里去认识其中相辅相成的环节。②

---

① 井上圆了,《井上圆了选集》,576-577 页。
② Hegel, *Phänomenolgie des Geistes*, p. 12.

井上接受了黑格尔的逻辑。举例来说，两人都将现象和恒定永恒的区别开来。在黑格尔的体系当中，精神是恒定的，它是无数现象变化的基础。对井上来说，实在既是永恒的，同时也支撑着转变。黑格尔认为精神"落入历史"并且被包含到一种线性进步的生活形式中去。井上则认为，进化只能用来讨论生物，并不能应用到心理、社会、道德、宗教或哲学上去。

然而，从井上的角度来说，由于精神与物质紧密地交织缠绕在一起，他的"大化"概念似乎同时涵盖了历史和自然世界。因此，他对进化的看法显然可以和黑格尔的模式彼此相容。毕竟，黑格尔的历史观念当中既有进化也有退化。只有当以往的生活形式逐渐退化，终被毁灭，新的生活形式才能兴起。此外，尽管井上一直在强调退化，他其实并不想批评国家这样的现代制度机构。井上的政治观点仅仅是唯物主义与进化世界观带来了与民族国家道德准则相对立的个人主义。因此，即使我们承认井上和晚清知识分子都不想使哲学沦为国家的工具，他们的哲学当中都含有社会道德的成分，明显地想要推进公民权利，又含蓄地认为比起之前的政治形式，国家是更为进步发展的政治共同体。[1]换言之，不论我们所要处理的是明治佛教还是晚清改革，二者对佛教的阐释都和明治国家和晚清帝国/民族国家各自的现代化进程相关联。

章太炎的佛教/道教观：作为客体的历史

与同时代人相比，章太炎的佛教历史观批判性更为激烈，也

---

[1] 参见井上圆了，《井上圆了选集》，662页。

更为悲观。我们可以对个中缘由稍加揣测。他接受佛教时所处的境遇似乎就是原因之一。20世纪的头几年,在章太炎的生命中是动荡不堪的岁月。他在狱中,肉体和精神遭受双重的折磨。邹容,他的挚友和革命同志,也瘐死狱中。如此的"边缘状态"可能触动了章太炎,促使他用佛教来超越局限,让他拷问同时代的中日知识分子看来是理所当然的概念和理论。①这些理论之中,极为重要的就是作为进步的历史。

和井上圆了一样,章太炎所创造的进化理论,把现象和深层次上作为进程的现实区别开来。然而,章太炎把这两种层次都建立在唯识佛教之上。在现象的层次上,也就是科学的层次上,章太炎创制的历史理论,就是世俗意义上的客观事件。和他新康德主义的同时代人一样,章太炎看到了客观性的重要,或许是由于他直面对抗着帝国主义的问题,因此他试图给时间和空间上的他者留出方寸之地。然而,章太炎也认识到,历史本身就牵涉着对他者的否定,他最终将要用唯识宗的种子概念来解释和否定历史的同质化运动。

在章太炎眼中,佛教是把历史当作客体来理解的一种途径。在著名的《答铁铮》②一文中,章太炎认为,唯识宗佛教是实践性的政治意识形态,他谈到唯识宗理论和科学的汇流:

> 然仆所以独尊法相者,则自有说。盖近代学术,渐趣实事求是之涂,自汉学诸公,分条析理,远非明儒所能企及。逮科学萌芽,而用心益复缜密矣。是故法相之学,于明代则

---

① Chang Hao, *Chinese Intellectuals in Crisis*, p. 120.
② 铁铮,原名雷昭性,原籍四川的革命者,他认为民族主义和无政府主义有可以调和之处。

不宜,于近代则甚适,由学术所趣然也。①

章太炎把唯识佛教和"实事求是"联系起来,这又关系到他与康有为及今文学派的论争,今文学派鼓吹历史服务于政治。章太炎援引佛学来详细阐明他对历史的立场。比如说,他在《答铁铮》中赞誉孔子,认为"孔氏之教,本以历史为宗"。在发表于1910年的《齐物论释》当中,他指出,道家源出于史官。

然而,在《齐物论释》和其他著述当中,章太炎却是用唯识佛学的概念来解释历史与时间的客观性的。换言之,他展示了所谓客观历史的条件,生成于意识的运动。从这个角度来说,章太炎对唯识佛学的解读,与康德的认识论转向很相似。在《建立宗教论》一文中,章太炎这样解释时间与空间的生成:

> 且法尘中之十二范畴者,与彼五尘尤各自独立,不必互为缘起也。若空间,则于五尘之静像有所关系矣;若时间,则于五尘之动像亦有所关系矣。②

这里,章太炎引用唯识宗的架构,通过对阿赖耶识的错误认知,生成自我与客体。

从阿赖耶识到末那识的运动,或者说自我的兴起,肇因于种子,它生成于过去种种行为的结果当中。一旦自我意识兴起,尤其是当自我意识遇到经验世界的第六识意识(参见第三章),自觉意识就产生出时间的感觉。章太炎在《齐物论释》当中对这

---

① 章太炎,《答铁铮》,370页。
② 章太炎,《建立宗教论》,199页。

一点是这样解释的：

> 即自位心证自位心，觉有见在；以自位心望前位心，觉有过去；以自位心望后位心，比知未来。是故心起即有时分，心寂即无时分。①

种子产生了时间的意识，可以看作是创造了历史的条件。种子使章太炎既可以解释并捍卫作为客体的历史的立场，又可以提出与进步进化观念迥异的见解。

对于历史的世俗概念来说，章太炎强调"实事求是"和一种历史相对主义，这种历史相对主义可以和"价值中立"以及"均等间隔的历史延续错觉"(illusion of a historical continuum with equally measured interval)这些理念联系起来。毕竟，大多数的历史分期法都会提出均等的、可测量的间隔。在《齐物论释》当中，在谈到庄子极为晦涩的一段话时，章太炎处理了历史的问题：

> 六合之外，圣人存而不论；六合之内，圣人论而不议；春秋经世先王之志，圣人议而不辩。②

章太炎通过佛学范畴来分析这段话，他指出，"六合有外，可以比量知其总相；其外何状，既无现量，无由知其别相。"因此，对于六合之外，我们对具体事件或实体没有知识，这是因为，

---

① 章太炎，《齐物论释》，10页。
② 《庄子·齐物论》。

用康德的话来说,对于这样的客体我们没有直觉。然而,对于六合之内的事物和历史来说,我们因为具有比量而可以拥有对具体事件的知识:

> 宇内事亦无限,远古之记,异域之传,有可论列,人情即异,故不平定是非也。《春秋》局在区中,而其时亦逝矣,有所藏否,祇成随俗。①

章太炎把"远古之记,异域之传"与"不平定是非"对等起来。章太炎看起来似乎是在表达一种价值中立,实则他的立场肯定了对未来与过往的他者的开放性,这种开放性意味着,人们不会把自己的观念强加给缺席的他者。它本身就是一种道德价值。②换言之,章太炎反对把所有历史都收纳于一种依照等级差异排序的叙事当中。在《齐物论释》当中,章太炎还引用了一段庄子讨论孔子的话,来说明随着时间变迁,事物也在发生变化:

> 孔子行年六十而六十化。始时所是,卒而非之。未知今之所谓是之非五十九非也。③

章太炎的解读是,这段话强调了历史特殊性的重要意义。纵观历史,价值判断变化更易,人们不能用一个时期的标准来衡量另一个时期。

---

① 章太炎,《齐物论释》,37 页。
② 关于通过康德来认识他者的空间与时间问题,参见柄谷行人,《跨越性批判》,第 2、3 章。
③ 章太炎,《齐物论释》,16 页。

> 执守一时之见,以今非古,以古非今,(或以异域非宗国,以宗国非异域者,其例观此。)此正颠倒之说。①

章太炎否定了一种反历史的价值判断。他进而比较了一种范畴上的麻木迟钝:"犹以汉律论殷民,唐格选秦吏。"②这段引文说明,章太炎的他者性概念,不仅仅是时间上,更是空间和地理上的,因此也证实了列文森关于民族特殊性的观点。1907年,当他谈到代议制政府的时候,章太炎又引用了这种从时间到空间的转换:

> 世人徒见欧洲、日本皆以立宪稍致清平,以为四海同流,中国必不能自外;是但知空间之相同,而不悟时间之相异,其亦疏缪甚矣。③

章太炎的观点是,封建制和议会制政府有相通之处,西方与日本在历史上更接近于封建制,因此更适合立宪制。④ 而另一方面,中国早在秦朝统一之后就废除了封建制,因此,在秦朝刚刚建立的公元前 220 年,议会制度或许适合中国,然而到了 20 世纪初期,这样的制度只能扰乱现有的平等实践。由此我们可以看到,章太炎虽然相信历史独特性,然而这并不意味着政治判断上的完全武断或是相对主义,因为在道德约束之外,每个民族

---

① 章太炎,《齐物论释》,16 页。
② 前引书。
③ 章太炎,《政闻社大会破坏状》,374 页。
④ 我在"The Politics of Fengjian in Late Qing and Early Republican China"一文中讨论了章太炎和其他晚清学者在这一点上的关系。

国家的特定社会条件给他的论点带来明确具体的情境。

此外,无论其表象如何,这段引文并不是要支持一种历史发展的线性模式,章太炎并不是要宣称西方国家应当追随中国的路径。实际上,章太炎入狱之后接受唯识宗佛教,此后他就再三批评进化理论。在《齐物论释》当中,章太炎写道:"顺进化者,以今非古,则诬言也。"①由此观之,章太炎似乎是否定了一切普世理论,依靠一种特定历史情境的、以民族为基础的认识论。

基于唯识宗概念的进化

尽管章太炎批评进化理论,然而他并不认为仅靠改变道德伦理的原则就可以摆脱进化。在晚清,对于康有为、梁启超等改良派来说,进化理论是一种统辖一切、概莫能外的道德伦理、形而上学世界观。康梁等人把中国历史放在进化的框架中来理解。在章太炎看来,这种道德伦理的框架其实是以根本的运动为基础的。在某种程度上,当章太炎尝试以佛学的角度来解释进化,他就先于海德格尔提出了"历史性意味着什么"这样的问题。对这个问题的回答,不能局限在碎片化的民族国家世界;章太炎的话语提出了一种超越民族界限的普世理论,进而回应了现代性的全球进程。

在发表于1906年的《俱分进化论》当中,章太炎把历史当作阿赖耶识的运动来阐释。在这篇文章中,章太炎不仅批评了进化理论家的以今非古,他还尝试着把进化作为一种双向运动,建立在唯识宗理论的种子之上。章太炎既要阐明进化

---

① 章太炎,《齐物论释》,16页。

的现象,又要证明人们误以为所谓进化就是线性进步这一错误认知。

文章开篇,章太炎就把进化思想和黑格尔联系了起来:

> 近世言进化论者,盖昉于海格尔氏。虽无进化之明文,而所谓世界之发展,即理性之发展者,进化之说,已蘖芽其间矣。达尔文、斯宾塞尔辈应用其说,一举生物现象为证,一举社会现象为证。如彼所执,终局目的,必达于尽美醇善之区,而进化论始成。①

在章太炎看来,进化理论的主要问题并不在于它们所描述的,而在于它们评估的面向。我们已经看到,章太炎批评了以今日之标准评断过往之情境,但是在他尝试以佛家的视角来解释进化的时候,他就明确提出了进化的现实:"进化之实不可非,而进化之用无所取。"②换言之,章太炎接受了进化,但是和他同时代人比起来,他对进化的接受更具批判性。譬如他说:"吾不谓进化之说非也。即索氏(索宾霍尔,今译叔本华——译注)之所谓追求者,亦未尝不可称为进化。"③

章太炎对叔本华的引述,似乎说明了他所构建的理论:历史其实是意志盲目发展的结果。章太炎承认叔本华的理论颇具吸引力,但是又提出其理论并无实际根据。相反的,章太炎相信只有佛学才能解释历史的运动。他一开始就提出一个与"历史即是进化"相悖的观念:无论历史还是进化都不是线性的,而是向

---

① 章太炎,《俱分进化论》,150 页。
② 前引书,151 页。
③ 前引书,150 页。

着两个方向运动着。"若以道德言,则善亦进化,恶亦进化;若以生计言,则乐亦进化,苦亦进化。"

章太炎指出,历史的双向动态的结构来源于种子。在唯识宗佛教当中,种子生成了现象,保存在阿赖耶识当中。在《建立宗教论》中,章太炎这样解释:

> 阿赖耶识,无始时来,有种种界,如蜀黍聚。即此种种界中,有十二范畴相,有色空相,有三世相,乃至六识种子,皆在阿赖耶识中。自有亲缘,故无起尽,亦无断绝。非如六识之缘境而起,离境而息。①

阿赖耶识就是它自己的条件,因为它主体的面向(见分)把握了它的客体面向(相分),因此在知者与被知者之间制造了分裂。与占据经验世界之中心的六识不同,阿赖耶识和种子即使在无意识的情况下依然运转;它们是认知的条件。

唯识宗对阿赖耶识的使用,完全聚焦在个人层面上,不会用来讨论社会潮流,唯识宗用种子和熏习来表明生命与重生的循环。唯识宗并没有假设一种集体的因果,它可以构成人类感官世界与交流的可能性。在章太炎看来,这一集体因果是建立在阿赖耶识之上的:"一切众生,同此真如,同此阿赖耶识。是故此识非局自体,普遍众生,唯一不二。"②

从这个角度来看,阿赖耶识中的种子不仅推动着个体重生的循环,它还推动着历史。我们可以把种子的影响理解为历史

---

① 章太炎,《建立宗教论》,208 页。
② 前引书,208 页。

性。悦家丹(Dan Lusthaus)指出,和植物一样,种子的经验来自于看不见的根,根又来自于种子。① 这些新经验反过来又播种了新种子,这样,过往、当下和未来的互动循环延续不止。

在植物的比喻之外,唯识宗还用了熏习这样嗅觉上的比喻。一件衣服上可以堆积附近的味道,人类的品性与精神活动也同样被种子的行动和经验限定着。②在唯识佛教中,种子和熏习的概念有着道德的层面,它们常常用来表现自我因混乱不清而对世间事物有所执着迷恋。悦家丹恰当地指出,从唯识宗的角度来说,客体在现象世界中是由种子生成的,这些客体"是胶片,我们欲望的电影投射其上"。③ 然而,章太炎用唯识宗的道德面向来论证作为双向动态的进化:

> 善恶何以并进?一者由熏习性。生物本性,无善无恶,而其作用,可以为善为恶。是故阿赖邪识,惟是无覆无记;无记者,即无善无恶之谓。其末那识,惟是有覆无记;至于意识,而始兼有善恶无记。④ 纯无记者,名为本有种子;杂善恶者,名为始起种子。一切生物,无不从于进化之法而行,故必不能限于无记,而必有善恶种子与之杂糅;不杂糅者,惟最初之阿米巴尔。自尔以来,由有覆故,种种善恶,渐现渐行,熏习本识,成为种子。⑤

---

① Lusthaus, *Buddhist Phenomenology*, 478 页。关于种子和历史的关联,参见 25 页和 179 页。关于植物的比喻,参见 193—94 页。
② 前引书,193 页。
③ 前引书,478 页。
④ 这里的意识指的是第六层意识,人们可以把握客体。
⑤ 章太炎,《俱分进化论》,153 页。

在这里,章太炎把唯识宗概念和线性发展的想法结合在一起,这样,过往、当下和未来种子的时间互动带来了生物物种的出现和历史变化。从阿赖耶识到第七识末那识、第六识意识的运动,其实呼应了一种进化类型。章太炎指出,阿米巴尔不会杂糅善恶种子,因此可能停留在末那识的层面上,"有覆无记"。

传统上,佛教的范畴主要用于人类,因此阿米巴尔的末那识问题并未出现。章太炎显然受到科学生物的现代话语的影响,他把进化带入到和唯识的对话中来:

> 就生理言,善恶种子,则亦祖父遗传之业识已。种子不能有善而无恶,故现行亦不能有善而无恶。生物之程度愈进而为善,为恶之力亦因以愈进。①

因此,当人类出现在自然历史中的时候,末那识的"有覆"带来了道德的意识。在唯识宗的理论当中,有覆是和末那识的四见(有身见、边见、邪见和见取见)联系在一起的。② 尽管这些词汇都是道德中立的,但是第三个词"邪见"也可以译作"邪恶的见识",因此,无法理解因果也就有了道德上的后果。从佛学的角度来说,由于无法理解事物是由因缘共生引起的,人们倾向于认为自我是独立的,并且执着于物。因此,对因果的无知启动了种子循环,而种子的循环则带动了邪恶。

章太炎认为,正是由于人们执着于自我,道德与不道德、善与恶才能并进:"二者由我慢心,③由有末那执此阿赖耶识,以为

---

① 章太炎,《俱分进化论》,153 页。
② Muller, *Digital Dictionary of Buddhism*.
③ "我慢心"指的是认为自我存在,并且认为自我是最重要的事。

自我,念念不舍,于是生四种心。"①四种心所指的是我痴、我见、我慢和我爱。章太炎关注的是从我慢心衍生出来的好胜心。他又进一步把好胜心区分为有目的之好胜和无目的之好胜。前者是"为追求五欲财产、权位、名誉而起竞争者"。② 章太炎把后一种没有物质利益的好胜心比作斗鸡、斗蟋蟀、下棋的好胜。

章太炎对好胜心的讨论,是更大的论点的一部分:欲望距离当前的客体越远,人们就越能够体验到更大的快感或痛感。换言之,据章太炎看来,人们距离对真切事物的享受越来越远,而越来越多地享受着获取事物的手段,比如金钱,比如名利:

> 土地欤?钱帛欤?高官厚禄欤?此固不可直接以求乐者,而求乐之方便,必自此始。有此而后饱暖妃匹之欲,可以无往不遂也。虽然,其始之乐此者,为间接以得饱暖妃匹之欲,其卒则遂以此为可乐,而饱暖妃匹之欲,亦或因此而牺牲之。又其甚者,则以名誉为乐,而土地钱帛、高官厚禄亦或因此而牺牲之。此其为乐,岂他动物所敢望者?③

章太炎的评论预兆了他后来在《五无论》中对金钱的批判、在《四惑论》中对社会压力的批判。这两点之间存在着内在的联系,两者所指的都是一种抽象和中介的过程,它们把人类的共同体和动物区分开来。换言之,人类发展出的能力使他们自己从食物链的直接关联中解放出来,由此可以系统地剥削其他人

---

① 章太炎,《俱分进化论》,153页。
② 前引书。
③ 前引书,152页。

类和动物界。①

章太炎所讨论的"好胜心",意味着力争达到社会目标或抽象目标,这是人类所独有的一种社会媒介。此外,阿赖耶识中最基础的错误知觉带来了好胜心和我执,同时也造成了与此相关的制度发展,这一发展有着利和弊的两面性。章太炎对国家的批判,来源于他对历史的进化模式的复杂理解。简言之,他显然相信,在人类形成国家的同时,他们为善与为恶的能力也增强了。在《五无论》中,章太炎通过引述晋朝鲍敬言的说法,解释了国家的弊端:

> 细民之争,不过小小,匹夫校力,亦何所至,无疆土之可贪,无城郭之可利,无金宝之可欲,无权柄之可竞,势不能以合徒众,威不足以驱异人,孰与王赫斯怒,陈师鞠旅,推无雠之民,攻无罪之国,僵尸则动以万计,流血则漂橹丹野。②

在他讨论进化的文章和《五无论》当中,章太炎都强调,人们往往只注意到政治发展的积极一面,但是随着国家的诞生、科技的进步、火器的发明,人类造成杀伤的能力也大大超越了前人。

章太炎在说明这些观点的时候,一直在自然/生物和政治这两种角度之间变换。也就是说,从动物到人的进化,和从原始形

---

① 章太炎注意到人类社会中的矛盾:为了追求名利,人们可能要忍受屈辱,因为社会中存在着权力的差异。这些都是进化到人类层次之后才出现的问题,我们可以说,这种抽象在现代社会中变得成体系了。
② 章太炎,《五无论》,258-59页。

态的共同体到国家的运动,都使为恶的能力增长了。

通过具体好胜心和抽象好胜心之间的差异,章太炎指出,随着有情众生的生命越来越多地以抽象为中介,他们去伤害、享乐和痛苦的能力都随之增强了。在接下来的这段话中,章太炎间接援引了康有为的"大同"和无政府主义乌托邦,指出造成政治问题的深层原因:

> 纵令地球统一,弭兵不用,其以智谋攻取者,必尤甚于畴昔。何者?杀人以刃,固不如杀人以术,与接为构,日以心斗,则驱其同类,使至于悲愤失望而死者,其数又多于战,其心又惨于战,此固虎豹所无,而人所独有也。①

在这样的思维实验中,章太炎接受了康有为和无政府主义者的逻辑和推断,认为生命已经进化到了超越国家的大同境界。他认为,如果这样的境界是由先前存在的生存领域进化而来,它必然要增长人们的好胜心和忍受煎熬的心理能力。在章太炎看来,当生命进化到人类的层次,人们已经可以"杀人以术"。他依字面意思理解了庄子所说的"日以心斗"。② 此外,通过无目的之好胜,他还强调了这一种好胜心无法分解成任何目标或物质条件。它并不依赖不平等或稀缺性,而是生成于时间发展的积淀或历史本身,并随之增长。

通过把时间发展和种子联结到一起,章太炎强调,从生物、政治和心理的角度来看,发展的善恶两条轨迹只能变得越来越

---

① 章太炎,《俱分进化论》,151 页。
② 《庄子译诂》,28 页。

第四章 现代时间性的变容：章太炎对进化历史的唯识宗批判

深重。他否定了康有为等人的看法，他们认为，只要让发展放任自流，最终会邪不侵正，善压倒恶。章太炎则认为："吾宁使之早弃斯世，而求之于视听言思之外，以济众生而灭度之。"①"灭度之"这样的词汇预示了章太炎在《五无论》中的论点，他在那篇文章中引述了涅槃，是脱离苦难，灭度的行为。

这构成了章太炎论点的基础部分，要解决国家等当代制度的诸多问题，我们不能只是攻击制度本身，而是需要把握一些更为根本的。我们需要停止和种子、好胜心、我执相关的原始动力。章太炎的观点响应了尼采，认为我们不能从根本上攻击种子的进程，历史就只能是同一的永恒重现。

在《五无论》中的"无政府"和"无聚落"以政治生活为目标。另外的"无人类"、"无众生"和"无世界"，则以消除历史的根源为目标。章太炎在讨论"无众生"的重要性时，解释了问题之所在：

> 自毛奈伦极微之物，更互相生，以至人类，名为进化，其实则一流转真如。要使一物尚存，则人类必不能断绝。新生之种，渐为原人，久更浸淫，而今之社会、今之国家又且复见。是故大士不住，涅槃常生，三恶道中，教化诸趣，令证无生，而断后有。②

众生之中有一逻辑，迫使他们不断接受着同一种压制与支配的模式。我们在章太炎发表于 1899 年的《菌说》一文中，就

---

① 章太炎，《俱分进化论》。
② 章太炎，《五无论》，259 页。

可以一窥他对进化起因的分析。在这篇文章中,他认为,有机体的进化来源于它们的志念思想,最终给物种带来了改变。在《五无论》中,章太炎延续了这一观点,他所使用的自爱和好胜心等概念,我们可以阐发为不仅对此生有影响,而且对轮回之后的进化也有影响。在章太炎经历牢狱之灾、醉心佛教典籍之后,他在措辞中皆选用因果、种子等佛教概念,这样就更加强调了一个广大的过程,而不是个人的意志。在《菌说》中,章太炎认为志念思想改变物种,是应当促进的正面事物,在《五无论》中,进化的意志则是业力因缘累积的结果,无法由个人控制;这一过程是由虚妄无知控制着的。此外,好胜心并非解决问题的办法,而是问题的一部分,进化本身必须成为无/否定的对象。

在这里,我们可以回到章太炎自己对进化的阐释和黑格尔的阐释上来。《五无论》讨论了黑格尔的理念:历史应当被理解为精神的进化,章太炎提出了自己相反的观点:历史是种子的盲目活动:

> 或窃海格尔说,有无成义,以为宇宙之目的在成,故惟合其目的者为是。夫使宇宙而无所知,则本无目的也;使宇宙而有所知,以是轻利安稳之身,而倏焉生成万物以自蠹。譬诸甘食不休,终生蛲蚘之害,其卒必且自悔,或思得芫华巴豆以下之矣。①然则宇宙目的,或正在自悔其成,何成之可乐?调御丈夫,当为宇宙之忏悔者,不当为宇宙所漂流者。"且人之在斯世也,若局形气以为言,清净染污,从吾志耳。安用效忠孝于宇宙目的为?若外形气

---

① 章太炎提到两种药材,芫华与巴豆,后者常用来排解体内毒素。

以为言,宇宙尚无,何有目的?"①

在这段话中,章太炎区分了真如的观点(一切现象都是空虚,既无运动又无进化)和世俗的观点(对历史和生成的现象必须加以证明和解释)。然而,由于章太炎认为历史是盲目的因果制造出来,而不是理性精神高奏凯歌的推进,他因此把历史的生成理解为痛苦折磨的自欺冲动。这就好比说,历史的动力是外来的寄生虫,整个宇宙想通过泻药把它清除出去。然而,由于这寄生虫是由人类的意志、自我和行动创造出来的,唯一可能奏效的泻药就是对自我的否定,对世间万物的的否定。②

由此观之,我们可以看到黑格尔和章太炎都在追寻历史的终结。然而,黑格尔所设想的历史终结,是一个目的论过程的终点,在这里,精神实现了它的目标;而在章太炎的思考当中,历史的终结是对生成了历史的这一过程的否定。黑格尔和章太炎的差别还在于对历史和时间的起点有着不同的概念。在黑格尔看来,精神落入历史,把自己外在于时间。章太炎则提出疑问:我们该怎样理解时间和历史的生成?黑格尔和章太炎都认为,在某种意义上,没有什么能外在于历史的进程。黑格尔指出,绝对

---

① 章太炎,《五无论》,264 页。
② 章太炎的五无论似乎也是进化的一种形式,从无政府到无聚落、无人类、无众生,最后到无世界。然而,并不能将之理解为普通意义上的进化,更不是章太炎及其同时代人所理解的进化。对于严复、井上圆了等人来说,进化牵涉到的必要和历史向着特定的方向移动。另一方面,我们可以说,章太炎的五无是目的论而非进化。换言之,无是目标,然而并没有一股力量催生出这样的结果。相反,实现五无之所以发生可能性,是因为众生的种子行为产生了历史必然性。某种程度上,我们可以说,章太炎是在处置一种对抗近乎必然性的自由。但问题是,这一自由的任何主体已经和种子过程牵涉在一起,因此,章太炎得到一个否定主体及其世界的矛盾结论。

知觉(absolute knowing)恰恰就是精神在历史中的自我知识,章太炎则认为历史进化实际上是"流转真如"。①

当然,章太炎自然而然要问,如果精神是完美的,它又为什么会落入历史?在《存在与时间》一书接近结尾的部分,海德格尔对黑格尔的精神落入时间做了一番相似的评论:"在存在论上,这个'落入'意味着什么,那凌驾于时间而本真地又外于时间'存在着的'精神的'实现'又意味着什么,这些都仍晦暗未彰。"②然而,海德格尔只是用同样晦暗未彰的说法替代了黑格尔的范式:"'精神'不落入时间,而是:实际生存作为沉沦的生存,从源始而本真的时间性'沦落'。"③我们可以在此发问,实际生存为什么会沉沦。换言之,海德格尔批评了黑格尔在时间与永恒之间制造出二分法,但是他自己的立场仅仅是描述了所谓沉沦或日常时间性的出现以及对作为主体和客体的存在的阐释,而并未加以解释。对章太炎来说,历史、时间和进化的基础,是无明和阿赖耶识中的种子。换言之,章太炎认为,历史、时间和进化都是对阿赖耶识的错误认知,这正是人类存在的基础。④因此,黑格尔鼓吹一种自我实现,章太炎则强调自我否定和作为历史终结的历史的否定。当然,这些差异,也在哲学上造成了他

---

① 章太炎,《五无论》,259页。
② 海德格尔,《存在与时间》,492页。
③ 前引书。
④ 当然,有人会说海德格尔式的问题困扰了章太炎对于唯识宗的解释,因为你可以问为何末那识误认了阿赖耶识。唯识宗的解释是因为过去的因果种子的影响,因此,从某种意义上说,唯识宗是用历史来解释历史的出现。因为误认的问题或者阿赖耶识的运动只能够发生在运动和时间存在的世俗层面,因此唯识宗假设一种绝对过去来解释因果意识的出现,即一种代表了从非时间的阿赖耶识中生产时间的运动。你必须承认,这种对本真时间性与非本真时间性的海德格尔式区分的解释,也是可能的。

们对现代性制度(比如国家)的不同看法。

结 论

我们看到,章太炎用佛教构建了一个历史的双重理论。一方面,他认为,唯识宗在时间和空间上的他者性,以及它对历史中的客观性的强调,都是现代的、有价值的。就客观性来说,章太炎援引了一个抽象时间的世界,它又带来一个主体和客体的世界。在这一场域里,他试图通过确定价值范围的限度,来为他者划分出一片空间。而另一方面,他也意识到,把他者纳入进化叙事的做法,根植于更深层次的进程中。章太炎试图利用唯识宗的概念来解释历史的运动和世界的生成,最终寻求对世界和历史的否定。

然而,对于其目标来说,章太炎对历史的批判并不适切。这就把我们带回到马克思眼中的历史问题上来。与黑格尔不同,马克思并不认为历史中存在着一个超历史的主体,而是认为现代历史的运动和资本的内在动力链接在一起。因此,资本就是历史的主体,马克思的目标是要否定这个主体,而不是实现它。黑格尔等德国唯心主义哲学家展示了一个乐观的历史叙事,其基础是把具体于特定历史情境的资本主义扩大到整个历史当中去。从叔本华和尼采开始,就有一股潮流反对黑格尔式的乐观。章太炎追随了这股潮流,发展出盲目冲动的叙事。章太炎认为黑格尔的精神代表了一种真实现象,他明确表示,他并不是简单地否定进化的事实。章太炎试图把进化的现象建立在和人类行为相关联的根本动力之上,他所创造的进化叙事是以万事万物的种子无明为基础的。他试图否定这一动力,并提出,这里牵涉着对存在和一切众生的否定。和叔本华一样,章太炎的目标是克服和资本主义现代性联系在一起的盲目冲动。

在实际的层面上,章太炎并未赢得许多追随者,他也常常受到同时代革命者的嘲讽。我们或许可以认为,他对资本主义现代性的批判是失败的。然而,回顾20世纪的革命历史,我们所缺少的恰恰就是章太炎这种对现代性的悲观观点和他对历史的整体性批判。大部分所谓的五四知识分子都投入到一种历史的进化观当中去,这其中也包括马克思主义的划分为具体阶段的历史进化观。受限于这种框架,中国马克思主义者无法看到他们颂扬的诸如线性时间等等理念,其实和他们所要推翻的资本主义生产模式息息相关。章太炎并不认为资本主义是进化历史的基础,他通过一些佛教范畴提出了对进化的整体性批判,既是主体又是客体。阿赖耶识所代表的人类实践同时构成了主体和客体的世界,章太炎的著作指出了一个根本性的洞见:对世界的改变,同时包含了主体性和客体性的转变。这种对进化思想的根本性批判,也许正是想象不同未来的起点。

第五章 道家"齐物"对抗"公理"：章太炎对晚清政治理论的批评

在上一章里，我们已经看到章太炎是如何从佛家的思想视角评价了进化史观，并否定了佛家的因果轮回（karmic processes），因为后者无疑能够产生"进化"。在这一章里，我们将看到章太炎是如何从他独特的佛/道视角出发，发出了对政治机构（political institution）和意识形态的批评。尽管已有一些学者讨论过章太炎的佛家和道家思想，但他们通常忽略了以下两点：其一，章太炎对佛道思想的援引是如何以伴随着全球资本主义现代性而来的重大转型为前提的；其二，他又是如何在佛家思想的框架中试图解释以及抵消这一体系中的各个方面的。章太炎的文章并不包含对现代性进行分期的工作，而是借用古代中国的思想元素对"公理"和"社会"的概念进行批评，这两个概念无疑随着中国进入全球资本主义民族国家体系而显耀一时。通过这种批评，以及对道家哲人庄子的解读，章太炎为我们指示了一个替代性的，"不齐而齐"的世界（an alternative world of equalization as difference）。

我们可以将章太炎的"齐"视为一种对一个在 20 世纪初的

中国变得日益风行的抽象原则和势力所统治的世界的抵抗。其时，无论是国家建设和经济发展的鼓吹者，还是无政府主义者，都借助"公理"之说来为自己的主张正名。拥有截然不同的政治目标的两队人马，却都一致助推这一原则，或直接在各自的立论中使用。这一事实表明，"公理"之说已然具有了一种指向更为宏大的历史进程的话语霸权。这一话语霸权包含以下三个因素的合力：新儒家的概念遗产，在全球弥散的现代哲学话语，以及全球资本主义民族国家体系所显示的具体生动的"力量"。章太炎是这一历史时期最为透彻的批评家之一，他在1906-1910年(通常被称为他的"《民报》时期")也写下了大量的论文以对改革派和无政府主义者双方的意识形态作出回应。

如我们在之前的章节所讨论过的，章太炎通过融合德国唯心主义和佛家思想对他的同代人进行了哲学批评。我在导言中论证说，日本和中国的思想家们致力于德国唯心主义和佛家思想的沟通对话，这一尝试表明了一种跨语际实践的复杂形式。① 资本主义和民族主义的全球流动(dynamics)为跨语际实践之可能提供了抽象前提(abstract conditions)，但是明治日本和晚清中国的话语生产条件却并不相同。而章太炎作为身处明治日本的晚清知识分子，无疑深受两种语境的影响。明治时期的日本社会更深入地被吸纳于全球民族国家体系之中，因而我们可以说，在明治日本，资本的抽象动力学(abstract dynamics)，包括商品形式和抽象劳动力在内，都比在晚清中国更为普遍。然而，考虑到这种流动的全球性维度，晚清中国社会毫无疑问也受到影响。晚清中国乃是一个处在逐渐进入全球资本主义体系这一进程中

---

① 参见刘禾，《跨语际实践》。

第五章 道家"齐物"对抗"公理"：章太炎对晚清政治理论的批评　　*189*

的大帝国。因此不难理解晚清的社会精英和官僚们在当时极尽所能地为一种基于物化(reification)和科学理性的政治制度(regime)铺平意识形态及机构建设的前提。"公理"的概念正是这一宏大计划的一部分，而从独特的佛家视角出发的章太炎则是当时少数几位能够对这一概念进行透彻批评的知识分子之一。

　　因此我们可以说，晚清时期的思想文化，包括那种风云变幻的激进文化(章太炎也是其一份子)，其典型特征在于那种面对制度(institutions)和历史的乐观主义色彩。在这个意义上，晚清知识分子像康德和黑格尔一样相信，历史在朝着进步的方向前行。在某种程度上，晚清知识分子也同德国唯心主义者一样，分享了那种将主体和客体的经验世界构筑在一些原初性的本体论统一体(ontological unity)之上的想法。章太炎也有某种类似的思想倾向，但正如我们在前面的章节里看到的，他并不接受那种生发于某种本源(ontological resource)的发展过程，他试图去做的是消除存在的运动(movement of existence)。

　　在这一章里，我们将看到章太炎通过攻击"公理"的概念继续保持着上述的否定性姿态，而"公理"的概念在晚清则包含了"进化"、"自然与科学之法"以及"伦理标准"的观念。"公理"的这些复杂多样而通常又相互勾连的概念化身将差异与个别性置于同质化的原则之下。在这个意义上，"公理"显示了交换价值的逻辑，这种逻辑将原本无法相互衡量的个体放置在同一的度量标准之下。"公理"的确又与"平等"的概念密切相关，而后者则在晚清变得十分重要。

　　章太炎对"公理"的批评是与他构想一种"齐"的世界的尝试相关的。在表述这个世界时，章太炎援引了传统思想，并试图将语言本身推到其极限以表达一种能够逃逸出种种概念范畴的理想形式。因此,想要理解章太炎的范式中的"平等"(equality),就必须深入到他那些试图通过并置古旧的中文字词和现代西方哲学以产生新的意义(考虑到章太炎这一计划中的佛/道维度,不如说是确定的无意义)的篇目中去。然而,先抛开章太炎关于"齐"的哲学那难以把握的本质不谈,它仍是一种对于诸如国家、帝国主义等具体问题的回应。章太炎通过并置古今,对诸如"公理"等霸权性概念及文明/野蛮的对立区分进行了去中心化,章认为后者乃是国家控制(state domination)和帝国主义侵略的根源。

使得章太炎这种奇特的并置成为可能的部分原因在于,晚清话语在中国思想转型这一背景下呈现出来的含混性。尽管晚清中国可以被描述为开始了西方化进程,并且晚清社会也的确显示出了进入世界政治经济体系的迹象,知识分子们却一如既往地试图通过使用或重新阐释本土的概念范畴以对这些改变作出解释。因此,尽管我们可以说晚清的"公理"概念表达了一种与晚清国家和社会建设相联系的新的概念结构,晚清的知识分子们却是用古代的经典哲学意义重新勾画了这些概念范畴。考虑到"公理"这一概念的杂交性哲学结构,章太炎通过梳理这一概念本身的历史来对其进行批评。为了帮助我们更好地理解晚清思想的杂交性,我从对"公理"概念的系谱学研究入手,接着简要地考察"理"在帝制时代的中国所经历的内涵转化。接着我将探讨国家导向的改革派和乌托邦导向的无政府主义者如何援引"公理"概念并使之成为各自理论中的紧要部分。为平衡本章,我将以章太炎的"齐"为线索考查他对国家和"公理"的批评。

"天理"和"平等"在帝制时代的中国

章太炎受佛/道思想启发的政治和宇宙理论是对晚清改革派的"公理"概念的回应。"公理"这个概念跟它在宋朝的对应物"天理"有着复杂的关系。"公理"的这一表面上的"前身"之所以重要,是因为尽管人们通常将儒家思想视为"平等"和现代性的天敌,宋朝儒学的"天理"概念被认为已经预先展示了那些被后来的思想家称为科学和道德普世法则中的某些方面。在这一节,我们将梳理"理"和"天理"概念直至宋朝的发生演化史。

"理"这个字并未出现在儒家经典《论语》和道家经典《道德经》中。在战国时代中期(公元前475—前221年)和汉朝时期,"理"的概念被优先解释为隐含着"分"的含义。"理"这个字眼最初是指"玉石上的纹路",①但是韩非子(公元前280—前233年)在他对老子的解读中这样解释为何"理"这个概念隐含着"分":"凡理者,方圆短长粗靡坚脆之分也。"②简而言之,在秦朝(公元前221—前206年)以前,每一个个别事物都有其自身的规律,换句话说,并不存在什么凌驾于一切事物之上的"天理"。

我们可以通过认识先秦儒家思想(其目标在于复兴"三代"的礼乐秩序)的非形而上学特质来解释"天理"的缺席。例如,在孔子看来,周朝的礼乐文明体系是达到天人和谐的不二法门,

---

① Zhang Dainian, *Key Concepts in Chinese Philosophy*, p. 26.
② 前引书,30页。

因此,他的政治蓝图包含着对礼乐体系的复兴。"三代"的政治结构包含一种称之为"封建"(在英文中通常被翻译为 feudalism①)的去中心化的政府体系。"天理"概念在宋朝,以及"公理"概念在 19 世纪末 20 世纪初的出现,却牵涉着对"三代"理想从各自历史现实中的抽离。② 尽管宋朝"天理"概念的倡导者们都是儒士,他们却在规划自己的概念时借用了非儒家的,特别是道家的思想传统。庄子及其在宋朝(265-420)的阐释者郭象(?-312)对我们的讨论尤为重要,因为庄子和郭象关于"理"的讨论直接启发了宋朝儒士的"天理"观念和晚清"公理"中对这一概念的延伸,以及章太炎从"不齐而齐"的观念出发对晚清改革派们进行的批评。

"天理"一词出现在《庄子》一书中,并且在某种程度上成为宋代儒学中"天理"概念的先声。庄子写道:"去知与故,循天之理。"③汪晖认为,对庄子来说,"理"是"一种普遍主义的原理,而不是关于任何具体事物的知识"。④ 我们也在其他篇章中看到《庄子》使用了"大理"这样的类似概念:

> 夏虫不可以语于冰者,笃于时也;曲士不可以语于道者,束于教也。今尔出于崖涘,观于大海,乃知尔丑,尔将可与语大理矣。⑤

---

① 现有一种逐渐形成的共识,即不可用英文单词 feudalism 来描述早期中国的事实。见 Li Feng," 'Feudalism' and Western Zhou China"。
② 晚清可能为我们提供了知识分子使用"三代"概念的特殊案例,因为他们声称"三代"乃是一种理想政治的化身。
③ 引自汪晖,《现代中国思想的兴起》,第 1 卷,189 页。
④ 前引书。
⑤ 《庄子译诂》,307 页。

《庄子·秋水》一篇的主题是,人与动物一样皆受困于自身的视野,因此无法理解他人。由此我们可以认为,"大理"是指一种超越个别原则之上的统摄性原则。然而,这种解释当然不是唯一的解释。上述《秋水》篇中的引文论述了"道"与"大理"的相互关联。而引自《则阳》篇中的下文将使我们看到《庄子》文本中的含混性:"万物殊理,道不私,故无名。无名故无为,无为而无不为。"①这样的篇章在《庄子》学者们中引发了争论,即"大理"究竟是独立于特殊原则之外,还是仅仅是对这些特殊原则的集合。

郭象开创并推广了一种强调特殊性的解释。郭象对《庄子》的注解将"天理"概念置于整部经典的中心,并强调说世间万物自有其独特逻辑。郭象的"天理"概念认为,由于事物创造了其自身("自生"),所以事物的起源就应该是"自然而然"。②

对现代读者来说,郭象的话看起来像是对自由和平等的推崇。然而,我们必须在其与晋朝政治的关系中来理解郭象的哲学。曹魏时期(220—266年)的中国,帝国体系支离破碎,中央势力和士族门阀共享政权。简而言之,依照汉学家陈燕谷的说法,通过宣称万物"自生"且皆具合法性,郭象让士族门阀和中央政权达成平衡,也就在事实上提高了前者的地位。③

处在晋朝的政治动荡中,郭象无心关注平等或个体性(individuality)。尽管如此,晚清的章太炎却能够借用郭象的思考来

---

① Zhang Dainian, *Key Concepts in Chinese Philosophy*, p. 29.
② 汪晖,《现代中国思想的兴起》,第1卷,198页。
③ 参见陈燕谷,《没有终极实在的本体论》;户川芳郎 Togawa Yoshio, "Kakusho no seiji to sono Soji chu"; Brook Ziporyn 在 *The Penumbra Unbound* 一书中对郭象进行了非常哲学化的处理。

构造他的一个核心概念——不齐而齐。然而,郭象的思想对于站在章太炎的敌对立场的"公理"之说同样有着建设性的意义。我们已经看到郭象是如何使用这一概念的,即其既独立于个别逻辑之外,又并未形成其自身的逻辑。从四分五裂的晋朝到中央集权的宋朝这一历史变化不该束缚住我们,但是造成郭象对"天理"的解读与宋朝儒士对其解读间差异的原因正在于这种政治体制的变化。

宋朝儒士对于那些发生在唐宋易代之后的变化转型保持批判态度,但是他们的形而上学世界观却戏仿了他们身处的国家的抽象本质。这就是说,正如宋朝实行的地方检察制度横扫了与世袭权力相关的"封建"残余,如今的"天理"概念则代表一种从经验世界中抽象出的原则。"天理"一词很难定义,汪晖对这个词进行了如下的梳理:

> 天理概念由天和理综合而成:天表达了理的至高地位和本体论根据,理则暗示了宇宙万物之成为宇宙万物的根据。天与理的合成词取代了天、帝、道或天道等范畴在传统宇宙论、天命论和道德论中的至高地位,从而为将儒学的各种范畴和概念组织在以天理为中心的关系之中奠定了前提。①

根据这种解读(事实上也反映在郭象对道家经典的注解中),所谓"天理"指的是自我创造。但是对于宋朝儒士来说,它同样也是一种先验的原则。汪晖这样解释:

---

① 汪晖,《现代中国思想的兴起》,第 1 卷,111–112 页。

> 天理概念的确立标志着伦理道德必须以一种先验的理为根据和标准……(它)不是具体的制度、礼仪和伦理,而是抽象而遍在的"理",构成了道德的源泉和最高标准。①

这种统摄性的先验的原则是在唐宋转型之际复杂的关系中出现的。"天理"与礼乐,或者说是与经验事物之间的联系被打断了。因此就像庄子的"道"一样,它不再偏顾任何一种事物。

"天理"与我们所说的"平等"的概念之间的关系是复杂的。一方面,宋朝儒士们仍然将其与等级关系联系起来。② 另一方面,他们同样援引"天理"概念,并通过他们对儒学理论的重新阐释来试图解决伴随着宋朝政治经济转型而来的不平等问题。宋朝的儒士,像朱熹(1130-1200)和胡宏(1105-1155),就使用抽象的"天理"概念和他们对"三代"古典理想的重新解读,来批评在他们看来当时社会的核心问题,例如土地所有的不平等。③ 例如,胡宏就把"封建"解释为顺应"天理",并声称这则要求实行"均田"。④

"天理"的升华:晚清的"公理"概念

宋朝标志着中国政治史和思想史的转折。尽管这一切并不

---

① 前引书,209 页。
② 余英时和其他学者解释说,由于文官在宋朝逐渐开始担任治理的责任,其角色的重要性有所增加,因此他们对于等级关系有着不同的理解。换句话说,他们之间是存在着平等的。
③ 关于朱熹和其他人如何具体进行操作,则需要对宋朝的历史概念进行更深入的讨论。见汪晖,《现代中国思想的兴起》,第 1 卷,231-234 页。
④ 前引书,231 页。

容易分辨,因为无论是宋朝的儒士,还是其后代的批评者们的思考都是被一种理想化了的过去所塑造的,而这恰好也是战国时代思想家们的情况。然而,时至宋朝,复归"三代"的礼乐体系和"封建"制度已经变得难以想象。因此宋朝的思想者们接受了这一与过去的断裂并致力于想象一种未来的新体系,一种能够通过在"天理"框架中重新援引经典儒学概念而克服当下问题的体系。这种思想结构一直延续到了晚清。

尽管宋朝已降的历代思想家们,特别是清朝(1644-1911)思想家们对宋朝儒士及其"天理"概念保持批判态度,清朝的思想家们却同样被利用儒家经典来构想新的体制以回应现实问题这一规划所吸引。宋朝的"天理"概念既使得当下作为一种历史现象获得了认可,同时也从道德视角对历史机制(historical institutions)进行了批评。① 之后各朝的思想家们也接受历史必要性,但是"天理"和宋朝儒学总体上是被如清朝这样的后世王朝所吸纳了,因此这个概念也就相应地失去了其批判政府的道德力量,而开始与压制相关联。因此,被晚清民初的改革派和革命派所共同拥护的清中叶学者戴震(1724-1777年),就抨击了"天理"概念并支持一种更倾向特殊性论的解读。②

从"天理"概念生成的宋朝,到其受到抨击的清朝初叶及中叶,这整个时间段存在着一种思想史上的延续性:清中叶的思想家们所攻击的并非儒家思想本身,而无非是其特定的宋朝版本。然而,在中国逐渐进入全球资本主义民族国家体系的20世纪初,一种新的逻辑却出现了。众所周知,中国从一个并无明确边

---

① 汪晖,《中国现代思想的兴起》,第1卷,234页。
② 关于戴震和章太炎的关系的论述,见石井刚(Ishi Tsuyoshi),"Daishin tetsugaku wo meguru shisoshi"。

界的多民族大帝国,逐渐成为全球体系中与其他形式等同的国家并无二致的成员之一。因此,中国从一个或多或少自我封闭、自给自足的帝国转型为民族国家,并因此需要"他者",也即整个全球体系,来确认自己的存在。①

这种转型在国家内部的具体体现包括一种新型"国民"(citizens)的诞生,这些国民同样在形式上等同(formally equal),需要国家的认同,并被训诫与民族进行认同。汪晖这样描述这种"国民"新范畴,以及随之而来的"人民"集合体和社会、政治转型:

> 人民的形成需要以法的形式将个人从族群的、地域的和宗法的关系中抽象或分离出来,并建构成为形式平等的国家公民,后者以个人的或集体的形式参与到国家主权的活动之中。这一政治过程同样伴随着工业的发展、都市的扩张、货币权力的增长、行业性社会组织的形成,以及市场体制的建立等等……②

这样,在晚清中国,人的平等,以及普遍意义上的平等都不可避免地与疆域化(territorialization)、民族国家建设以及资本主义扩张的全球进程联系在了一起。这些进程都牵涉伴随着大型官僚机构的发展、一种现代法律体系和为交换而生的商品世界

---

① 前民族国家的中国之身份是一个复杂的话题,因为对于如何在朝贡体系中建构中国之身份有着多种意见相左的叙述。对此的一种分析,见滨下武志(Hamashita Takeshi),"Choko shisutemu to kindai Ajia"。
② 汪晖,《中国现代思想的兴起》,第4卷,1399页。

而来的某种程度的形式理性(formal rationality)。① 这些既可以在国家层面、又可以在全球层面理解的进程,是包括章太炎在内的晚清思想家们在建构自己的政治思想时所面临的。换句话说,晚清的知识分子用"平等"及其相关概念来将自己身处的世界合理化,并且分别在全球与本土、集体与个人的层面上来构想自己的政治理想。

集体与个人的对立在资本主义和民族国家体系的时代变得异常凸出。中国的历史条件先天地支持集体这一面向。当现代早期的西方政治理论家们将社会与国家视为相对立的领域(其中前者包括了个人行为的领域),在中国,改革派和清政府则将地方的各种群体视为对加强国家起着关键作用。② 晚清知识分子,尤其是康有为、严复和梁启超,都把英文单词"society"与文言词"群"联系在一起。"群"是一个可以指称"群体"、"社会"或"国家"的模棱两可的词,这也同时暗示了这三个范畴在晚清时期的密切关系。

因此,简而言之,地方群体、社会以及国家三者间的相互关联,等于是在理论的层面对应着国家权力通过地方组织和群体进行扩张这一制度化进程。清政府起初对 1898 年改革派要求

---

① 当然,帝制时代的中国拥有极为庞大的官僚体系,但是我们必须意识到这两种官僚体系有着本质的不同,因为它们遵循着截然不同的逻辑。我们甚至很难说前现代的中国官僚体系遵循着某种特定的逻辑,但是马克斯·韦伯视其为是区别于现代理性官僚体系的"非理性的"、"父权制"的官僚体系。人们可能会对韦伯的描述产生异议,但是他的核心观点还是十分重要的,即随着进入现代,一种质量分明的逻辑(a qualitatively distinct logic)产生了。正如我在导言一章提到的,我还想说,这种质量分明的理性化的形式是与资本主义的全球扩散相联系的。关于更早的对于韦伯论中国的讨论,见 Van Der Sprenkel,"Max Weber on China"。

② 观点引自汪晖,《现代中国思想的兴起》,第 3 卷,840 页。

将权力下移到地方的"变法"要求充满敌意。然而到了1900年代初,清政府实施了所谓的"新政"政策,后者在很大程度上吸纳了之前改革者们的要求。在他的《文化、权力和国家》一书中,杜赞奇(Prasenjit Duara)为我们展示了在晚清,通过顺应这些改革,国家是如何渗透社会的。他将晚清政府的"新政"政策描述为"中国版的国家强化计划——与现代化和民族国家建设的目的相互交织"。① 他评论道,"无论是中央的还是地方的政治制度都显得顺从于国家权力在地方的行政扩张……无论他们的目标是什么,他们想当然地认为这些新的行政安排是他们触及乡村共同体的最便捷途径。"②

这个进程当然影响了晚清知识分子对个人主义的理解,以及他们对由平等个人之集合而成的社会的想象图景。由于晚清知识分子所迫切关注的是如何让中国从古老的帝国转型为民族国家,而不是如何排斥国家以保卫个人和阶级的自治权,所以他们往往将个人的解放视为一种强化国家的方式。晚清关于个人的概念往往总是跟某种关于共同体的叙述联系在一起,无论是地方共同体、民族共同体,还是无政府主义者所强调的国际共同体。

为了既能推崇个体性,而与此同时又能在集体的层面将之克服,绝大多数的晚晴知识分子纷纷向宋朝儒士们挥手致意并向他们援引了一条抽象原则,即"公理"——他们将其与共同体联系起来。在政治思想界,对"公理"的引用俯拾皆是。处在一端的改革派们如康有为、梁启超和严复使用"公理"概念以期在

---

① 杜赞奇,《文化、权力和国家》,2页。
② 前引书,3页。

清廷统治下推动改革,而处在另一端的无政府主义者们则同样用这个概念来呼吁推翻所有的国家机器。"公理"一词与"天理"一词共享着"理"这同一个汉字,同时,也像"天理"这一宋朝祖先一样,同时具有认知论/本体论,以及伦理/政治的面向。"公理"中的"公"一字,既指普遍性,如科学公理,又指公众、共同体,特别是指如民族国家这样的政治共同体。

  在晚清时期变得十分流行的"公理"一词是从旧时沿袭下来的,而且与旧时有着相似的含义。例如,《三国志》(3 世纪)中的《张温传》将"公理"与"私情"对举,这已经表明"公理"是指"人们公认的正确原则"。① "公理"一词的含义在 19 世纪末 20 世纪初被再度确认了,当时人们在科学语境中用"理"一字来翻译英文"principle"。

  梁启超在撰写《近世史之母》以及关于弗朗西斯·培根(Francis Bacon)、勒奈·笛卡尔(Rene Descartes)的文章时明确表示了"公理"和科学的联系。梁启超认为培根传播了科学的理论("格物之说"),宣称"真理需得到试验的证明",而笛卡尔则强调穷尽原则(exhausting principles)的理论("穷理之说")。② 在解释与培根和笛卡尔有关的现代科学方法时,梁启超使用了从宋朝儒学中借来的"格物"和"穷理"这样的词汇。

  "公理"既与道德和政治哲学相关,同时也与科学相关。"公理"被使用在各种复合表达中,像是"科学公理"或"进化公理",但是在一般意义上,它的含义类似于卢卡奇所描述的现代理性主义。"现代理性主义的新奇之处在于其日渐肯定地宣称

---

① 《汉语大词典》,第 2 卷,第 70 页。这个定义及举例是《现代汉语大词典》中"公理"的第一个定义中的部分。
② 梁启超,《论学术之势力左右世界》,217 页。

自己发现了能将人类在自然与社会中遇到的一切问题一网打尽的原则。"①因此,卢卡奇描述说,现代时期的哲学倾向就是,在形式、数学、理性的知识,与普遍意义上的知识及"我们"的知识之间划上等号。② 从科学的视角出发,在"公理"面前一切都是平等的;它是一个抽象的标准,同时也是一个所有事物都必须遵从的形而上学准则。因此,正像宋朝儒士们不得不将"天理"跟儒家的群体观联系在一起,推崇"公理"一说的晚清改革派也需要面对"公理"所隐含的广阔无垠与民族国家的相对局限的本质之间的悖论。章太炎和无政府主义者将会利用这一悖论。

此外,尽管"公理"本身包含了一种道德的要求,晚清知识分子们逐渐意识到作为科学原则的"公理"和作为伦理原则的"公理"之间存在着裂隙,因此,像宋朝儒士一样(只是需要在一种更大的程度上),他们不得不在"公理"的科学面向,或者说是物质世界那看起来非道德(amoral)的运动中重新注入伦理观念。早在1886年,康有为就将儒家理想与宇宙的科学原则联系在了一起。在《康子内篇》中,他提出,仁、义、礼天地皆有,不独人类,并说礼是"物之必然"。③ 康有为的弟子樊锥(1872—1906)以一种继续强调伦理的方式将"天理"与平等勾连了起来:

> 天之于生,无非一也。一也者,公理焉;公理也者,平

---

① 卢卡奇,引自《历史与阶级意识》,德文版第290页,英文版第113页。
② 前引书,德文版第289页,英文版第112页。见 Feenberg, "Lukacs, Marx, and the Sources of Critical Theory", 102。
③ 《康有为全集》,第1卷,191—192页。引自汪晖,《现代中国思想的兴起》,第1卷,249页。

等焉。……一切出于天,则一切无非天焉,进之则无量天亦平等焉。①

在第二章里,我们已经看到康有为是如何将"公理"与平等跟历史联系起来的,并且创造了一种历史变化的进化论模式。梁启超继承了这一观点,他写道:"上下千岁,无时不变,无事不变,公理有固然,非夫人之为也。"②但是变化并非没有规律。许多晚清知识分子把"公理"与变化的结合视为社会进化的等价物。因此,严复才会提到"进化之公例"。③

康有为、严复和梁启超用"公理"和进化来使国家合法化。然而,当严复和梁启超试图在国家内部调和他们的理想时,康有为却更进一步,认为只有当整个世界进化为一个没有国界划分的平等社会时,"公理"才能得到实现。他说:

> 夫大同太平之世,人类平等,人类大同,此固公理也。然物之不齐,物之情也。……非然者,虽强以国律,迫以均势,率以公理,亦有不能行者焉。④

在解释获得这种平等所需的条件时,康有为表明他的理想中包含了对差异的消除:

---

① 引自王尔敏,《晚清政治思想史论》,228 页。原出处为《湘报类纂甲集上》38—39 页。
② 梁启超,《变法通议自序》,1 页。
③ 见严复对赫胥黎《天演论》的评注,《天演论·序与案语》。严复使用了"例"这个汉字来表示"principle",这个汉字通常表示事例,但是在这个语境中,我认为"公例"二字即表示"公理"。
④ 康有为,《大同书》,145 页,引自汪晖,《现代中国思想的兴起》,第 2 卷,771 页。

> 夫欲合人类于太平大同,必自人类之形状、体格相同始,苟形状、体格既不同,则礼节、事业、亲爱自不能同。夫欲合形状、体格绝不相同而变之使同,舍男女交合之法,无能变之者矣。①

一些晚清知识分子将平等的概念视作文明区别于野蛮的标志。康有为在规划自己的政治愿景时将儒家思想与进化论结合在了一起。而晚些时候的改革派,在将抽象的"天理"、平等和历史勾连起来时,则更直接地引用如黑格尔这样的理论家。例如,在1905年的《清议报》(由梁启超在日本进行编辑)上,康、梁的同仁蒋观云发表了《平等说与中国旧伦理之冲突》一文,该文在明确的黑格尔哲学框架中复述了康有为的观点:

> 自海盖尔(Hegel,亦作黑智儿、比圭黎)之言伦理也,本于其哲学所定形而上之理,以世界为一大精神之发现,而个人者不过此一大精神中之小部分,个人精神之发达,无非为一大精神发展之阶段,故凡所谓国家、社会、历史等,均非以发达个人为目的,而惟合以发达世界之一大精神云尔。从海盖尔氏之说,则世界万有实为平等一如,视有差别,其实并无差别。……凡社会主义、世界主义以平等为道德之根据者,皆可由海盖尔之说演绎而出者也。②

尽管这篇论文的部分目的是要颂扬平等,像康有为一样,某

---

① 康有为,《大同书》,145–146页。
② 张枏、王忍之编,《辛亥革命前十年间时论选集》,第2卷,第一部分,21页。

种程度上也像黑格尔一样，蒋观云也用"平等"的概念来将那种区别文明/愚昧、智慧/愚蠢的偏颇的不平等性给合理化了。他把平等与文明联系在一起："国愈文明，其要求平等之心愈切；而蛮野之国反是。"①正如我们看到的，平等是进化的结果，因此，为了获得平等，人们就必须去支持进化，而进化却往往包含着不平等。"至是而果欲平等，势不能不夺智者勤者之所有，而以与之愚者惰者，其结果反能使人人安于愚惰，而世界且因而退化。于是言平等者，不能不分为两个之阶级。"②换句话说，在蒋观云看来，为了获得呼应世界之进化的平等，人们必须保证聪明和勤奋的人要比愚蠢和懒惰的人更为富有。只有这样，那些愚蠢和懒惰的人才会有动力去改变，从而最终推动世界的进化。尽管蒋观云没有直接使用种族的范畴，他却复制了康有为关于种族的逻辑，因为在他看来，最终只有当全部人类都变得同样的智慧及勤劳时，平等才有可能实现。

章太炎1906—1911年写作的目的之一，恰恰就是要批判严复、梁启超、康有为及其追随者思考中关于"天理"的两点特征。其一，改革派将"天理"与国家和社会建设相勾连，这样就要求一种走向集体的牺牲。其二，他们求助于"天理"以对通过进化来消除差异进行合法化。既然进化是不受人力控制的（除了康有为那种极不现实的"选择式交配"方案带来的可能性），那么接受改革者们的"天理"构想就意味着拒斥进化。

这种对革命的偏离也是对特殊性的消除的一部分，因为它过分强调进化的普遍原则而忽略了人类的作用。当改革派们用

---

① 张枬、王忍之编，《辛亥革命前十年间时论选集》，第2卷，第一部分，22页。
② 前引书，23页。

"公理"来抵制革命时,他们忽略了,或者说他们破坏了具体的人之主体性的潜力。章太炎将这种差异与特殊性的消除视为区别文明与野蛮的必然结果,这种区别也同伴随着"公理"的科学世界观相联系。简而言之,章太炎认为尽管"公理"表面上助推了"平等",实际上它却使文明与野蛮、科学与愚昧之间的区别永恒化了,它反而生产出了不平等。章太炎在梁启超身上看到了一种利用文明与"公理"来将歧视合法化的典型事例——后者甚至支持美国对黑人的种族压迫。① 正如我们即将在本章结尾看到的,为了抵制这种思想,章太炎设想了一个超越了"公理"带来的同质化倾向的世界。换句话说,对野蛮与文明进行区别是建立在这样一个预设之上的,即文明的标准是对一切人都同样有效的。这是一种试图将他者纳入"等同"之逻辑的尝试。

在晚清时期,"公理"以及文明/野蛮区别的观念绝不仅仅局限于改革派,事实上,它已经成为了霸权性的观念。例如在第二章,我们就在邹容有关革命的论著中碰到了"公理"一词,而章太炎本人则十分推崇该书,并为该书撰写了序言。② 章太炎在写给康有为的回应中也用到了"公理"一词,后者在当时认为中国人还没有做好革命的准备,因为中国人还并不理解所谓"公理"。章太炎反驳道:"然则公理之未明,即以革命明之。"③ 但是我们能够看到,在1903年,章太炎即使愿意接受"公理"概念,他仍然坚信人之作用强于所谓"公理"。在晚年,他将更具

---

① 见康有为,《大同书》,145页。
② 邹容写道,"革命者,天演之公例也;……革命者,由野蛮而进文明者也。"见《革命军》。
③ 章太炎,《驳康有为论革命书》,《章太炎全集》,178页。

批判性地剖析个人与"公理"的关系。

章太炎与东京的激进政治文化

在之前的章节,我们已经触及了章太炎是如何在被囚期间与佛家思想产生了深刻的关系,并于 1906 年出狱之际前往日本编辑革命期刊《民报》这些问题。在 1906 至 1907 年的日本,章太炎与孙中山的革命同盟会关系密切。但是在 1907 年初,章太炎跟孙中山就已经互生芥蒂。尽管绝大多数的同盟会成员都一如既往地支持孙中山推翻满清政府的目标,但是他们也越来越关注风闻到的有关孙中山的不义行为。① 我们无需进入细节,②但是除了有关钱财的争执——包括孙中山拒绝继续为《民报》出版出资——章太炎与孙中山已经就河内的革命活动问题闹得不可开交。孙中山近乎偏执地坚持法国人在印度支那的权威,而章太炎和其他成员则反复宣称该计划的无效。

革命同盟会内部的分裂或许刺激了章太炎向激进立场的靠拢。在孙中山 1907 年离开东京前往河内后不久,章太炎便加入了于同年 8 月 31 日成立的社会主义讲习所。③ 讲习所在学者们所称的东京无政府主义者间十分流行,其中像刘师培(1884-1919 年)和张继(1882-1947 年)在国内时便支持章太炎的革命活动,现在则与章在东京会师。东京无政府主义者跟《民报》时期的章太炎分享了颇多相同的见解,尤其是后者对于传统中国哲学的信念。

---

① Wong Young-tsu, *Search for Modern Nationalism*, p. 68.
② 相关细节可参见上注所列之书。
③ 同上,71 页。

第五章 道家"齐物"对抗"公理":章太炎对晚清政治理论的批评　　207

　　这些无政府主义者设想一种根植于中国传统的平等主义政体。例如,身为东京无政府主义者领袖和章太炎的好友,同时又精通古籍的刘师培,就将无政府主义跟佛道思想联系起来。他在《民报》和《天义报》上频频发表文章,后者为刘师培和妻子何震(本身也是一位强势的女权主义者和无政府主义者)合编的刊物。① 日本著名的无政府主义者幸德秋水(1871—1911年)进一步鼓励了将中国传统哲学与无政府主义联系起来的尝试,他也在社会主义讲习所的第一次会议上做了报告。②

　　章太炎在《民报》中的论文往往更接近东京无政府主义者的立场,而将巴黎的无政府主义者视作攻击的箭靶。包括刘师培和何震在内的东京无政府主义者普遍对中国传统抱有同情,而立足于巴黎的无政府主义者们则视西方文明为模范,贬低中国文明。③ 在巴黎无政府主义者中,章太炎尤其将吴稚晖(1865—1953年)视为攻击对象。像刘师培一样,吴稚晖的政治立场在其一生经历了两极化的转变。早在1898年,吴稚晖在康、梁发起的"百日维新"运动中极力维护满清政府。而到了1903年,他则跟章太炎及其他人加入了革命运动队伍。④ 在1903年,章太炎和吴稚晖已经在著名的"苏报案"(章太炎与他

---

① 见 Zarrow,"He Zhen and the anarcho-Feminism in China"及 Liu Huiying,"Feminism: An organic or an Extremist Position?"。
② 幸德秋水自幼开始研读中国古代典籍,如我们在第二章提到的,他在亚洲和亲会的发言中支持孔子与老子的思想。见石母田正,"kotoku shusui to chugoku",389页。幸德秋水在他论帝国主义的著名著作中,引用孟子"老吾老,以及人之老"来主张打破国家界限。
③ 对此的进一步讨论,见 Arif Dirlik,*Anarchism in the Chinese Revolution*。
④ 关于吴稚晖的政治生涯的讨论,见 Zarrow,"Anarchism and the Chinese Political Culture",pp. 60—72。

的革命伙伴邹容被控煽动罪名,章太炎因此入狱)中相互指责对方的欺诈与不义。① 穷其一生,章太炎都坚持认为吴稚晖背叛了自己和革命。

"苏报案"后,吴稚晖从上海逃到香港并最终到达英国,在英国他接受了孙中山的拜访并加入了孙的革命同盟会。到1906年末,吴稚晖受友人李石曾(即李煜瀛,1881—1973年)、张静江(1877—1950年)的邀请前往巴黎,并在友人的说服下成为了无政府主义者。他们三人一起编辑期刊《新世纪》并向其供稿,在《新世纪》中他们推广西化的无政府主义思想,强调科学的普世价值而非中国传统。吴稚晖的思考在三人中最具哲学深度,因此主要由他在理论的层面与章太炎和东京无政府主义者展开对话。

吴稚晖的无政府主义的理论基础是普世公理,而吴又将其与西方科学联系起来。因此,章太炎对"公理"的许多批评就像是一把双刃剑——同时与传统导向的康有为等改革派,又与西方导向的吴稚晖等无政府主义者作战。在《新世纪》的开卷文章《新世纪之革命》中,吴稚晖起笔就将"公理"与革命、进化联系在一起:

> 科学公理之发明,革命风潮之澎涨,实十九、二十世纪人类之特色也。此二者相乘相因,以行社会进化之公理。

---

① 在备受瞩目的"苏报案"中,章太炎、邹容、吴稚晖和蔡元培被控煽动。当时,被控者都居住在上海的公共租界中。尽管清政府想要判处他们终身监禁,但是审理该案的英国法庭却想从轻处置;章太炎和邹容分别获得三年和两年的监禁处罚。吴稚晖和蔡元培则离开上海,逃脱了逮捕。章太炎愿意服刑,并在1906年作为英雄而出狱。

第五章 道家"齐物"对抗"公理":章太炎对晚清政治理论的批评　　*209*

盖公理即革命所欲达之目的,而革命为求公理之作用。故舍公理无所谓为革命,舍革命无法以伸公理。①

东京和巴黎的无政府主义者都受到克鲁泡特金的影响,但是相比东京无政府主义者,吴稚晖和他的友人却更强调克鲁泡特金思想中的进化论维度。在《新世纪》第5期中,李石曾则甚至宣称,在英文中,"革命"(revolution)意味着再次进化(re-evolution)。②

像东京无政府主义者一样,吴稚晖同样把进化的终点视为一种建立在平等、绝对自由、对私利的无求和"公理"之上的社会。然而,如同居住在巴黎的其他狂热的法国崇拜者们一样,吴稚晖和他的追随者们对于在历史中寻找无政府主义的思想渊源态度冷淡。中国的历史传统在他们看来,是与那种彰显正义、平等和公共意识的无政府主义理想水火不容的。因此可以料想,当吴稚晖诟病中国传统而推崇西方时,他对于西方帝国主义这一问题的认识就远没有东京无政府主义者和章太炎那样敏锐。如德里克(Arif Dirlik)写道的,"在本世纪(20世纪)早些年间,是那些观念更趋'保守'的中国人将西方的侵略视作中国社会的主要问题。"③

吴稚晖指责章太炎和东京无政府主义者们迷失于传统之中,并批评他们汉族本位的革命观。正如李石曾将革命与进化连结在一起的观念所展示的,巴黎的无政府主义者们更推崇向

---

① 张枏、王忍之编,《辛亥革命前十年间时论选集》,第2卷,第二部分,976页。
② 真、民(皆为李石曾的笔名),《辛亥革命前十年间时论选集》,第2卷,第二部分。李这样做的部分目的是为将新革命与旧革命分离开来,同时也将革命与反满分离开来。
③ Dirlik, "Anarchism in the Chinese Revolution", p. 109.

无政府主义的和平过渡,同时,也更强调教育的重要性。他们的教育观点又再次落脚在对"公理"的学习,包括科学和道德这两个面向。吴稚晖认为,当社会中的每一个人都发展到了高级阶段并学习掌握了公理,他们将自然成为有道德的个体,因此,也就不再需要法律与国家机器。吴声称刘师培和章太炎的复古之举乃是阻挠与妨碍进化。

章太炎与吴稚晖、刘师培的私人交往

章太炎用最革命化的方式回应了吴稚晖的攻击:对吴进行了嘲讽和侮辱。章、吴二人的私人纠葛在其分别发表于《民报》和《新世纪》的文章中随处可见。在这场恶语竞赛中,吴稚晖指责章太炎的冥顽不灵、迂腐守旧,章太炎则以列举吴稚晖在"苏报案"中种种可疑之举的证据予以还击。章太炎认为,吴稚晖从无政府主义角度对汉族本位革命的攻击,无异于是对康有为保皇计划的捍卫,吴稚晖实为洋奴。①

章太炎对吴稚晖的攻击,其自身讽刺之处在于,尽管吴稚晖可能的确在1903年向满清政府出卖了章太炎,到了1908年,章太炎的密友,同时也是他十分尊敬的学者刘师培,却也已经是为清政府官员端方服务的间谍。到了1908年末,刘师培企图以叛国罪诬陷章太炎,无果而终。② 这个复杂纠葛的故事之所以值

---

① 章太炎,《复吴敬恒函》,见《章太炎选集》,446页。最初发表于《民报》1908年。
② 如姜义华指出的,即使在章太炎已经明了了刘师培对他的背叛后,他仍然对此保持同情和谅解,并希望刘能够回心转意。姜义华认为,这是因为章太炎十分赞赏刘师培的学问,并且希望刘能够帮助他推动自己的国学计划。见《章太炎评传》,673页。

得重述,是因为这至少部分解释了为何章太炎1908年后,特别是当他开始写作其著名的、有关"平等"的专著《齐物论释》后,便逐渐从革命活动中抽身退步。

清廷官员端方贿赂刘师培及其妻何震,并说服他们做自己的间谍。他们的任务之一是要阻止章太炎在《民报》的活动。这段时间,孙中山已经跟章太炎交恶并停止为《民报》提供资金支持,因此章太炎不得不自己筹钱办刊。章太炎的同志和门徒黄侃(1886—1935年)曾记载,章太炎甚至"常常数月没有像样的饭菜吃,其衣物和床铺则整年未洗"。① 资金的短缺,无疑影响了章太炎维持《民报》运行的能力。②

1908年初,刘师培、何震及她的表弟汪公权(汪也曾是无政府主义者,现在也为清廷做事)在东京与章太炎会面。他们说如果章太炎愿意写信给端芳,承诺不再鼓动革命,并前去印度为僧的话,他可以得到3万现金。刘师培和何震劝说章太炎接受这个提议,因为拿到钱后他可以去印度,也可以继续经营《民报》。章太炎认为他们是诚恳的,然而章、刘二人的关系却因为另外的事而恶化了。就在这段时间里,章太炎发现刘师培之妻何震与其表弟汪公权私通。作为朋友,章太炎决定将此事告知刘师培,不料却激怒了刘。而汪公权得知此事后,更扬言要至章太炎于死地。最终,章太炎离开了他们。③

---

① Wong Young-tsu, *Search for Modern Nationalism*, 74.
② 根据章太炎的说法,宋教仁常常由于郁闷之极而终日饮酒,坐地而笑。他还常常从为《民报》工作的女佣那里借钱。章太炎发现以后,便告诉宋教仁这样只会让日本人耻笑,然后便从办公处拿些小钱给宋。但是黄兴早已经把他们的基金用尽,章太炎早已身无分文。章太炎于是打电报向孙中山请求资金帮助,但是孙从来没有回复他。参见,Wong Young-tsu, *Search for Modern Nationalism*。
③ 姜义华,《章太炎评传》,669—700页。

章太炎的确想过前去印度，因此他写信告诉端方如果他能够在走之前一次性拿到全款的话，他就愿意前往印度。端方却表示，要章太炎先在满清政府认可的地方正式剃度为僧才会按月给他钱。章太炎拒绝了端方，至此刘师培和端方企图让章太炎离开《民报》的计划就破产了。然而，刘师培却将章太炎写给端方的信拿给了同盟会的成员，宣称章太炎对革命不忠。

无论如何，日本政府于 1908 年 10 月因煽动的罪名封禁了《民报》。《民报》被彻底封禁后，新编辑汪精卫(1883-1944)重新办刊。章太炎对日本政府和孙中山的做法充满怒意，声称新刊实为"伪民报"。孙中山则联系了吴稚晖，并鼓励吴用刘师培之前公布的章太炎的信件来予以还击。围绕着章太炎印度之行的传闻和议论一直持续着，而章太炎的名誉只有在辛亥革命之后才得到了恢复。

章太炎的唯识宗佛学思想对政治理论的介入

在其 1906 至 1908 年《民报》的理论介入中，章太炎旨在运用唯识宗佛学的抽象概念来揭露他的敌对者们的理论观点所具的压迫性质。通过将其论述提升到一个抽象的形而上学层面，并引用诸如原子、第八识（阿赖耶识）这些概念，章太炎得以深入到他身处的世界的各类现象中——其中包括资本主义与民族国家。当然，他并没有真正意识到全球资本主义世界的动力(dynamics)事实上是一种现代社会形式，他也没有想到试着用唯识宗佛学的跨历史范畴(transhistorical categories)来抵消它。因此，章太炎所追求的并非对一种具有历史特定性的世界的否定,而是对存在本身的终止(cessation)。如我们在第四章里看到的,在章太炎看来,历史与一切现象的存在都牵涉着一种逐渐加强的具体化和自我中心化的过程。他在《民报》发表的文章中体现出的关切并不是即刻的革命的未来,而是压迫与现代机制(institution),特别是与国家间的关系这样的长久命题。

章太炎对国家的批评:以"势"抵"理"

章太炎为《民报》所写文章的兴趣并不局限于攻击以康有为为首的改良派和以吴稚晖为首的巴黎无政府主义者们,而是同样也把矛头指向他的东京无政府主义同仁们,例如刘师培。刘师培的立场诚然与章太炎十分接近,但是与章太炎不同的是,刘师培并没有从佛家或道家思想的角度发展出一套对现代科学与社会理论的系统批评。因此,尽管刘师培的著作常常援引中国古代典籍,在他的《人类均力说》一文中,刘师培却呼吁要"合于世界进化之公理",他将此描述为人由简单荒蛮走向复杂文明。①

刘师培的文章中当然已经包含反对这些论述的资源,但是章太炎可能更希望自己的文章可以将东京无政府主义者们拉向自己的观点。例如,在国家和无政府主义的问题上,章太炎就表达了保留意见,并在规划一种认识论批评的同时,在实践意义上对国家进行了肯定。

章太炎的论文《国家论》——他最早的将唯识宗佛学思想应用到政治理论中的尝试之一——最初是他在社会主义讲习所

---

① 张枬、王忍之编,《辛亥革命前十年间时论选集》,第 2 卷,第二部分,911 页。

进行的演讲。在讲习所最初的六次会议中,日本无政府主义者如幸德秋水,谈到了他们对社会主义和无政府主义的理解。刘师培则认为中国文化已经在某种程度上与无政府主义十分接近了,并宣称他们的宗旨"不仅以实行社会主义为止,乃以无政府为目的也"。①

在被日本政府禁止前,社会主义讲习所以一周一次或两周一次的形式共举行了约20次会议。1907年9月22日,在讲习所第三次会议上,章太炎乃是发言人。他在会议中谈论国家,并且试着表明自己面对讲习所成员所讨论的无政府主义和社会主义时的佛学立场。在该演说作为《国家论》被整理发表于同年10月《民报》的版本中,他为他的论述加上了如下前言:

> 余向者于社会主义讲习会中,有遮拨国家之论。非徒为缨望无政府者说,虽期望有政府者亦不得不从斯义。然世人多守一隅,以余语为非拨过甚。故次录前论,附以后议,令学者得中道观云。②

在论文的主体部分里,章太炎运用唯识宗原理来分析"国家",主要集中在《大毗婆沙论》与原子理论上。总体上说,章太炎试图既将国家去具体化,又同时强调其功能的重要性。他言

---

① 前引书,944页。刘师培关于中国名为专制,实为无政府的论断得到了章太炎和梁启超的肯定。梁启超认为这种无政府主义是负面的,因为这表明中国人不具有对群体和国家的责任感——他将之称作"野蛮之自由"。
② 章太炎,《国家论》,359页。

明以下三点:第一,国家"是假有者,非实有者"。① 第二,与梁启超等人认为国家是顺从天理的不同,"国家之作用,是势不得已而设之者,非理所当然而设之者。"②第三,国家"是最鄙贱者,非最神圣者"。

这三点中,第一点最为直接地借用佛学思想资源,并且也最受信奉无政府主义的听众们所欢迎。章太炎所使用的核心佛学概念是"原子"。他的一条评注解释说,《大毗婆沙论》内包含一套关于原子的理论,而他将用其来分析"国家"。章太炎指的可能是"微尘"(paramanu)——唯识宗佛学家们用其来命名最小的单位。在这里,我们看到了唯识宗佛学理论和科学或原子理论话语之间的奇特的互动。章太炎为了解构"国家"而暂时地强调了唯识宗佛学和科学的相似性,但是在其他论文中,当他攻击"公理"时却在唯识宗的概念基础上解释科学。

唯识宗佛学家世亲(Vasubandhu,约公元 4 世纪)在与胜论学派(Vaisesika School,公元前 2 世纪)以及"说一切有部"论者(the Sarvastivadins,公元前 3 世纪)的辩论中讨论到了"微尘"。③ 二者都提供了一种部分、单个原子与整体之间相互关系的理论。世亲则用"如执实有众多极微皆共和合、和集为境,且彼外境,理应非一。有分色体,异诸分色不可取故,理亦非多,极微各别,不可取故。又理非和合或和集为境,一实极微理不成故"之说,④以消解他们的理论。

---

① "假有"是指如龟毛兔角般有名无实的现象。那么"国家"是"假有"现象也就意味着其并不存在,只是假想的。
② 章太炎,《国家论》,359 页。
③ 我们没有必要停留在这场论辩中的细节,关于更多细节可参见,Bronkhorst, "Sanskrit and Reality"。
④ 世亲,《唯识二十论》,45 页。

章太炎认识到唯识宗的目标是既要批评原子论者,又要批评那些断言"整体"的真实性的人。但是当他发展出一种临时的革命主体时,他也暂时地承认了原子存在的真实性,以便否认国家和任何集合性实体。他论道:"众相组合,即各有其自性,非于此组合上别有自性。"① 章太炎用了"自性"这一佛学术语,尽管在唯识宗理论中,原子及其他个体并非真正具有自性,因为它们本身是虚空(empty)的。章太炎指出,当谈到个人与国家时,即使有人把原子视作真实的,人们也必须说个人是不具备自性的,因为个人仍然可以被分解为细胞。然而,当我们把论述圈定在国家、个人这样的政治实体上时,个人又是真实的,因为在这个框架中不存在细胞的问题。他写道:

> 国家既为人民所组合,故各各人民,暂得说为实有,而国家则无实有之可言。非直国家,凡彼一村一落,一集一会,亦惟各人为实有自性,而村落集会,则非实有自性。要之,个体为真团体为幻,一切皆然,其例不可以偻指数也。②

在进行这番论述时,章太炎当然是在批评改良派,甚至包括新政政策,因为二者都将真实性更多地赋予了"群"而不是个人。

章太炎设想了许多反对性的论辩,其中有许多在他入狱前就已经完成。特别是我们在第三章里看到,梁启超认为尽管个人总会消亡,而国家却会长存,因此后者则比前者更具有真实

---

① 章太炎,《国家论》,359 页。
② 前引书,360 页。

性。章太炎则引用唯物主义或经验主义的观点来回应。他写道:"欲于国家中求现量所得者,人民而外,独土田山渎耳。"①此外,尽管律法看似比人久存,真正支持着律法的乃是人,尽管他们的支持并不显形("无表色")。

关于国家并不具有真实性的观点,可能是被大多数无政府主义者所接受的。然而,章太炎却用下面这一观点——国家是由于情势所迫,而非顺应天理而出现的——同时批评了改良派和无政府主义者。章太炎叫板改良派,指出国家并不能从"公理"那里获得道德合法性,对此他在之后的一篇论文中作更详细的讨论。此外,章太炎却又与巴黎,甚至是东京的无政府主义者们意见相左,他认为情势赋予了国家以必要性。

尽管"势"这一概念缘起于战国时代,到了唐朝文人柳宗元(773-819年)那里,"势"才用来指涉历史必要性。在柳宗元的写作中,"势"是指那种召唤某种机制回应(institutional response),自身却不进入目的论视域的历史压力(historical pressures)。例如柳宗元论述道,尽管封建体系在过去是合理的适当的,由于"势"的改变,在唐朝,郡县制更为适宜。② 宋朝的儒士们将"势"的概念纳入到关于"理"的论说中,从而创造了"理势"一词,这等于为历史必然性增添了道德色彩。

这样,也就不难理解,当"理",特别是当其出现在"公理"这一文字组合中从而与进化和伦理联系起来时,章太炎则要特别用"势"来强调这个概念本身的非目的论的可能性。简而言之,章太炎用"势"来表明,尽管建立国家并无任何伦理道德依据,

---

① 章太炎,《国家论》,361 页。
② 柳宗元,《封建论》。

中国可以在其时实行无政府主义。由于"公理"不仅包含伦理内涵,还包括科学以及关于真实性及历史走向的一套论说,章太炎因此进一步向我们展示,国家并不存在,是"势"将其变为一种必要的虚构。他用唯识宗佛学思想来反对国家的具体化,但在同时也承认国家在当下世界的重要的实践功能。章认为,为了抵御外侮和帝国主义侵略,国家是必要的。他别具一格地从语源学出发表明他的观点:

> 然则国家初设,本以御外为期。是故古文国字作或,从戈守一。先民初载,愿望不过是耳。军容国容,渐有分别,则政事因缘而起。若夫法律治民,不如无为之化,上有司契,则相牵连,不可中止。向无外患,亦安用国家为?①

这段话暗含的意思是,尽管从伦理角度上看,章太炎更偏爱以道家的"无为"作为政治秩序的基础,但是这在帝国主义侵略当道的时代显然是不可能实现的。

章太炎在原则上并不支持建立民族国家的集体行动,因此他在这点上有别于梁启超和那些声称帝国主义式的民族主义乃是发展的必经阶段的人。而既然国家顺应的乃是"势"而并非某种神圣的"理",章太炎就主张必须将强国与弱国的民族主义分开来对待:

> 复次,处盛强之地,而言爱国者,惟有侵略他人,饰此良誉,为枭为鸱,则反对之宜也。乃若支那、印度、交趾、朝鲜

---

① 章太炎,《国家论》,362-363 页。

诸国,特以他人之蹙灭蹂躏我,而思还其所故有者,过此以外,未尝有所加害于人,其言爱国,则何反对之有?爱国之念,强国之民不可有,弱国之民不可无。亦如自尊之念,处显贵者不可有,居穷约者不可无。①

坚持在功能角度上维护民族主义,章太炎支持反帝国主义的民族主义,与此同时也意识到,一般来说,特别在强大的国家,民族主义将引发帝国主义。我们应该记得,章太炎反复地宣称,如同印度沦为英国殖民地一样,中国已经沦为满清的殖民地。因此,他将自己的排满主义视作全球反帝斗争的一部分。

通过将国家的必要性与"势"而不是"理"联系起来,章太炎已经预告了他在论文中的最后观点,即尽管国家不是神圣的,人们也必须支持国家。他将国家建设和发动革命比作烹饪:有所助益,但并不神圣。尽管近藤国安(Kondo Kuniyasu)认为章太炎将菩萨(Boddhisattva)视作革命者,在《国家论》中,章太炎却在区分神圣与世俗的基础上明确地把宗教与政治分开来谈。他将佛陀和其他精神领袖比作革命者,认为:"大觉有情,期于普度众生,得离苦趣,则身入恶道而不辞,顾未尝牵帅他人以入恶道,至于国家事业则不然。"②与精神领袖不同,社会变革的鼓吹者们不能凭借一己之力而成事,而只能依靠大众。

章太炎认为,那些集合众人之力追求功利的行为是不具备内在价值和神圣性的:

---

① 章太炎,《国家论》,367页。
② 前引书,365页。

> 凡诸事业,必由一人造成,乃得出类拔萃。其集合众力以成者,功虽煊赫,分之当在各各人中,不得以元首居其名誉,亦不得以团体居其名誉。①

> 世人愚暗,辄悬指功利以为归趋。……而功利者,必非一人所能为,实集合众人为之。②

尽管章太炎坚称群众运动和革命必须由人们一起来完成,他却拒绝将其交付于"群"。通过将革命运动比作男女交媾生殖,或个人于自家生产及烹制食物,章太炎将革命视作个人分别行动所形成的总体效果。换句话说,恰如男女交媾最终是在个人的性爱行为基础上增加了人口,革命也是千千万万革命者们的分别行动的集合效果。

在论述了国家并不存在,而政治活动又是肮脏低贱的之后,章太炎在论文的最后一部分直面爱国的心理学之可能这一问题。他关于如何让人们热切地参与那些看似肮脏的活动的论述以一个简单的类比开头。他分别举了为了获取煤而变得十分肮脏的煤矿工人,以及为了繁衍的性爱的例子:"人之躯骸,本由腐臭笋之物以成胚胎,其出入与便利(溺)同道。故一念及生,即不恤自亏垢。"③章太炎再一次意识到国家是与绝大多数肮脏的事物不同的,因为国家并不是真实的实体,然而恰恰是这种虚幻性增加了国家的诱惑性,因为认知的自我(the self)或认知的基础(base)本身就是虚幻的。在《建立宗教论》中,章太炎又在唯识宗佛学的框架中形成了又一相关视角,即自我的形成是由

---

① 章太炎,《国家论》,364 页。
② 前引书。
③ 前引书,369 页。

于一种根本性的误认所引发的。简言之,对章太炎和唯识宗来说,对于自我的意识是在把非个人化的"藏识"(阿赖耶识)误认为自我的时候出现的。① 因此,一种原始的拜物教使得对物、最终是对民族国家的崇拜成为可能。在《国家论》中,章太炎并没有直接引用这些概念,但是却通过做关于自我的空虚(vacuity)的类似论述向我们展示了去爱一个不存在的、想象性的国家的可能性。章太炎一开始就向我们展示,自我仅仅是一种幻觉,因为如同国家一样,自我也是一个集合体:

> (则以)人身本非实有,亦集合而成机关者。以身为度,推以及他,故所爱者,亦非微粒之实有,而在集合之假有。夫爱国者之爱此组合,亦由是也。②

像梁启超一样,章太炎强调了人类自我的虚构面向,并且,尽管他以之作为爱国的前提条件,他并不让这种虚构的面向跟国家靠的太近。章太炎认为这是人类欲望结构的基本要素,而后者则源自一种假想的自我。此外,他还接着指出一些集合体是具有本质的。例如,金环的本质就是那些组成金环的金原子。然而,人类自我却是彻头彻尾的幻想。章太炎将之比作画作与魔术中的幻影。这些物体能够引发欲望,但其本身却是非真实的:

> 然人心睹画而愉快,或过于入山适牧,见其真形也。此

---

① 更严格地来说,"末那识"(cogitation,唯识宗"八识"中的第七层意识)误把"阿赖耶识"认作了自我。
② 章太炎,《革故鼎新的哲理》,274页。

何因缘? 则以人身本非本质,托此气液固形诸无机物,以转化为肌骨血汗耳。即身为衡,而以外观群物,固所爱者,亦非本质之实有,而在幻象之假有。夫爱国者之爱此景象,亦由是也。①

章太炎接着指出,当人们生发爱国之情时,他们所爱的并不仅是那无本质的、非真实的东西,他们所爱的更是那存在于过去或未来,而不是当下的东西。章太炎这里的观点是柏拉图哲学的回声,同时又是拉康思想的先声,即欲望产生于空缺,而我们对当下事物的爱远远不及对缺席事物的爱来得强烈。他举了许多例子,如"求之难获,如彼妃匹、裘马、宫室、道器之好",并总结说,人们爱一国家及其历史的情况也是类似的:"(固)所爱者亦非现在之正有,而在过去、未来之无有。"②章太炎认为民族主义也同样有以下内涵:与过去相连,在当下行动,以使缺席的未来变为真实。

国家的必要性及其克服

章太炎对于国家概念的解构是建立在一种关于分散的原子理论之上的,但是他也声称恰恰是因为自我已经疏离了那些更为真实的经验元素,人才可以对民族国家产生爱意。尽管对民族国家的爱是对一种空缺的幻象的爱,章太炎却强调这对于处理内部的不平等和抵挡外部的压迫都是十分必要的。尽管章太炎的终极目标是要通过消除自我和意识来克服幻觉,只要人们

---

① 章太炎,《革故鼎新的哲理》,275 页。
② 前引书,275 页。

还仍然生活在这个充满着意识所产生的种种幻觉和假想的世界中,国家就是人们所必需的。章太炎在他的《五无论》、《四惑论》和《齐物论释》中将国家放置在与他的佛/道乌托邦的关系中来探讨。

《五无论》发表于 1907 年 9 月,比《国家论》早一个月。而社会主义讲习所的成员们对于这两篇文章应该都很熟悉。在《五无论》中,面对令人困惑的虚幻世界,章太炎恳切地主张平分土地、攻击代议制政府及推动弱小国家联合起来对抗帝国主义。但是论文的主要部分都在谈对自我、意识及其中的所有事物的驱除,从而获得终极的平等。如此,我们就可以看到在这篇论文中章太炎有两种关于平等的概念,一种是在世俗的、虚幻的层面上,另一种则是在"无"(nothingness)的层面上。

在谈到虚幻世界时,章太炎再一次区分了对外及对内政策的不同。就国内而言,章太炎与无政府主义者意见相左,他认为律法比道德具有优先性。与同盟会的主张一致,章太炎主张法律应保障平分土地,使工人分享其劳动所创,还要限制继承以防财富流转,但他同样指出应当取消议会制度。然而,他又说这些仅仅是暂时性的措施,人们最终还需进入"太虚"(high reaches of nothingness)。①

而这指的就是章太炎的"五无"思想,即无政府、无聚落、无人类、无众生、无世界。简而言之,章太炎声称甚至连无政府主义者们都没有足够的自省意识,因此没能够领会到,与国家和帝国主义相关的种种问题,实际上都是从意识产生的种种幻象中生发出来的。章太炎在其之后的论文中会进一步发展这一论

---

① 章太炎,《五无论》,引自《革故鼎新的哲学》,256 页。

述,而在此他已经批评了无政府主义者们对群体问题及帝国主义威胁的忽视。

他指出,尽管无政府主义者对人人生而平等的宣称是正确的,他们却没能考虑到地理及环境的种种因素,因而没能意识到帝国主义的问题。章太炎认为,地球世界被划分成不同的区域,有的区域气候温和、土壤肥沃、适宜人居,而有的地方则苦寒难耐。最终,那些苦寒难耐之地,也即西方世界,入侵了肥沃之土,夺取资源。因此,西方国家将十分乐于看到别的国家捣毁政府、抛弃民族主义。在章看来,殖民主义的全部内容就是废除政府,但却在不同的村落、社群之上重新产生不平等。他解释说,帝国主义试图废除政府,并与此同时使自己与他人的不平等永久化。因此,如果人摆脱了政府,但却没有脱离群体的话,那些苦寒之地的群体就将轻易地侵略其他地方。

章太炎通过举出一些会使东京和巴黎无政府主义者们震动的事例来分析帝国主义的问题。由于东京无政府主义者们往往对俄国十分赞赏,而巴黎无政府主义者则崇拜法国,所以章太炎在论述中特别提到了俄国和法国:

> 夫俄人所以敢言无政府者,何也?地素苦寒,有己国人之侵食他方,而不虑他方人之侵食己国。法人所以敢言无政府者,何也?土虽膏腴,面积非甚广大,有狭乡人之侵略他温润地,而不虑他温润地人之侵略狭乡。故实践之而无所惧。若泰东之国则不然。[1]

---

[1] 章太炎,《五无论》,引自《革故鼎新的哲理》,257 页。

第五章　道家"齐物"对抗"公理"：章太炎对晚清政治理论的批评

在同样的思想脉络中，章太炎也抨击了西方世界对启蒙理想，特别是对"平等"的鼓吹。他认为，无政府主义者完全忽视了启蒙理想的意识形态作用及其所遮蔽的不平等：

> 夫无政府者，以为自由平等之至耳。然始创自由平等于己国之人，即实施最不自由平等于他国之人。在有政府界中言之，今法人之于越南，生则有税，死则有税，乞食有税，清厕有税；毁谤者杀，越境者杀，集会者杀，其酷虐为旷古所未有。是曰食人之国，虽蒙古、回部曾未逮其豪毛。此法兰西，非始创自由平等之法兰西耶？在有政府界中，法人能行其自由平等者于域内，而反行其最不自由平等者于越南。①

章太炎认为当讨论"平等"时，人们应该将全球局势纳入考量，而如今的情势则需要先暂时建立起民族国家。因此，越南政府的消失并不能消除"法国"与"越南"的差异。章太炎提醒无政府主义者们，如果他们只主张废除政府，而不主张让人从社群中脱离的话，"则效其术者，正为创其说者所鱼肉耳。"②章太炎的替代性方案是一种无社群的无政府主义，其中，"农为游农，工为游工，女为游女，"③换句话说，当社群不复存在的时候，帝国主义和不平等才会消失。在《五无论》剩下的篇幅中，章太炎用唯识宗佛学思想向我们展示了无政府主义的乌托邦需要在何种主体条件下才能实现，而为了实现这一乌托邦理想又需要克

---

① 章太炎，《五无论》，引自《革故鼎新的哲理》，258 页。
② 前引书。
③ 前引书。

服哪些主体条件。简言之,如果游工、游农和游女从自我的视角出发行事,那么他们只会重复生产出充满国家和压迫的世界。

章太炎对"公理"的批判及其"齐物"哲学

在发表于 1908 年 7 月的《四惑论》一文中,章太炎将国家与帝国主义的双重压迫与"公理"联系了起来。他声称无政府主义者和改革派之所以都支持"公理",是因为他们都没有足够的反省意识,从而认识到这一概念跟国家、帝国主义联系起来时所具有的压迫性质。此外,他更认为他们没能认识到"公理"的压迫性质,是由于他们都忽略了这一概念产生于原生的虚妄(primordial delusions)这一事实。

章太炎批评"公理"将意识转化(transformation of consciousness)而产生的困惑自然化了。在《四惑论》中,章太炎再次触及了那个在他的写作中反复出现的话题,即原初的惑乱(primordial confusion)及其与世界产生的关系问题。我们在第三章已经看到,在其写于 1899 年的《菌说》一文中,章太炎提供了这样一种宇宙学,即世间万物都是由惑乱所产生的细菌而创造的。在《菌说》中,章太炎引用了伏曼容对《易经》的阐释中他最喜爱的一句——"万事从惑而起",接着又展示了人们如何沿着荀子(公元前 312-前 230 年)及其他儒家思想家铺设的道路克服惑乱。到了章太炎写作《四惑论》的时候,他的世界观已经完成了从儒家到佛家的转型,但是他对原初惑乱的关注依然如旧。在这篇论文中,他回应了"四惑":"公理""进化""惟物""自然"。这"四惑"在以下这个意义上是相互联系的,即它们都产生于对意识在它们自身的产生过程中扮演的角色的不充分认识。在这里,对我们来说最要紧的是章太炎对"公理"的批评。

章太炎注意到,正如宋代儒士们使用"天理"概念一样,现代知识分子和政治家也用这种他们所谓的客观规则来控制人们。事实上,"然此理者,非有自性,非宇宙间独存之物,待人之原型观念应于事物而成。"① 我们已经在《建立宗教论》中碰到了"原型观念"(archetypical concepts)这一概念,在该文中,章太炎用这个概念来把康德的"范畴"(categories)概念与佛教唯识宗的自相种子(karmic seeds)联系起来,并将其视为一切现象的前提条件。因此我们可以说,像康德一样,章太炎将范畴视为是主观的,并且对其进行超历史的理解。这是一种误认(moment of misrecognition)。也就是说,就像康德错误地把具有历史特定性的时空概念当作具有超越历史的有效性,章太炎认为这些概念都是自相种子的运动的产物,而正是后者在某种意义上创造了历史。然而,章太炎的佛学框架使得他比康德更具批判性。对康德来说,范畴具有规范的力量,而理性则帮助规定对于群体的义务。在章看来,由于原型观念只是对阿赖耶识的一种误解的表达,那么它们并不具备伦理的约束力。由此,根据章太炎的看法,康德的"范畴"恰恰是问题的症候,而不是规范标准。因此,章太炎抨击的,便是这种"以规范的面貌出现",但事实上却由惑乱产生的普遍准则。

清末的无政府主义者和改革派都把"公理"视作一种包含着对共同体(无论是国家还是别的实体)的义务的客观准则。而章太炎通过将"公理"建基于人类"原型观念"之上,把那些从"理"中生出的义务都非自然化了,章太炎总结道:"故人之对于

---

① 章太炎,《四惑论》,299 页。

世界、社会、国家,与其对于他人,本无责任。"①

章太炎将"公理"视作一种使人们对社会的臣服内在化的途径,在他看来,这是一种全新的情况,是之前的"天理",甚至法律都不具备的特质。在论述中,章太炎引用了清中期学者戴震(1724—1777年)对宋代儒学"天理"概念的批评,移置到一个新的语境中。戴震生活的年代虽然还没有"公理"之说,但是戴震已经发出了关于天理比法律更恶劣的著名论述:

> 上以理责其下,而在下之罪,人人不胜指数。人死于法,犹有怜之者;死于理,其谁怜之!呜呼!杂乎老、释之言以为言,其祸甚于申、韩如是也!②

戴震对天理的攻击在一些地方是与章太炎的哲学相抵触的,因为戴震是将道家和佛家思想本身视为问题的一部分,而章太炎则视其为解决方案。③ 然而在掌权之人借"理"来将其统治自然化这一点上,戴震和章太炎的看法却是一致的。④ 因此,章太炎重申了戴震的以上论断,并加入了"公理"这一新概念:"然则天理之束缚人,甚于法律;而公理之束缚人,又几甚于天理矣。"⑤

---

① 章太炎,《四惑论》,300 页。
② Dai Zhen, *Tai Chen on Mencius*, p. 85,申不害和韩非子都是战国时期(公元前475—前221年)的法家思想家。
③ 章太炎在《释戴》一文中认为戴震误解了庄子的思想。
④ 可能是因为自己发现何震和其表弟私通这一类情事的经验,章太炎认为"公理"的鼓吹者与宋代"天理"的捍卫者们的一大不同点在于,前者在食色之事上给予了充分的自由。见章太炎《革故鼎新的哲理》,299 页。这一看法是与戴震相左的,戴震十分关切有关释放情性的问题。
⑤ 章太炎,《革故鼎新的哲理》,299 页。

第五章　道家"齐物"对抗"公理"：章太炎对晚清政治理论的批评　　*229*

尽管章太炎的评估与刘师培和梁启超的截然相反，他却将自己对"公理"的批评建立在一种类似刘、梁对社会的解读之上。他们三人都认为在传统时代的中国，尽管有一个权力大于常人的君主的存在，民众仍然具有相对的自由，因为朝廷的权力无法扩张到所有区域。此外，章太炎还认为，儒家的等级关系保障了某种能动性，如儿子终将变为父亲，等等。但是"公理"却是截然不同的。并且，在章太炎看来，刘师培和梁启超没有意识到，通过诉诸一种科学原理来推广"公理"，他们事实上将一种更难摆脱的社会统治给合理化了。"言公理者，以社会抑制个人，则无所逃于宙合。"①

如前所述，"公理"的概念表达的是中国进入全球资本主义民族国家体系的相关进程。这牵涉到个人向跨民族的社会逻辑的臣服，而且如汪晖所指出的，与民族国家建设紧密联系的各项机构转型"极大地扩张了对自由劳动力的需求"。② 因此，我们能不出意料地在章太炎对"四惑"的讨论中，发现他对晚清知识分子将劳动神秘化的批评。

到章太炎 1908 年发表《四惑论》的时候，他已经意识到了刘师培对他的背叛，而且章太炎在展开对劳动的批评时，很有可能就是将刘师培作为预设的对话者的。1907 年，刘师培在其发表于《天义报》的文章中描述了他的无政府主义乌托邦，其中赞颂了劳动，并称劳动乃是人类的天性："况好动为人民之天性，而工作之勤，转足以适其好动之性。"③章太炎对此执不同意见，他认为对劳动的这种描述，恰是用抽象准则来使人向进步或进

---

① 章太炎，《革故鼎新的哲理》，304 页。
② 汪晖，《现代中国思想的兴起》，第 4 卷，1399 页。
③ 刘师培，《人类均力说》，引自《辛亥革命前十年间时论选集》，912 页。

化看齐的举动。这种视劳动为自然的理论使得统治者和官员逼迫人民劳作更长的时间,并与此同时声称他们是在满足自我的天性。

为了说明他的观点,章太炎将"劳动"一词分解为"劳"和"动",并且举出许多例子说明为什么"动"是自然的,而"劳"却不是。他解释说:"动至于劳,亦未有不思休息者。"①章太炎接着在劳动致富与实践一种愉悦的活动之间进行了区分,这大体上对应着我们当代人对于异化和非异化劳动的概念区分。然而,章太炎却从一个主观的角度来定义这些概念,并没有在"为别人劳动"这个意义上来定义"异化"。他所做的分区是将为生计的、出于必要性的劳动与享受式的劳动区别开来。于是在这种解读中,当独立的农民耕作田地以养活自己时,他们是在劳动,而当他们休息时,他们也能够感到愉悦。章太炎还通过以下对比来进一步解释他的观点:

> 又有三人,一画草木,一操会计,一编谱表,终日程功,其劳相等,绘画者犹栩栩自得,操会计者,编谱表者,则道然思欲脱离矣。是何也?一即以劳为乐,当其劳时,即其乐时;一行劳以求福,而见前所操之业,皆枯槁鲜味者,故其趣不同矣。②

章太炎认为由于劳动是非自然的,所以统治者们需要"公理"及其亲属进化论,从而确保人民能够继续劳动。"公理"和

---

① 章太炎,《革故鼎新的哲理》,306 页。
② 前引书。

"进化"都必然联系着一种文明/野蛮的区分,这又与一种生产型社会和非生产型社会的区分相关。而我们都已经看到了文明/野蛮以及进化观念在康有为等改革派和吴稚晖等无政府主义者的写作中是如何作用的了。章太炎反复地将与"公理"相关的若干概念如进化、文明/野蛮比作宗教或"神教"。例如,章太炎认定说"劳动者人之天性"正是一种"进化教"。①

从章太炎讨论宗教的种种语境判断,我们可以说章太炎将宗教理解为一种拜物主义与异化——同时是日常生活和政治制度的基础。我们可以将他的立场与费尔巴哈(Ludwig Feuerbach),甚至是施蒂纳(Max Stirner)的立场做一个对比。费尔巴哈认为宗教是人的本质的异化,而施蒂纳则认为费尔巴哈对人的本质仍持一种宗教态度。虽然章太炎从未直接提到过施蒂纳,后者却是被明治时期的日本无政府主义者所知的。无论如何,章太炎关于表面上的世俗信条中仍隐约可见宗教意识的批评与施蒂纳十分相似。然而,因为章太炎把自己的批评放置在佛学的框架中,他也对如科学、个人主义这些现代性的基本概念进行了细察。

例如,在章太炎看来,对国家的合法性、进步、科学的信仰本身就是宗教性的。这些宗教式的信仰将个人在社会中的被压抑给合法化了,章太炎还认为它们进而被帝国主义者所利用。因此,章太炎不像他的绝大多数同代人那样把宗教和科学视为是完全对立的。事实上,我们已经看到,他把诸如"进化"这些关键的科学概念与那种宗教式的,把存在归到某种幻想之物之上的行为联系起来。

---

① 章太炎,《革故鼎新的哲理》,307 页。

因此章太炎相信,为了抵制"公理"及那些宗教概念(既包括如基督教这类通常就被视作宗教性的,也包括那些与科学相关的意识形态)的霸权,人们就必须回到唯识宗佛学和道家学说。尽管章太炎有时也把佛学称作一种宗教,但他在1910年写了一篇文章解释说,虽然人们把佛学叫作佛"教",佛学事实上是一种哲学,因为佛学总是从直接经验的明白可见出发的。为了获得这种经验,人需要从与国家、社会相联系的种种意识形态中挣脱然后撤离。在《四惑论》中,章太炎用叔本华式的语言表明了这一看法:

> 若夫有机、无机二界,皆意志之表彰,而自迷其本体,则一切烦恼自此生。是故求清凉者,必在灭绝意志,而其道始于隐遁。若为灭绝意志而隐遁者,则不惮以道授人,亦不得不以道授人。①

这部分解释了为什么章太炎会不顾他一贯对于佛学的社会面向的专注,转而反复强调个人脱离于群体或国家的独立性。上面的篇章重申了章太炎对佛学的准客观面向(quasi-objective dimension)的描述,即人们是如何通过行动和经验来散播和影响自相种子,而这又开启了一种进化的逻辑。如在第四章中讨论过的,章太炎相信黑格尔哲学以意识形态的方式表达了这种进化论的叙事,但是真正的任务是要拒绝这种进化的逻辑,进而消灭意识和因果报应(karma)。

章太炎把范畴(categories)放置在意识之中,因而坚称为了

---

① 章太炎,《革故鼎新的哲理》,302页。

第五章　道家"齐物"对抗"公理"：章太炎对晚清政治理论的批评　　233

克服人们混淆本体论起源(即阿赖耶识)的过程,为了停止对于一种独立存在的宇宙的幻想,就必须以后撤(retreat)为起步。这与宗教是相反的,因为"有神教者,以为人禀精灵于帝,躯命非我有也"。① 换句话说,在章太炎看来,包括"科学"教在内的绝大多数宗教,都忽略了人类行为和种种"业"在创造现象世界中所起的作用。

章太炎认为体现在黑格尔哲学中的"公理"和"进化"其实都是惑乱、异化和统治这一基本结构之上的衍生。因此,章太炎将庄子与黑格尔作对比,以向一个超越惑乱的世界致敬。他注意到根据庄子的"齐物"哲学：

> 乃知庄周所谓"齐物者非有正处、正味、正色之定程,而使万物各从所好"。其度越公理之说,诚非巧历所能计矣。若夫庄生之言曰"无物不然,无物不可",与海格尔所谓"事事皆合理,物物皆善美"②者,词义相同。然一以为人心不同,难为齐概;而一以为终局目的,借此为经历之途。则根柢又绝远矣。③

章太炎注意到了他自己的理想与黑格尔的精神理论之间的形式相似性,后者我们已经在晚清时期关于平等的讨论中看到过。此外,著名的明治时期日本哲学家如井上冈了(Inoue Enryo)就认为佛学事实上跟黑格尔的精神现象学十分相似。

---

① 章太炎,《革故鼎新的哲理》,302页。
② 这一定是章太炎对"real is the rational and the rational is real"(存在的即是合理的,合理的即是存在的)的解读。
③ 章太炎,《革故鼎新的哲理》,304页。

而在中国,"公理"则同时引用西方和宋代儒士对科学规律的理解,并试图在"天理"中将认识论与道德联合起来。然而,"天理"概念本身就是从晋朝思想家郭象对《庄子》中"理"的解读那里发展而来的。章太炎将郭象的"万物自生"概念从其在宋朝"天理"概念史扮演的角色中分离了出来。以上《四惑论》中的篇章预示了章太炎后来对郭象关于庄子"齐物"哲学之解释的发展,后者在或许可称之为章太炎之杰作的《齐物论释》中得到全面的展现。

《齐物论释》

章太炎对《齐物论释》十分引以为豪,在他的自传中,他声称这部作品"可谓一字千金矣"。① 在1916年发表的《自述学术次第》中,章太炎解释说,自己撰写一部关于《庄子·齐物论》的专著的想法,萌发自他在1908至1910年间向在日本的中国留学生讲授《庄子·齐物论》的经历。学生中包括鲁迅、周作人以及钱玄同这些将在十年后的新文化运动中声名鹊起的知识分子。除了回忆那段授课的经历外,他还告诉他的读者,他之所以撰写这部专著也是因为他对于以往的,包括郭象等人在内的对《庄子》的解释都感到不满意。② 借助唯识宗佛学和现代西方哲学思想,章太炎对庄子的解读当然比郭象更进一步。然而我们却不能低估郭象在章太炎对庄子解读中所起的作用。首先,章太炎所使用的《庄子》版本乃是郭象编辑校订评注的版本——

---

① 章太炎,《自述学术次第》,引自汤志均《章太炎年谱长编》,346页。
② 章太炎,《自述思想迁变之迹》,589–590页。

该版本是章太炎时代唯一的版本。①

除了这些间接的影响之外,章太炎也在许多地方反复表达郭象对于万事万物各循其道的观点时,赞同性地引用郭象。在本章的早先部分,我们已经看到郭象提供了一种宇宙理论来缓和晋朝的地方士族和帝国中央的冲突,而章太炎则试图将该理论放置在20世纪初的国际语境中来焕发新的作用。

《齐物论释》究竟是确认了特殊性、个人主义还是赞扬了群体与普遍性,学者们在这点上观点迥异。② 事实上,章太炎对庄子的解读极为复杂,因为通过把郭象对庄子"齐物"的解读、唯识宗佛学以及德国唯心主义的元素整合起来,章太炎力图同时批评"公理"的普遍性和体现在个人主义、民族主义中的特殊主义。他的路径之一是宣称普遍性和特殊性都是由因果意识(karmic consciousness)的发展所产生的。如果我们追随普殊同的思路,③将特殊与普遍的对立视作建立在资本主义基础上的现代思想之核心问题,我们就可以把章太炎理解为是在努力地设想一种摆脱这一对立的方案,尽管章本人并没有把这一对立跟资本主义联系起来。我们已经看到他否决了作为"理"的宇宙,并通过佛学的写作否决了个人或特殊自我(particular self)。

章太炎始终在寻找一种方式来表达超越世俗概念的东西,如普遍性和特殊性。因此在他阐释的一开始,他就表明庄子的"齐物"思想要求人在不借助概念的情况下区分事物,而这在康德和黑格尔看来是不可能的:

---

① 关于郭象对《庄子》的评注和校订,参见 Ziporyn, *The Penumbra Unbound*,4页。
② 汪荣祖和汪晖分别代表这两极。
③ Postone, *Time, Labor, and Social Domination*.

> 《齐物》者,一往平等之谈,详其实义,非独等视有情,
> 所无优劣,盖离言说相,离名字相,离心缘相,毕竟平等,乃
> 合《齐物》之义。①

在文章开头几句里,章太炎就通过并置现代西方、佛家和道家关于平等的理解来扩张了我们对于"平等"概念的认识边界。众所周知,晚清知识分子在讨论现代西方政治理论时常常引用到佛学的"平等"概念,因为他们本来就是用"平等"这一佛教词汇来翻译"equality"的。然而,章太炎则强调了现代西方与佛家关于"平等"的认识间的冲突张力。因此他在庄子/郭象对于"不齐而齐"的思考的背景下,把佛家关于平等的概念阐释为"空"(emptiness)。通过这两种手段,章太炎提供了对"公理"霸权的替代性方案。

但是佛家和道家关于"平等"和"齐"的思考都是拒绝被概念化和被明确定义的。高田淳(Takada Atsushi)注意到"离言说相"的表达是从《大乘起信论》中来的,原文还包含这样一条经文"唯是一心故名真如"。② 然而重要的是,章太炎并没有引用这一部分文字,在文章的下一页他开始解释这样的遗留意味着什么。

上面的引文同样表明,尽管章太炎对于语言和概念的使用是绝对充满批判意识的,他却绝不认为无声的沉思乃是解决之道。我们在章太炎那里看到了一种处于删削之下的写作(writing under erasure),一种对符号的新的应用:

---

① 章太炎,《齐物论释》,4页。
② 高田淳, Modern China and Confucianism, 137页。"离言说相"在《大乘起信论》中的原文出处是"离言说相,离名字相,离心缘相。毕竟平等,无有变异不可破坏。唯是一心故名真如。"参见 Muller, Digital Dictionary of Buddhism。

> 徒以迹存导化,非言不显,而言说有还灭性,故因言以寄实,即彼所云"言无言,终身言,未尝言,终身不言,未尝不言"。①

晚清时期剧烈的变化要求知识分子发展出新的语词来理解他们所处的世界,同时翻译新的概念。在标准化的日译占据霸权地位之前,严复等晚清知识分子创造性地从古代典籍中借来一些表达,从而创造出新的意义。然而章太炎却远没有止步于此,因为他并不是仅仅从海量的汉字中挑选和组合出那种西方表达的假设对等物。② 章太炎对那些他认为具有霸权的对立区分和价值判断展开了激烈的批评,因此他不仅仅需要使用那些极为晦涩的表达,更要持续地求助于那些将语言和表意(signification)推向极致的悖论(paradox)。而最能表现这种悖论性的地方莫过于他对自己文章中的语言使用的讨论:

> 夫以论破论,即论非齐。所以者何?有立破故。方谓之齐,已与齐反,所以者何?遮不齐故。是故《寓言篇》云:"不言则齐,齐与言不齐,言与齐不齐也。"③

通观上文,我们不应该认为章太炎的"齐"仅仅是指一种稳固的状态(ineffable state)。事实上,章太炎是在试着揭示语言

---

① 章太炎,《齐物论释》,6页。
② 这就是刘禾所描述的跨语际实践,通过这个实践过程,我们可以说新的(既非中国又非西方的)意义就作为没有预期的结果而产生了。而章太炎则对这种新意义的产生更具反省意识。见刘禾,《跨语际实践》。
③ 章太炎,《齐物论释》,4页。

(words)与"齐"之间的张力,而这恰恰也反映着事物之间的张力。他在这部作品的关键章节中写道:"齐其不齐,下士之鄙执;不齐而齐,上哲之玄谈。"①这段文字看起来有些难懂,但是既然章太炎将他的"齐物"哲学与黑格尔的目的论历史观对举,那么我们就有可能理解为他是在追寻一种摆脱了概念化的关于差异的概念,而这种思路是我们可以在柏格森及更晚近的德勒兹那里找到的。特别是德勒兹,他在对柏格森的阐释中将差异(difference)从确定(determination)那里区分出来。在德勒兹看来,黑格尔的辩证法代表一种线性的运动,因为他关于差异的看法是外在于事物本身的,因此不得不同时牵涉到确定(determination)和矛盾(contradiction)。我们在遍布于其思想的许多元素,像存在与虚无、特殊和一般的对立中都能够看到这种情况。德勒兹明确地通过引用柏格森来开辟超越这些对立的路径,他声称在柏格森看来,"巨大的差异非但不是一种确定,而可能恰恰是相反的情况——一旦有选择,它将选取不确定本身。"②当然,如果仅仅是不确定性的话,那么黑格尔就可以此还击,即在本质上,柏格森是无力来思考差异问题的,因此"一旦有选择"这个表达就变得十分重要。换句话说,我们最好是不要从确定/不确定这个对立中做选择,但从我们一般的概念栅格(conceptual grid)来看,这种类型的"巨大差异"只能够显现为不确定。为了表达像"悖论式的确定"(paradoxical determination)这样的概念,章太炎不能仅仅停留在放弃语词、概念和思考。他暗指了一种产生于非概念空间中的形式符号。

---

① 章太炎,《齐物论释》,4页。
② Deleuze,"La conception de la difference chez Bergson", p. 92;英文版"Bergson's Conception of Difference", 50页。

我们可以理解为章太炎是在试图设想一种避免了他在康德和黑格尔那里看到的普遍与特殊、平等与不平等对立的一种平等。当然,章太炎并不认为,我们是因为黑格尔才深陷于与语言、概念相关的凡俗世界中。事实上,我们的整个概念框架——产生于自相种子及多重意识的运动——对我们来说就是无法逃离的逻辑。章太炎反复地宣称这种对于范畴产生(production of categories)的唯识宗式分析,事实上早已领先于康德关于范畴作为经验可能性之条件的思考。

以"齐"为立足点对帝国主义和宗教的批评

章太炎认为范畴的产生也会在政治上带来危险的后果,像是之前已提到过的与"公理"相关的那些。在《齐物论释》中,章太炎并没有提到"公理",这可能是因为他在某种程度上有退出政治讨论的意思。但是他仍然坚持提到宗教问题,因此接续着他《民报》时期便纠结的问题。例如,他认为,只要习惯的界限和区分对立还存在,那么压迫就会存在:

> 若其情存彼此,智有是非,虽复泛爱兼利,人我毕足,封畛已分,乃奚齐之有哉。……夫托上神以为祢,顺帝则以游心,爱且暂兼,兵亦苟偃。然其绳墨所出,斠然有量,工宰之用,依乎巫师。苟人各有心,拂其条教,虽践尸蹀血,犹曰秉之天讨也。夫然,兼爱酷于仁义,仁义憯于法律,较然明矣。①

---

① 章太炎,《齐物论释》,4 页。

尽管章太炎并没有直接攻击公理概念,他仍然对那种使主体将压迫内在化和自然化的意识形态极为不满。正如我们在前面看到的,章太炎对于宗教有着比对该词的一般看法更宽泛的理解。在他看来,宗教是指任何的试图给历史加上确定目标或想象一种宇宙起源并从中阐发普世价值的行为。这些行为是由心灵或说自我所产生的,而自我也是与宗教相关的种种统治关系的起源。在《齐物论释》中,我们可以看到一些与其早期写作在结构上相似的构想,只是在这里宗教取代了"公理"的位置。例如,在《齐物论释》一文中,大爱(主要指墨家和基督教)是比儒家("仁")更糟糕的,而后者又比法律糟糕。显然,章太炎还保留着他早些时候关于"公理"比法律更恶劣的看法,也就是说,在法律压制的表层之下,是一种主体的活动,或者说就是主体本身的存在。

比起他以往在《民报》中的写作,在《齐物论释》中,章太炎表现得更为哲学化,更是很少讨论到种族、民族主义,甚至是社会这些话题。然而他一以贯之地强调"公理"及相关的对立区分将服务于帝国主义。这种观点在他对《庄子》中十分含混难解的一个篇章的阐释中表现得十分明显:

> 故昔者尧问于舜曰:"我欲伐宗、脍、胥敖①,南面而不释然,其故何也?"舜曰:"夫三子者,犹存乎蓬艾之间。若不释然,何哉?昔者十日并出,万物皆照,而况德之进乎日者乎!"②

---

① 对于"胥"字是否应为"骨"字存在着不同意见。见《庄子》,74 页。
② 章太炎在《齐物论释》中引用,39 页。

研究《庄子》的学者们对于这段文字的解读存在困难,以至于绝大部分的现代评论者简单地将其回避了。例如,格雷厄姆(A.G.Graham)认为这个故事似乎是被放错了位置。① 但是章太炎却认为这是《齐物论》中最重要的章节之一,而且他认为这事实上是一种对帝国主义的批评。章太炎还认为,前人中唯一一个领会了庄子意思的就是郭象。章这样说道:

> (郭云:)"将寄明齐一之理于大圣,故发自怪之问以起对也。""夫物之所安无陋也,则蓬艾乃三子之妙处。""今欲夺蓬艾之愿而伐使从己,于至道岂宏哉,故不释然神解耳。若乃物畅其性,各安其所安,无有远近幽深,付之自若,皆得其极,则彼无不当而我无不怡也。"②子玄(即郭象)斯解,独会庄生之旨。③

这是对郭象的"万物各随其本性"哲学的最经典表述,而后者事实上也是郭象自己对其所处晋朝的回应。而章太炎认为"使他人追随一人"这样的问题已经令历史深受其苦,尤其是在庄子之后的时代。④ 他认为通观历史,统治者们总是用文明/野蛮的对立作为他们发动侵略的借口,还坚持认为他们是在把文化带给落后国家:

> 然志存兼并者,外辞蚕食之名,而方寄言高义,若云使

---

① Chuang Tzu: *The Inner Chapters*, p. 58.
② Feng Yu-lan, *A Daoist Classics*, p. 51.
③ 章太炎,《齐物论释》,39 页。
④ 章太炎,《齐物论释》,6-7 页。

彼野人获与文化,斯则文野不齐之见,为桀跖之嚆矢明矣。①

在《五无论》中,章太炎认为欧洲列强是用平等与文明的话语为侵略正名,但是在《齐物论释》中,他却认为这种思考在墨子和孟子那里就已经发源了。他引用《孟子》中关于古代君王商汤和伊尹利用宗教来控制他国的篇章作为证据。因此,纵观历史,帝国主义者始终在区分文明与野蛮,而除了庄子以外,其他的学者却都被这种说法蒙骗了。章解释说,如果我们把"齐物"(equalization of things)作为标准,那么,"纵无减于攻战,舆人之所不与,必不得藉为口实以收淫名,明矣"。② 也就是说,章太炎认为自己揭示了一种统治者和侵略者借以愚弄人民的意识形态机制。

在此语境中,章太炎又讨论到无政府主义,对其进行了抨击,认为无政府主义在事实上再造着征服的逻辑之时,还认为自己在推动平等。他继续发展了《四惑论》中关于"劳动"的议论:

> 如观近世有言无政府者,自谓至平等也,国邑州间,泯然无闲,贞廉诈佞,一切都捐。而犹横著文野之见,必令械器日工,餐服愈美,劳形苦身,以就是业,而谓民职宜然,何

---

① 章太炎,《齐物论释》,39 页。最后的语句引自《庄子·在宥》,参见 The Complete Works of Chuang Tzu, p. 118;《庄子译诂》,193 页。
② 章太炎,《齐物论释》,40 页。

其妄欤! 故应务之论,①以齐文野为究极。②

章太炎在如下意义上批评无政府主义者,即只要人民还对自我存有意识,那么他们就免不了往兼并他国的路上走去,而国家也就因此变得不可避免了。在章太炎看来,无政府主义者们甚至没有往对的方向前进,因为他们肯定了自我意识的膨胀,而不是通过将这种意识还原到其可能性的前提条件(即"虚空"和"齐")从而消灭这种意识。当然,章太炎也意识到,要让自己的方案真正变为政治事实,就一定需要一种对意识的大规模的消除。换句话说,每个人都必须在某种程度上离开佛家认为的世俗世界——在其中事物是具有同一性的(identity)——转而到达一种"真"(truth)的领域,在其中事物是"虚空"而"齐"的。

作为政治替代方案的"齐"

在《齐物论释》中,章太炎只通过引用《庄子》中极其抽象的字词来讨论其佛/道宇宙观的政治效果。例如在谈到中国的法律时,他引用了《庄子·天运》中的一段,"九洛之事,治成德备。监临下土,天下戴之。此谓上皇。"③章太炎评论道,庄子借巫咸之口说出这些话,后者建议统治者在治理国家时,应顺应天道:

---

① 出版于1914年的第二版中,"务"字被替换为"物"。
② 章太炎,《齐物论释》,40页。
③ 前引书,6页。《庄子译诂》,268页。*The Complete Works of Chuang Tzu*, 154. Watson把"九洛之事"翻译为"instructions of the Nine Lo",并把"Nine Lo"解释为《尚书》中的《洛诰》。我则采纳唐代道家思想家成玄英的看法,即认为"九洛"是指"九州"。

> (其说出乎巫咸,)乃因天运地处,日月云雨之故,不可猝知,而起大禹、箕子之畴,则以之涂民耳目,而取神器也。夫然,有君为不得已,故其极至于无王。①

如同章太炎的早期作品,这段文字认为统治者的存在具有暂时的合理性。有时他甚至声称,没有焚书的秦始皇那样的暴君来销毁那些借文明之说支持帝国主义的种种邪书,实为不幸。② 但是在《齐物论释》开篇的《释篇》结尾处,他却通过稍稍改变《易经》中的一段话——"云行雨施,品物流形"③——来做了一个乐观的评注。"品物"的概念和《齐物论释》的主题恰好对应,但是章太炎却用这段话下了一个更具历史特定性的结论:"云行雨施,则大秦(即罗马)之豪丧其夸,拂菻(即东罗马)之士忘其累,衣养万物,何远之有。"④

这里两次提到罗马,其实是在指涉西方帝国主义列强,后者以其文明为豪,但却将最终丧失霸权,并让步于佛/道"齐"的世界。⑤ 章太炎几乎没有讨论过"齐"的世界的政治与文化体系的细节。在《五无论》中,我们看到了章太炎对"游工"的描述,而我们也有理由相信章太炎仍对这种理想形式抱有信心。但问题是,在使文明/野蛮这一对立变为"齐"这一意义上,这又意味着什么呢?

章太炎对这一问题的处理跟他的语言观紧密联系。章太炎

---

① 章太炎,《齐物论释》,6 页。
② 前引书,40 页。
③ 英文版 Wang Bi, *The Classics of Changes*, 129。这是对"乾"卦的评注,中文版见《王弼集校释》,213 页。
④ 章太炎,《齐物论释》,7 页。
⑤ 高田淳,《辛亥革命と章炳麟の齐物哲学》,145 页。

通过援引经典,将"文明"与"野蛮"从它们通常的含义中解放了出来,因此提供了一种新的可能性。他在两个重要的篇章里讨论了这一问题。首先,他从文明和野蛮的关系上定义了"平等":"俗有都野,野者自安其陋,都者得意于娴,两不相伤,乃为平等。"①然而章太炎认为这是不可能实现的,因为都者将用他们的"文明"来"夺人之陋"。② 换句话说,这样的种类划分使得他们不能够独立存在,因为他们具有与"小智"(与对自我的意识相关)相勾连的种种欲望。教化与文明不可避免地包含着对"野"的鄙视,而城市最终也将吞没乡村,正如所谓的"文明"之国会侵略其他的"野蛮"之国。章太炎认为这解释了包裹在话语的糖衣中的帝国主义的反复出现。

因为动听的话语如"文明"及其对立物都跟自我视角、心灵和意识相关,所以章太炎就不能把帝国主义批评为"野蛮"。因此无论何时他都用"饕餮"、"梼杌"和"穷奇"这样古旧的字眼来描述帝国主义者。③ 这三个形象都是《左传》中所记载的传说中的暴君,但是后来他们都变成了神话形象。这些字眼唤起那个先秦时代的中国——相传当时的中国是一个在四方相应地被"混沌"、"饕餮"、"梼杌"、"穷奇"这些兽族所包围的王国。在《齐物论释·序》中,章太炎明确地把古代即庄子的时代,比作他自己所处的时代,并以此强调庄子在当时的意义。

> 昔者,苍姬④讫录,世道交丧,奸雄结轨于千里,烝民涂

---

① 章太炎,《齐物论释》,6 页。
② 前引书。
③ 前引书,7、40 页。
④ 苍姬是周代的君王,这里章太炎指的是周代的终结。

炭于九隅。其惟庄生,览圣知之祸,抗浮云之情……作论者其有忧患乎！远睹万世之后,必有人与人相食者,①而今适其会也。"②

通过把古代世界与20世纪的世界并置,章太炎向我们展示了(中国)国内和国际的危机。在国内,人们过于功利。国际上,各国已经变成了令人想起混沌、饕餮、梼杌、穷奇"四凶"的嗜血的帝国主义食人者。简而言之,中国和其他弱小国家已被这些虎视眈眈的兽族所包围。"四凶"是指四只神话中的恶兽,而从科学观点来看,他们当然都是虚构的存在。比如《神异经》中,就把梼杌描述为"人面虎足猪牙,尾长七八尺"。③ 章太炎希望通过充满神话和想象色彩的字眼,来避免对文明/野蛮对立的单纯重复,后者在他看来是由一种科学世界观所规定的。

而在谈到对立的另一面,即"文明"时,章太炎则向近代以前对"文明"这两个汉字的使用致意,并进行了一种或许可以称之为颠覆性的"跨语际实践"。在中国古代典籍中,"文明"二字用来指称儒家文化,同时也表示对蛮夷的排斥——蛮夷即那些不遵行儒家礼仪的人(见本书第二章)。但是章太炎却选择了晋朝王弼注释《易经》时的做法,即把"文明"跟道家宇宙观联系起来。章太炎引用了王弼对《易经·睽卦》的评注：

王辅嗣《易说》曰："以文明之极,而观至秽之物,睽之甚也。豕失负涂,秽莫过焉。至睽将合,至殊相通,恢恑憰

---

① 该句引自《庄子·庚桑楚》。
② 章太炎,《章太炎全集》,第6卷,3页。
③ 引自《汉语大词典》,第4卷,1350页。

怪,道将为一。"①

这段文字事实上表达出了一种传统中国的辩证法——张世英等20世纪著名的中国哲学家将之比作黑格尔的辩证法。然而,为了理解章太炎的观点,我们必须强调这种辩证法并不包含任何的指向性。此外,尽管"殊"被克服了,却不存在任何凌驾于区别之上的超越性主体。"合"的前提是保存差异,而不是消除差异。

上面这段的最后一句十分关键,这一句联系着《齐物论释》的一个重要主题。因为在《齐物论释》中我们通常看到章太炎通过引用王弼来解释庄子,而在这最后一句中,王弼自己便引用了庄子的《齐物论》。这段文字看似在强调一种统一体(unity)的决心,但是我们应该特别注意如何来理解"一"。章太炎认为这段文字非常重要,他还强调这段文字的含义与"海羯尔有无成之说"②不同。

这段文字还让我们想到章太炎在《四惑论》中所引用的庄子的话:

> 恶乎然?然于然。恶乎不然?不然于不然。物固有所然,物固有所可。无物不然,无物不可。……恢恑憰怪,道将为一。③

---

① 章太炎,《齐物论释》,40页。Wang Bi, *The Classics of Changes*, pp. 372-373;中文版见《王弼集校释》,407页。
② 章太炎,《齐物论释》,24页。
③ 前引书,19页。

章太炎认为,非但黑格尔对此不理解,甚至连郭象和佛学家也没能理解庄子的观点。在章太炎看来,这段文字表明,统一性意味着在不进行理性规训的基础上对事物进行确认。① 这样,章太炎再次展示了一个人们不再为理性和原则所统治的世界。

介于两个世界间的章太炎

这其中的悖论自然在于,除非世界可以转化为一个没有自我存在的世界,否则自我就不得不创造出对于理性的幻想。章太炎因此说,人们除了在意识到自己分明生活在一个虚构中而仍然继续生活以外,别无选择。他认为庄子通过那个关于猴子的著名寓言讨论了这个问题。

> 狙公赋芧曰:"朝三而暮四。"众狙皆怒。曰:"然则朝四而暮三。"众狙皆悦。名实未亏而喜怒为用,亦因是也。是以圣人和之以是非而休乎天钧,是之谓两行。②

章太炎认为这则寓言探讨了两个问题,一个是人们对于独立的因与果存在的幻觉,另一个则是认识到作为虚构的理性仍然可以触动人们。章太炎认为庄子用"喜怒为用"这一句来说明,人们往往错误地认为圣人知道事之起因,愚者则不知这一事实是正确的。实际上这与任何通常意义上的因果关系都无关,相反,章太炎认为"圣人内知其违,而外还顺世"。③

---

① 章太炎,《齐物论释》,23 页。
② 章太炎,《齐物论释》,54 页,原作英文由格雷厄姆(A.G.Graham)翻译。
③ 章太炎,《齐物论释》,23 页。

我们能够猜想到,这就是章太炎对1910年(那令章震动的辛亥革命爆发的前一年)自己的处境的认识。章梦想着一个围绕着佛/道原则组织起来的,没有"公理"的统治与任何自我意识的副产品的世界,他也深知自己确实是在幻想某种在经验上不可能的事物。毕竟经验世界本身就是由阿赖耶识或"道"的流动和误认所创造的,而这个世界必须在真正的"齐"得以实现前被消除。他可能认为自己和自己最大的敌人康有为一样,像一个不得不启蒙他人,并且试着寻找能更好地处理如国家等现存机器的菩萨。因此,在《齐物论释》的末尾,章太炎反复地提醒读者说,根据庄子和唯识宗佛学的看法,菩萨和圣人并不是处于涅槃中,事实上"一切法本来涅槃"。问题在于,人们通常意识不到这点,因此不可避免地重复创造出那个自带其一切政治问题的世俗世界,而这最终又将作为客观的"业"出现在人们面前。因此在《齐物论释》的结尾处,章太炎引用了《庄子》中的一段文字,可能是在借此表达自己感到的与同代人的疏离,以及从他复杂的哲学中生出的真实后果的相对缺失:"芒乎昧乎,未之尽者。"①

结　论

章太炎通过重新阐释中国古代思想经典和唯识宗佛学,从而既责难了表象世界的种种实践和机构,又显示了一个超越凡俗的"齐"的世界。如我已在前面的章节所分析过的,现代性的

---

① 英文版见 *The Complete Works of Chuang Tzu*, pp. 373-74;中文版见《庄子译诂》,714页。

世俗世界可以说是由主体/客体、个人/集体这样一系列二元对立所统治的。按照卢卡奇的思路,我们也可以在资本主义社会关系上来理解这个世界。这种世界观及其物质基础(即资本主义民族国家集合)正是在晚清时期入侵中国。尽管章太炎还没有明确地认识到这些,他无疑拒绝了某些所谓科学世界观的基本范畴,同时反对了这一体系得以扩散和自我合法化的途径之一:帝国主义。换句话说,章太炎用佛学范畴比他的同代人更从根本上领会了资本主义和民族主义的扩散——即它们是整体性的形式,是关于文化而不仅仅是政治经济的。因此,章太炎就不仅仅攻击了不平等,更是将矛头同时指向了线性时间观、"公理"及一种新浮现出的世界观。他的终极目标是要通过停止存在本身来消除这些现象。章太炎反帝国主义的思想遗产将被"五四"知识分子和共产主义者所继承,他们当然也继承了无政府主义先驱们关于进步的理念并创造出了类似文明/野蛮二元对立这样的种种概念。由于后来的史学家们将章太炎的著作放置在革命范式中来讨论,其自身的思想遗产和论辩便往往被遮蔽了。而那些章太炎的"齐物"哲学所召唤起来,但却不曾决心实践的问题就是:如何在主导范式之外思考政治,以及如何在联系政治实践的情况下,更为具体地设想他对现代世界的拒绝和对"齐物"世界的建设。

第六章　章太炎、鲁迅、汪晖：
想象一个更好未来的政治

在前几章中，我们已经看到章太炎怎样从一种对反满表演性认同的民族主义叙述转到了一种基于唯识宗佛学而对当下世界展开抽象的哲学批判。章氏不时会动用佛教的宗教力量去强化他的民族主义叙述，从这个意义上来说，尽管他与梁启超等人在政治目标上存在诸多差异，但却和他们共享了同一套方案，即用佛教将个体与民族联合起来。然而，章氏对佛教的造诣较深，这使他能够远远超越纯粹的民族主义政治进而去质疑我们所谓的现代性的基础。例如，在第五章，我们会察觉到，章氏在研究无政府主义乌托邦时就对晚清知识分子浸染着科学和道德的公理概念进行了批判。

为了能够领会到章氏佛学著作的重要意义，我们需要审视鲁迅和汪晖的作品，因为这二者都是杰出的知识分子，他们各自在20世纪初和20世纪末构建了一种对现代性的批判，而这种批判的灵感部分来源于章太炎。鲁迅或许是章太炎最著名的学生，而汪晖，当今中国最著名的知识分子之一，则是鲁迅弟子唐弢（1913-1981）的学生。鲁迅大概是中国20世纪最著名的知识分子,也是通常所说的中国现代文学之父。自 1936 年离世以来,他一直被誉为中国最重要的启蒙知识分子之一。考察鲁迅的作品能使我们了解章氏曾经具有且至今仍在持续的影响。正如日本学者木山英雄所论,鲁迅的反抗思想植根于章氏的佛学言论中。鲁迅延续了章氏对资本主义理性化的批判,但与章氏不同之处在于,他是通过对民间信仰,尤其对鬼观念的肯定来对抗这种潮流的。汪晖近来对鲁迅作品中鬼的解释激活了章氏著作的当代意义,他运用鬼的比喻暗示出了一个超越资本主义的未来,同时隐约预示了一种不同的革命类型。换言之,21 世纪初,当人们都在告别革命时,汪晖却试图通过向鲁迅乞灵的方式来复活激进变革的观念。即使我们不接受章太炎、鲁迅和汪晖试图用来解决现代性问题的框架,但我们仍会看到他们的回应从属于一个更大的潮流,也会意识到我们仍在努力解决很多他们曾面对的问题。

章太炎著作的意义

研究章太炎的学者往往认为,章氏作品的意义主要源于他身上兼具双重角色,章氏既是一位为 1911 年辛亥革命摇旗呐喊的反满宣传家,同时又是一位杰出的国学家。从 1949 年中华人民共和国成立到 80 年代初,章氏著作的中国阐释者通过将他的佛学著作放置在革命语境中从而窥见了它们的意义所在。通过此书,我论证了这些著作所具有的涵义远远超出了反满革命而指向更为根本的变革。80 年代中国杰出的知识分子,李泽厚和刘再复,在他们广为流传的小册子《告别革命:回望二十世纪中国》(《告别革命》)①中就打出了反对革命的姿态。这个文本不仅矛头指向通常的革命概念,而且专门抨击了1911年革命以及包括谭嗣同和章太炎在内的许多晚清激进思想家。尽管像这样的反对革命作品也许显得有些保守,但它们仍为审视章氏著作的意义开辟了一条道路,因为他们使章氏著作的意义摆脱了从1911年革命到五四激进主义再到1949年中共胜利这样一种历史进化论的叙述模式。②

在西方,学者们对全球化趋势的回应使章氏著作的意义以新的方式呈现了出来。正如大卫·哈维(David Harvey)和弗雷德里克·杰姆逊(Frederic Jameson)指出的那样,20世纪70年代以来,伴随着福特制福利国家全球危机的爆发以及新自由主义资本主义的到来,学者们已使他们的理论框架远离了宏大叙事。其结果是,他们愈加批判启蒙且质疑理性。

虽然全球资本主义改革和理论思潮之间的关系是复杂的,但对国家结构合理性失去信心的同时,国家社会主义替代方案实际上被取消,而人们也不再相信历史目的论的愿景。总之,虽然全球资本主义新阶段有其两面性,既是整体化的也是破碎的,但后现代理论却强调破碎性、非理性及偶然性。从这个角度看来,章氏的佛学言论,尤其是他对进化论和国家的批判,以一种全新的形态呈现了出来。

通过本书,我已论述了章氏的佛学言论是对中国被并入全

---

① 李泽厚、刘再复编,《告别革命》,同时可参考 Van Dongen, "Goodbye Radicalism"。
② 战后,日本汉学家将对进化论的批判与对中国革命的颂扬结合了起来。我将会在另一部关于日本汉学家和文学批评家竹内好的作品中去专门讨论日本的情况。

球资本主义世界整体态势的一种回应。在第三章中,我们已看到,章氏的佛学如何与他个人的监禁遭遇发生着密切的联系。虽然章氏有时会用佛教思想去支撑那个由集体构成的革命主体性,但他的佛学言论仍然包含着超出即时政治目标的逻辑。的确,正是这种超越性使他的作品能够在更深层面上与资本主义现代性构成对话。章氏运用唯识宗的框架批判了进步理念、群体(group)领导权以及国家观念。这种批判不只是一次纯粹的反满论争——而更是对全球资本主义现代性在20世纪初中国呈现出来的理性化趋势所做的一次回应。

然而,章氏佛学著作在中国历史上的意义可能并不明显。不像他的反满著作,他受佛学启发的文章不能被简单地同任一重大历史事件如"辛亥革命"联系起来。的确,由于将《民报》变成"佛报"且背叛革命,章氏在他的时代遭到了批判。然而,恰恰由于佛学让章氏与时代政治保持了一定距离,才为他提出有关政治和本体论的根本性问题打开了空间,而这些问题本身正构成了反抗全球资本主义现代性所具有的理性化力量的全球趋势的一部分。从这个意义上来说,章太炎继承了叔本华和尼采这样的后黑格尔哲学家的遗产,他们的著作他在日本首次接触到。由于章氏遇上后黑格尔主义,因此,他在1911年革命前几年中写就的作品,尽管没有明确的基本思想,但却在全球资本主义时代设想了一种代替全球现代性的隐晦的佛教方案。

此外,尽管中国的马克思主义者由于明确批判资本主义和帝国主义因而比章氏更胜一筹,但他们仍旧认可一种进化或进步的历史愿景,这实际上承继了晚清拥护公理之人的遗产。章氏分析问题的逻辑必然会导致这样的结论,即晚清的公理观念体现了全球资本主义民族-国家体系的目的论。那么,按照同样的逻辑,中国马克思主义意识形态与全球资本主义理性化力量有着密不可分的联系,它只是片面地抓住阶级斗争。当中国马克思主义话语变成霸权话语时,章太炎和其他激进作家被塞进了阶级斗争模式,由此,他们反抗全球现代性理性化趋势的一面受到了遮蔽。正因此,在这本书中,我试图将现代思想与章太炎的佛学著作放在一起来思考,特别是通过阐述一种资本主义理论的方式将二者联系起来,因为资本主义被认为包含着一种比纯粹的利益冲突或阶级斗争更为根本的动力。我们会在本章最后讨论鬼和未来的可能性时再回到这个问题上。

鲁迅及以心抗群(groups)

章太炎最著名的弟子,鲁迅,延续了对理性化的反抗。我们知道,当二人同在东京期间,鲁迅曾师从章氏。鲁迅迁到东京是在1906年春,而章氏出狱后也于那年夏天抵达东京。1907至1908年间,鲁迅发表的几篇文章在很多方面都受到了章氏作品的启发。1936年,章太炎逝世后不久,鲁迅赞扬了章氏那些"用宗教发起信心,增进国民的道德"的《民报》上的著作。① 然而,章太炎处于佛学阶段的著作所产生的影响要远比单纯的国民道德更为深刻。1908年12月,鲁迅发表了《破恶声论》,此时正值章太炎发表《四惑论》五个月后。鲁迅的《破恶声论》很可能模仿了章氏的《四惑论》。回想一下,章太炎在这篇文章中批判了进化、唯物、公理和自然。鲁迅的文章则呈现了章氏的批判要点,尤其在将个人从众治中解放出来方面更是如此。

---

① 参见鲁迅《关于太炎先生二三事》,《鲁迅全集》,第6卷,566页。

鲁迅的早期著作,尤其是《破恶声论》,最令人震惊的地方在于,鲁迅从个人的立场,更确切地说是从内心出发,反抗一切群体组织,无论是民族的还是世界的,这里似乎有一种非理性的本体论的来源。与章氏著作相应,心性(心)提供了一种超越性,这反而使一个人能够同各种潮流和形势做斗争。鲁迅用诸如"心"这样的概念去抨击任何形式的群体组织,但同时他又将声和心联合起来,由此构成一种新的共同体。

根据声音是源自心性还是发自外部,《破恶声论》谈到了各种声音的差异。总之,恶声缺乏心性和生命,是抽象地从外部强加而来的。在鲁迅和章太炎看来,当一个人要执行一个抽象的不考虑特殊性的理想时,他就会抹平并消灭各种差异。心性是差异的场所,但这个场所的范围却并不固定。它连接着个人,但同时也能是民族的。① 鲁迅将民族的命运同一种独特的声音联系了起来,这种声音能为新事物的到来扫除道路:

> 本根剥丧,神气旁皇,华国将自槁于子孙之攻伐,而举天下无违言,寂漠为政,天地闭矣。②

---

① 汪晖最近指出,这种声音观念也与晚清语言改革问题相关。无论是改良派人士还是无政府主义者都提出过统一语言的议题。1906年出狱后,在向东京留学生所做的著名演讲中,章太炎就提出通过复兴"语言文字"、"典章制度"和"人物事迹"来弘扬国粹。汪晖《声之善恶:语言、迷信与人的诞生:鲁迅对民族主义与世界主义的双重批判》,未发表的手稿。针对康有为这样的改良派和吴稚晖这样的无政府主义者,章氏更强调与中国语言相关的民族性。(章太炎《演说录》,见《民报》第六号,参见《民报》合订本第一册第六号,科学出版社影印,1957年。——译注)
② 鲁迅,《鲁迅全集》,第8卷,25页。在此,我想感谢寇志明(Jon Kowallis)和我分享他还未发表的《破恶声论》、《文化偏至论》以及鲁迅其他早期著作的精美译文。

这篇文章的写作背景当然是导致"辛亥革命"的诸多事件，如清朝新政以及晚清中国的危机感。这些因素激发20世纪初的思想家不断去思考民族存亡问题。然而，由于将民族主义的基础建立在心性上，同章太炎一样，鲁迅也启用了一种超出民族的逻辑。鲁迅坚决认为，为了对抗这种闭塞和寂漠，一个人必须依靠一种与主体性及心紧密相连的独特的声音：

> 吾未绝大冀于方来，则思聆知者之心声而相观其内曜。内曜者，破黮暗者也；心声者，离伪诈者也。人群有是，乃如雷霆发于孟春，而百卉为之萌动，曙色东作，深夜逝矣。①

这些声音同人类的情感相连，而且能够冲破未发自内心的浅薄语言造成的寂漠之境。它们正是同激进变革相关的声音，恰如鲁迅用曙色这个比喻所暗示的那样。而这种变革的前提是个人从群体中解放出来：

> 情若迁于时矣，顾时则有所迕拒，天时人事，胥无足易其心，诚于中而有言；反其心者，虽天下皆唱而不与之和。②

鲁迅详细阐发了章氏《民报》著作里的两点：心性或意识的自主性，以及个人反抗群体的道德性。他强调将内在性和主体性作为反抗外部力量的立足点。因此尽管人情随时而迁，但由心而生的语言却不会为任何外在事物所动摇。接着章氏论国家

---

① 鲁迅，《鲁迅全集》，第8卷，25页。
② 前引书。

的文章和《四惑论》,鲁迅断言,心性为一个人提供了反抗整个世界的基础。鲁迅相信,心能够如此坚韧因为它和自然的力量直接相连:"其言也,以充实而不可自已故也,以光曜之发于心故也,以波涛之作于脑故也。"

如同章氏的阿赖耶识,心性是一种自主的力量;像波涛一样,它不能被自我所控制。言语、心和自然之间有一种直接的联系,这种联系似乎绕开了热衷于时代嘈杂之音的一般自我。心使诸如客观自然界和主观感情这样的对立物得以联合起来。而这二者又被结合在了一个生(life)的概念中,竹内好正是将这个概念看作鲁迅作品的核心。① 由于使主观和客观联合起来,心/生也为个人和社会的结合提供了可能。心/生担任了一种本体论来源的角色,而这种本体论来源既是个人的也是社会的。至于它(心/生)是怎样鼓动人的,鲁迅这样论述道:"是故其声出而天下昭苏,力或伟于天物,震人间世,使之瞿然。瞿然者,向上之权舆已。"②在鲁迅看来,这个人,这位圣者(sage)的声音是世界历史之力。鲁迅使用了诸如"天下"和"人间世"这样的词汇,这表明,在唤醒民族之外,他还涉及一种世界-历史的开端。鲁迅不再强调特定的地理边界,而是试图阐明作为新型共同体基础的那些原则。他预示了一个时代的开始,在那个时代里,人民自己创造自己的历史而不是被诸如人为的群体一致性这样的抽象力量所战胜。只有通过这种唤醒,人才会成为个体,进而成为另外一种共同体认同的前提。自相矛盾的是,据鲁迅所言,为了唤醒民族,似乎就必须先打破群体回到个人:"盖惟声发自心,

---

① 竹内好,《鲁迅·前言》。(参见竹内好著《鲁迅·序章》,李心峰译,浙江文艺出版社,1985年11月,1—12页。——译注)

② 前引书,26页。

第六章　章太炎、鲁迅、汪晖：想象一个更好未来的政治

朕归于我，而人始自有己；人各有己，而群之大觉近矣。"①"群"这个词也可以翻译为"group"，因此我们可以认为，鲁迅是说，真正的群体同一性需要个体意识及心所象征的生命主体性。由于将批判的基础建立在先验的心/生上，鲁迅对伪民族主义和世界主义发起了攻击，这再次回应了章氏的《四惑论》：

> 寻其立意，虽都无条贯主的，而皆灭人之自我，使之混然不敢自别异，泯于大群，如掩诸色以晦黑，假不随驸，乃即以大群为鞭筴，攻击迫拶，俾之靡骋。
>
> 往者迫于仇则呼群为之援助，苦于暴主则呼群为之拨除，今之见制于大群，孰有寄之同情与？②

章太炎先前已批判过世界主义和民族主义，在他指出人非为世界而生，非为民族而生，或非为任何其他集体而生时。鲁迅跟随章氏，也试图克服现代性的各种异化，克服主体性对客体力量的隶属，而这个客体可以表现为由众数（groups）和物质组成的世界。鲁迅将群体的压制和机器的统治联系了起来，并通过这样的做法表明，人的力量如同资本，会像机器一样剥夺人的个性和生命力。

机器和机械化

在《破恶声论》中，鲁迅运用一个比喻将他对群体的批判和

---

① 竹内好，《鲁迅·前言》。
② 前引书，28页。

更大的机械化过程联系了起来:

> 若其靡然合趣,万喙同鸣,鸣又不揆诸心,仅从人而发若机栝;林籁也,鸟声也,恶浊扰攘,不若此也,此其增悲,盖视寂漠且愈甚矣。①

鲁迅描绘了一种生或心性对抗机器的情景。这幅画面使我们想到韦伯将职员(workers)描述为官僚机器的齿轮。马克思没必要使用比喻,因为他描述的是资本主义工业真实的机器,在资本主义工业中,"劳动条件使用工人"。

> 甚至减轻劳动也成了折磨人的手段,因为机器不是使工人摆脱劳动,而是使工人的劳动毫无内容。一切资本主义生产既然不仅是劳动过程,而且同时是资本的增殖过程,就有一个共同点,即不是工人使用劳动条件,相反地,是劳动条件使用工人,不过这种颠倒只是随着机器的采用才取得了在技术上很明显的现实性。由于劳动资料转化为自动机,它在劳动过程本身中作为资本,作为支配和吮吸活劳动力的死劳动而同工人相对立。正如前面已经指出的那样,生产过程的智力同体力劳动相分离,智力转化为资本支配劳动的权力,是在以机器为基础的大工业中完成的。变得空虚了的单个机器工人的局部技巧,在科学面前,在巨大的自然力面前,在社会的群众性劳动面前,作为微不足道的附属品而消失了;科学、巨大的自然力、社会的群众性劳动都

---

① 竹内好,《鲁迅·前言》,26页。

体现在机器体系中,并同机器体系一道构成"主人"的权力。①

马克思描述了削弱个性的两种因素(movements),即抽象的支配和无所不在的集体力量。就资本主义创造出与生产特定使用价值的劳动相对立的"抽象劳动"而言,被剥夺了全部内容的劳动概念是资本主义与生俱来的。然而,这个过程趋于完成并变得"明显"则是到机器使活劳动从属于死劳动时。采用机器是为了加快价值的生产,但在资本主义体系中,它们却将工人变成机器的附件,使工人失去自主性。这种去技术化的工人,"生产过程的智力同体力劳动相分离",导致工人越来越少地使用自己的心智;他们的行为仅仅是身体的和机械的,就像一台机器的行为一样,这台机器融入整个生产体系,进而变成了一种集体支配。有人可能会说,科学在中国的发展史同生产剩余价值的努力紧密相连。换言之,一旦工作日相对稳定,公司就会试图采用新技术来提高生产率进而增加利润。这在中国某些地区比其他地区要更为成功。的确,本杰明·艾尔曼最近证明,开始于19世纪60年代的洋务运动(也可译为自强运动)产生的效果比我们先前认为的要更好。鲁迅也许在指洋务运动取得成就的另一面,因为这些成就被延续进了其他改革运动和20世纪初的新政中。鲁迅也指出了此种生产过程带来的必然结果,我们可以称之为19世纪物质文化高涨的危机。

《文化偏至论》发表于《破恶声论》前几个月,在这篇文章

---

① 马克思,《资本论》,第一卷,548-49页。(译文引自马克思《资本论》第一卷,中共中央马克思、恩格斯、列宁、斯大林著作编译局译,人民出版社,2004年1月第2版,487页。——译注)

中,鲁迅认为,主体性解放是物质文化发展的根源,但另一方面,这种文化在条件可能的情况下却会遮蔽主体性:

> 加以束缚弛落,思索自由,社会蔑不有新色,则有尔后超形气学上之发见,与形气学上之发明。
>
> 以是胚胎,又作新事:发隐地也,善机械也,展学艺而拓贸迁也,非去羁勒而纵人心,不有此也。①

尽管鲁迅未读过韦伯,但他对工业资本主义兴起的理解却与韦伯在《新教伦理与资本主义精神》中的论述相吻合,早在鲁迅发表此文前两三年,韦伯这本书就已发表。变革的主要动力在于人类主体性的转变以及个人被从传统宗教束缚中解放出来。然而,相应于章氏对进化的批判,鲁迅也认为,悖论在于,如此的解放会导致物质和物质文明的奴役:

> 数其著者,乃有棉铁石炭之属,产生倍旧,应用多方,施之战斗制造交通,无不功越于往日;为汽为电,咸听指挥,世界之情状顿更,人民之事业益利。久食其赐,信乃弥坚,渐而奉为圭臬,视若一切存在之本根,且将以之范围精神界所有事,现实生活,胶不可移,惟此是尊,惟此是尚。②

从生产角度看来,越来越多地采用机械化和技术,是同相对剩余价值的生产或生产利润的增加相联系的。但鲁迅坚持认为

---

① 鲁迅,《文化偏至论》,选自《鲁迅全集》,第1卷,48页。
② 前引书,49页。

机械化产生的效果并未限于生产领域。正如他所言,"诸凡事物,无不质化"。鲁迅由此将我们的注意力转移到了这个过程的另一方面,即商品的流通和消费及其对主体性的影响。简言之,不断重复的商品消费使人变成了消极的主体。结果,人们不再运用他们的心智才能,也不再试图去想象社会和政治世界的其他可能性。换句话说,消费过程会反映出智力在生产领域里的分离。此外,一个人在物质生产的过程中往往会忘掉主体性的作用,因而也往往会抹去人类历史的维度。某种程度上,鲁迅在此隐约预示了汪晖近来称之为"去政治化的政治"。强调消费和物质似乎是非政治的,但由于其创造出了没有想象力、缺乏生命力且隶属于机械化生活的消极主体,因而又具有政治化的效果。

宗教与鬼的替代(alternatives)

在如何解决去精神化的问题上,章太炎和鲁迅之间出现了分歧。章氏用佛教唯识宗的框架分析了自己领域内的问题,而且还设想了这样一个境界,在这个境界里,妇女是精神自由(wandering)的妇女,农人是精神自由的农人。然而,他并不赞成民间信仰活动或所谓的迷信行为;实际上,他批判绝大多数宗教恰因为这些宗教缺乏让人反观自身的能力。他声称,只有在实现了五无(five nothingnesses)时,农人才能变成精神自由的农人,由此其呈现出了一个批判性的佛教视角。然而,另一方面,鲁迅却颂扬了充满生机的民众活动,并在民间信仰仪式及其体现的生命力中设想了另一种未来的可能性。鲁迅也在当下寻求一种批判性的视角,但他并没有将自己装进章氏的佛教框架;而是以肯定民间文化和信仰的存在告终,凸显出它们遭受社会排斥的困境。他的探索超出了知识分子、精英及士绅的话语。鲁迅的名言"伪士当去,迷信可存,今日之急也",正是对其思想的一个清晰例证,而这最终预示了他对鬼的论述。

同章太炎一样,鲁迅也受到过姊崎正治的宗教理论,尤其是他的《宗教学概论》的影响,①但和章氏不同的是,鲁迅接受了传统的宗教概念,将宗教看作是对超越性的追求。宗教体现了一种超脱物质世界的渴望,这种渴望与对另一种未来的追求密切相关。由于将注意力放在主体的渴望上,鲁迅认为迷信和宗教是与各种客观运动,如受公理、进步和文明驱使的运动截然对立的。1910年代后期,和20世纪中国很多其他知识分子一样,鲁迅也拥护启蒙和科学,这当然是走到了迷信的反面,但他却又反复回到与迷信相关的问题,比如这个在他作品中循环出现的主题——鬼。

鲁迅提到鬼的一个众所周知的例子,即是在1924年发表的《祝福》开篇,祥林嫂向叙述者提出的问题:"一个人死了之后,究竟有没有魂灵的?"②通常,碰上这样的问题,鲁迅小说的叙述者总会茫然无措,因为这些问题指向生命和希望,而这个面向超出了抽象知识的范围。自1936年鲁迅逝世到1990年代初,大部分有关鲁迅的学术研究都将鲁迅描述为一个拒绝信鬼的形象。然而,近期的研究已对这个结论提出了质疑,并对鲁迅作品中鬼与政治的关系进行了思索。例如,伊藤虎丸就指出,鬼,正像鲁迅小说如《祥林嫂》和《阿Q正传》中的人物那样,代表通常

---

① 关于姊崎正治对鲁迅的影响,参见中岛长文,《ふくろうの声鲁迅の近代》。
② 鲁迅,《祝福》,《小说选集》,125-143页,127页。译文引自《祝福》,《鲁迅全集》第2卷,人民文学出版社,2005年11月,7页。

第六章　章太炎、鲁迅、汪晖：想象一个更好未来的政治

被忽视的下层阶级。① 木山英雄将鬼的含义解释为"由无数死者堆积起来的历史感觉"。② 这些死去的人向活人索求，因为他们代表那些蒙受冤屈者，由此他们也向某些活人灌输一种负罪感。这样，死去的人以鬼的方式和未来发生了联系，这个有关救赎的未来是由过去召唤来的，只有留心的人才能听到。

汪晖，在他最近论述鲁迅作品中鬼的作用时，将鲁迅对鬼的解释与资本主义问题明确联系了起来。汪晖主张，鬼是一个包含着巨人潜能的积极的存在。

> 鬼的存在形态千差万别，如果要对鬼的特征进行抽象化的概括的话，下述特征是不可或阙的：一、鬼超越人与物的界限；二、鬼超越内与外的界限；三、鬼超越生与死的界限；四、鬼超越过去与现在的界限。四处游荡的鬼魂，有时我们也把它叫做幽灵，如同马克思在《共产党宣言》的开篇对于在欧洲徘徊的共产主义的描述。③

汪晖的鬼类似于鲁迅的圣者，他的声音能唤醒民众投身行动。汪晖根据德里达对马克思的论述来继续解释这个概念，并从《马克思的幽灵》中引用了下面这段话：

> 人们根本看不见这个东西的血肉之躯，它不是一个物。在它两次显形的期间，这个东西是人所瞧不见的；当它再次出现的时候，也同样瞧不见。然而，这个东西却在注视着我

---

① 伊藤虎丸，《鲁迅与终末论》。
② 木山英雄，《文学复古与文学革命》。
③ 汪晖，《反抗绝望》，451—452 页。

们,即便是它出现在那里的时候,它能看见我们,而我们看不见它。在此,一种幽灵的不对称性干扰了所有的镜像。它消解共时化,它令我们想起时间的错位。①

这个东西当然是幽灵,它仍然在那里,即便我们根本就看不见它。镜像受到干扰恰恰由于某种不同的事物正在到来,这个事物即是共产主义。在将我们召唤到另一种时间的意义上,它消解共时化,并由此提供了一个展现我们当代世界非正义的立场。汪晖承认,19世纪欧洲的乐观情景同鲁迅所在的20世纪初中国的黑暗世界之间存在较大差距。但当我们读到汪晖在21世纪初援引德里达对马克思的解读去解释鲁迅时,我们看到的不再是19世纪欧洲的乐观主义遭遇20世纪初中国的悲观主义,而是三种不同的悲观主义相互交锋:20世纪末欧洲的悲观主义、21世纪初中国的悲观主义,以及20世纪初中国的悲观主义。正如德里达利用马克思著作中鬼和幽灵的形象是为了从笼罩左派话语的黑暗中生出希望,汪晖突出鲁迅作品中鬼的作用则是为了替21世纪构建一种革命理论。他断言,在20世纪初的黑暗中,鲁迅寻求的是一个完全不同于现在的世界。汪晖坚决认为鬼暗示了另一个世界存在的可能性,并引用"无"的观念论述了对这种可能性的寻求:"这是以'无'为前提的寻求,而这个'无'的唯一特点就是'异'——'异路'、'异地'和'别样的人们'。"②

---

① 德里达,《马克思的幽灵》,6页。(译文引自汪晖《反抗绝望:鲁迅及其文学世界》,北京:三联书店,2008年7月,452页。)
② 汪晖,《反抗绝望》,453页。这里,汪晖说的是关于鲁迅《朝花夕拾》中的这段话:"S城人的脸早经看熟,如此而已,连心肝也似乎有些了然。总得寻别一类人们去,去寻为S城人所诟病的人们,无论其为畜生或魔鬼。"

通过在鬼的语境中讨论无，汪晖着重强调时间维度。他将鬼描述为现在中的过去，并指出"'鬼'不是我们的灵魂，而是已死的历史的在场"。① 正如我们看到的那样，这个现在中的过去也指向一个不可能的未来，一个在我们现存体系之外的完全不同的未来。在汪晖看来，鬼代表了一个由现代资本主义社会构成的自我的外部。他质疑鬼的现代性，并将革命者与中国民间习俗联系了起来。这个"革命者以鬼的方式现身"②，与此同时，鬼又连接着看鬼戏并信鬼的民间生活。而他又补充道，民间生活是"在现代自我之外"的。③ 由此，现代性之外的这个点就变成了对现代性展开整体批判的潜在的立足点。

汪晖将鲁迅看作革命性的政治实践存在某种可能性的象征。然而，当他在21世纪初写作时，他考虑的却是20世纪各种革命的失败。因此，他回应称，今天已不再存在产生20世纪革命的那种社会条件了，但他同时告诫大家，这绝不会导致对革命观念的全盘否定。④

在研究中国的历史学家近期展开的诸多辩论中，怎样记住中国革命的问题已成为了一个频频出现的主题。阿里夫·德里克，在1999年发表的一篇批评后殖民研究忘记革命的文章中，表明了一个和汪晖类似的看法：

> 唤回革命以抵抗他们对当代的抹除不是希望革命回来。而是提醒我们需要记住，虽然过去的许多政治方案和

---

① 汪晖，《反抗绝望》，456页。
② 前引书，453页。
③ 前引书，456页。
④ 前引书，440—41页。

愿景或许不再有意义,但使它们得以出现的环境某种程度上却仍旧伴随着我们。①

德里克提出了一个值得被继续追问的问题:我们应当怎样理解所谓的革命条件?作为对德里克文章的回应,杜赞奇表明,这些条件与对国家(nation)和资本主义的叙述有关:②

> 批判史学在马克思主义和其他激进社会理论那里找到了自己的灵感,但它却迎面碰上了这样一个世界,在这里,从资本主义中获得解放的希望已十分渺茫,革命国家不断遭受诽谤。与此同时,资本主义全球化在继续扩大强权者和无权者之间的差距,而国家社会自身的腐朽又释放出了一种反作用力,由此导致了愈加暴力和排外的国家、种族和文化冲突形式。③

国家主义(nationalism,民族主义)当然应被算进伴随我们的环境的一部分,但若不考虑资本主义以及对其否定的可能性,一个人就不可能思考20世纪革命。杜赞奇提出了一个与我们的讨论相关的问题,"德里克想要的究竟是后革命的基础主义(foundationalism)还是后基础的革命?"把问题推到更普遍的层面上,我们还想要革命吗?我们想要的是哪种革命?一个人应该怎样去想象一个后资本主义的未来,而这个未来又不同于先前设想的那些替代方式?对研究20世纪初东亚的人来说,这类

---

① Dirlik, *How the Grinch Hijacked Radicalism*, 162页。
② Duara, "Leftist Criticism and Political Impasse", 86页。
③ 前引书, 87页。

问题从根本上关系着这段把我们与我们的研究对象既分开又联系起来的历史。

换言之,一个人必须追问,"革命条件不再存在"这句话意味着什么。汪晖的表述是历史具体的:"今天不再存在产生20世纪革命的那种社会条件了。"①这些不再存在的条件是什么?完满的回答超出了这句简短结论的范围。然而,一些早期的评论将使我们体会到汪晖对鲁迅的解释及其蕴含的当代意义。首先,如果将20世纪革命放进全球资本主义轨迹中,那么就会得出20世纪革命发生在资本主义积累方式从自由主义向福特主义的转变期。的确,正如较晚才被纳入资本主义体系的其他国家一样,从19世纪后期开始,中国的资本主义发展就和国家的积极倡导密不可分。② 因此,与其将共产主义革命看作导致后资本主义社会的原因,还不如将其看作资本主义积累向以国家为中心的趋势发生的转变。③ 这将是对资本循环历史的一个例证,尽管革命是为了反抗资本,但资本却会再造自身的逻辑。

从这个角度出发,我们会觉察到20世纪中国思想和实践之间的某些紧张。一方面,中国被日益纳入全球资本主义体系。与此同时,后发国家的国家-中心模式吻合了全球资本主义积累从自由主义向国家方式的转变。然而,另一方面,中国知识分子却试图找到其他方案以便去替代他们从不同抽象层面理解的现在。不过,对这种假想的资本主义替代方案的制度化过程,实际上却遵循了一个更大的模式。

---

① 汪晖,《反抗绝望》,440–41 页。
② Bergère, *Capitalismes et Capitalistes en Chine: XIXe–XXle Siécle*, 53.
③ 资本主义将允许我们对国家社会主义进行这样一种分析,对这种观点的论述可参见 Postone, *Time, Labor, and Social Domination*。

在这种语境下，我们会再次回到"唤回革命"的问题，这个问题关涉到对另一个未来的希望。汪晖引用鲁迅是为了表明，革命呈现为一项未完成的事业，其必定会被重新思考。他给出了两种解释。有时，他断言，革命必然是一项未完成的事业。"'鬼'（在鲁迅作品中），就是注定无法完成的支离破碎的历史本身。就'鬼'因为其支离破碎而无法完成而言，'革命'成为了他（或她）的永久的命运。"①永久的革命意味着革命应该永不满足于所得且不断地否定自我。既然如此，就可以认为，这种辩证法模仿了资本主义自身的革命性，即不断地更新自我，同时重新组成它的根本动力。

然而，在2000年发表的《死火重温》中，汪晖又将鲁迅解释为一个与时间自身的循环运动作斗争的人。他引用日本汉学家和文学批评家竹内好来证明自己的观点：

> 竹内好发挥鲁迅的看法说，"只有自觉到'永远革命'的人才是真正的革命者。反之，叫喊'我的革命成功了'的人就不是真正的革命者，而是纠缠在战士尸体上的苍蝇之类的人"（竹内好）。对于鲁迅来说，只有"永远革命"才能摆脱历史的无穷无尽的重复与循环，而始终保持"革命"态度的人势必成为自己昔日同伴的批判者，因为当他们满足于"成功"之时，便陷入了那种历史的循环——这种循环正是真正的革命者的终极革命对象。②

---

① Postone, *Time, Labor, and Social Domination*, p. 454.
② 前引书，424页。

这种对历史循环的描述使我们想起了章太炎对历史的讨论,他将历史看作残余业力不断重复的产物。章氏认为历史是由混沌意识(confused consciousness)变化推动的,而混沌意识变化会不断种下业种。其结果可能呈现为进化过程,但在这种过程背后却是无明和苦恼以及重复的逻辑,也即业种的重复。因此,在章氏看来,目标就是否定历史自身的逻辑。汪晖用支离破碎的历史和永远革命建立了自己的论点,但他却通过将这种历史循环变成批判对象,从而把章氏的否定观念移到了一个非佛教的空间。这样一来,他对鲁迅作品中鬼的解读就指向一个完全不同的未来。当他援引马克思的幽灵观念时,他提到了其和19世纪历史的联系。尽管汪晖将鬼看作是外在于历史的,但他的工作却旨在将鬼的显在和潜在加以历史化。实际上他批判90年代对鲁迅的诸多阐释,恰恰因为这些阐释都强调鲁迅脱离历史性的独立。[1] 这给我们留下了这样一个问题:怎样将鬼的显现以及与资本主义暂存性相关的永久革命加以历史化,在谈到章太炎时我曾提出过这个论题。也许鬼与资本的逻辑密不可分,而鬼的作用就是不断地纠缠它。既然如此,永久革命就不会预先假定一个非历史的时间范畴;它恰是资本主义发挥的作用。另一方面,一场旨在创造不同未来的革命将会承认,时间是由资本产生的,革命应以终止这种被汪晖称作轮回或循环的时间为己任。

换言之,为了充分思考汪晖对鲁迅鬼观念的解读所具有的意义,一个人必须将注意力从马克思在《共产党宣言》中有关幽灵的论述转移到死者和幽灵在资本主义发挥作用的方式

---

[1] Postone, *Time, Labor, and Social Domination*, p. 460。

上。资本主义怎样产生一种不同未来的可能性,这本身是一个大且多方面的话题,值得一本书专门去讨论。在汪晖的著作中,我们可以看到这会是怎样一本书:鬼,代表一种不同未来的可能性,附身在包裹着我们这个世界的历史动力上。

据马克思《资本论》所言,资本主义包含一种动力,由于这种动力,资本家采用技术以便更快地生产财富或使用价值,即便他们生产的价值量最终相同。换句话说,当生产率提高时,虽然一个人在给定劳动时间内生产出了更多的使用价值,但由于价值是按生产一件给定商品所需的平均劳动时间衡量的,因此,在给定时间生产的价值总量总是保持不变。简言之,由于生产一件给定商品所需的平均劳动时间变少,商品的单个价值也随之减少,由此为了获得(和先前)同样的价值,一个人必须生产更多的商品。虽然我已在第四章讨论过抽象时间和历史时间这两个概念,但现在让我们回想下马克思在能够造福人类并满足需求的财富和当今社会资本家旨在使之最大化的价值之间所作的区分。被价值支配的财富正是克里斯·亚瑟所说的资本的"灵魂附体",在这种情况中,死劳动,以机器和技术的形式,控制活人。人类受一种机械动力的支配恰恰因为在资本主义中,价值是由劳动时间衡量的,而在不考虑生产技术提高的前提下,劳动时间总是同一的。在资本主义中,财富产量的增加取决于商品形式的另一交换价值,且会导致生产率的快速提高甚至失控。由此看来,许多思想家,包括章太炎与鲁迅在内,能够提出某种生命、精神或意识去反对他们已看到的那个以最初形式呈现出来的过程,则一点也不奇怪。

然而,"危险在哪里,哪里就会长出拯救的力量。"① 正如波斯顿指出的那样,如果我们立足使用价值,也即从满足人类需求的角度来看生产,那么技术的进步会使工人阶级的劳动逐渐被废除,这会引发围绕另一生产方式组织社会的某种可能性。在这样一个后资本主义的社会中,人们没必要将自己大部分的时间用在生产剩余价值上,因为这个世界的目标不是创造价值而是为人类创造财富。② 财富和按劳动时间衡量的价值之间的差距为将过去的死劳动置于活人的民主管理下创造了某种可能;而这种差距也为死劳动的起死回生创造了可能性。但这只是一种可能性,因为在资本主义中,不管技术如何进步,价值形式是被重构的,并且财富和价值间的矛盾只会导致危机和失业。因此,资本主义的动力为另一种社会创造了可能性,但同时也排除了这种可能性。所以终止资本主义的革命目标需要一种政治实践,如汪晖所言,这种政治实践旨在否定历史的逻辑,也即否定资本的逻辑——这将会是一次划时代的否定。不同于19世纪,21世纪初资本主义的终结更像是一种不可能的可能性,而这种可能性的出现有其前提,如果我们借用汪晖作品中的措辞,这前提即是否定"去政治的政治"。换言之,社会进程尽管不断地趋于自然化,但却并不能掩盖它们是政治的因而是可塑的这个事实。

---

① "doch wo gefahr ist, da wachst das rettende auch"。(这句诗出自德国诗人荷尔德林[Holderlin, 1770-1843]的名诗《帕特莫斯》["Patmos"],国内译者有将其译为"危险所在 拯救者也成长",也有将其译为"但危险所在,亦是救恩萌生所在"。——译注)
② Postone, *Time, Labor, and Social Domination*, p. 301。

章太炎、鲁迅,以及政治与社会变革的未来

我们已看到鲁迅笔下的鬼是怎样体现出了一种对别样未来的追求。尽管鲁迅和章太炎都没有明确地将特定的历史动力或重复的机械化对人的支配同资本的逻辑联系起来,但章氏从事的工作以及继其之后的反现代思潮都对商品形式的表面现象和资本的逻辑展开了抨击。章氏的工作在中国思想史上尤为重要,因为它是最早借助佛教范畴去克服资本主义对思想造成异化的尝试之一。通过创造性地运用宗教、迷信和鬼这样的当代概念,鲁迅和汪晖形成了一些思想,这些思想通向一种特殊的时间性和以未来为导向的实践。然而,对鲁迅来说,资本主义是一种经济结构,还不是某种文化或哲学的东西。后来,当中国马克思主义者将资本主义概念置于中心时,他们常常是在一个超历史的框架内来这样做,而这种超历史框架又是被经济基础决定政治和文化上层建筑这样的模式预先框定的。如此一来,中国马克思主义者为了便于对资本主义进行一种经济分析,就往往牺牲章太炎和鲁迅提出的总体批判。这为我们留下了一个问题:怎样去构想一种政治实践,这种政治实践能把总体批判、想象一种截然不同的未来和将资本主义看作一种包含政治、文化和经济的总体动力而进行的分析结合起来。① 这是一项未来需要我们去完成的任务。

---

① 至于沿着这条思路形成某些观点的最初尝试,可参见 Chari,"Reification of the Political"。

参考文献

Anderson, Benedict. *Imagined Communities: Reflections on the Origin and Spread of Nationalism*. London: Verso, 1983.

——."Narrating the Nation." *Times Literary Supplement*, June 13, 1986: 659.

Anesaki Masaharu 姉崎正治. *Jōsei indo shūkyōshi* 上世印度宗教史 (The History of Religion in Early India). Tokyo: Ohashi Shintaro, 1901.

——. *Shūkyōgaku gairon* 宗教学概论 (An Outline of the Study of Religion). Tokyo: Kokusho kankōkai, 1982 [1901].

Anonymous, "Gong Si Pian 公私篇" (On the Public and Private) (1903). Vol. 1.2, pp. 492-96 in Zhang Dan and Wang Renzhi, eds., *Xinhai geming qian shi nian jian shilun xuanji*.

Arrighi, Giovanni. *The Long Twentieth Century: Money, Power and the Origins of Our Times*. London: Verso, 1994.

Arthur, Chris. *The New Dialectic and Marx's Capital*. Leiden: Brill, 2004.

Asad, Talal. *The Genealogies of Religion: Discipline and Reasons of Power in Christianity and Islam*. Baltimore: John Hopkins University Press, 1993.

Bagger, Matthew C. *Religious Experience, Justification, and History*. Cambridge, UK: Cam- bridge University Press, 1999.

Baker, Keith Michael. *Inventing the French Revolution: Essays on French Political Culture in the Eighteenth Century*. Cambridge, UK: Cambridge University Press, 1990.

Balibar, Etienne. "The Nation Form: History and Ideology." pp. 86-106 in

Etienne Balibar and Wallerstein Immanuel, eds., *Race, Nation, Class: Ambiguous Identities*. Lon- don: Verso, 1991.

Bambach, Charles R. *Heidegger, Dilthey, and the Crisis of Historicism*. Ithaca, N.Y.: Cornell University Press, 1995.

Bastid-Bruguière, Marianne. "Liang Qichao yu zongjiao wenti" 梁启超与宗教问题 (Liang Qichao and the Problem Religion). pp. 400–50 in Xiajian Zhishu 狭間直樹 [Hazama Naoki], ed., *Liang Qichao Mingzhi Riben, xifang* 梁启超：明治日本，西方 (Liang Qichao, Meiji Japan, the West). Beijing: Shehuikexue wenxian chubanshe, 2001.

——. "Time in the Late Qing." Unpublished manuscript.

Bergère, Marie-Claire. *Capitalismes et capitalistes en Chine: des origines à nos jours*. Paris: Perrin, 2007.

Bol, Peter K. *"This Culture of Ours": Intellectual Transitions in T'ang and Sung China*. Stanford, Calif.: Stanford University Press, 1992.

Bronkhorst, Johannes. "Sanskrit and Reality: The Buddhist Contribution." pp. 109–37 in Jan E. M. Houben, ed., *The Ideology and Status of Sanskrit: Contributions to the History of the Sanskrit Language*. Leiden: Brill, 1996.

Brook, Timothy. "Capitalism and the Writing of History in Modern China." pp. 110–58 in Timothy Brook and Gregory Blue, eds., *China and Historical Capitalism: Genealogies of Sinological ftnowledge*. Cambridge, UK: Cambridge University Press, 1999.

Brown, Brian Edward. *The Buddha Nature: A Study of the Tathāgatagarbha and Ālayavijñāna*. Delhi: Motilal Banarsidass, 1991.

Chan Sin-wai. *Buddhism in Late Ch'ing Political Thought*. Hong Kong: Chinese University Press, 1985.

Chang Hao. *Chinese Intellectuals in Crisis: Search for Order and Meaning (1890–1911)*. Berkeley: University of California University, 1987.

——. *Liang Ch'i-ch'ao and Intellectual Transition in China, 1890–1907*. Cambridge, Mass.: Harvard University Press, 1971.

Chari, Anita. "Reification of the Political: Critical Theory and Postcapitalist Politics." Ph.D. diss., University of Chicago, 2009.

Chen Shaoming 陈少明, Shan Shilian 单世联, and Zhang Yongyi 张永义. 1999. *Jindai Zhongguo sixiangshi lüelun* 近代中国思想史略论 (A Short

History of Chinese Intellectual History). Guangzhou: Guangdong renmin chubanshe, 1999.

Chen Yangu 陈燕谷. "Meiyou zhongji shizai de bentilun: Guo Xiang zhexue yu menfa- zhengzhi yishixingtai" 没有终极实在的本体论: 郭象哲学与门阀政治意识形态 (An Ontology without an Ultimate Substance: Guo Xiang's Philosophy and the Ideology of the Families of Hereditary Power). *Xue ren* (The Scholar) 9 (1996): 515-44.

Chow, Kai-wing. "Imagining Boundaries of Blood: Zhang Binglin and the Invention of the Han 'Race' in Modern China." pp. 34 - 53 in Frank Dikötter, ed., *The Construction of Racial Identities on China and Japan: Historical and Contemporary Perspectives*. Honolulu: University of Hawaii Press, 1997.

——, On-cho Ng, and John B. Henderson. *Imaging Boundaries: Changing Confucian Doctrines, Texts, and Hermeneutics*. Albany: State University of New York Press, 1999.

Confucius. *Analects* (*Lun Yü*), D. C. Lau, trans. Harmondsworth: Penguin, 1979.

Dai Zhen. *Tai Chen on Mencius: Explorations in Words and Meaning: A Translation of the Meng Tzu tzu-i shu cheng* with a critical introduction by Annping Chin and Mansfield Freeman. New Haven, Conn.: Yale University Press, 1990.

De Bary, Wm. Theodore. *Asian Values and Human Rights: A Confucian Communitarian Perspective*. Cambridge, Mass.: Harvard University Press, 1998.

Deleuze, Gilles. "Bergson's Conception of Difference." Melissa Macmahon, trans. pp. 42-66 in John Mullarkey, ed., *The New Bergson*. Manchester, UK: Manchester University Press, 1999.

——. "La conception de la différence chez Bergson." *Etudes Bergsoniennes* (1956): 79-112.

Denton, Kirk A., ed. *Modern Chinese Literary Thought: Writings on Literature, 1893-1945*. Stanford, Calif.: Stanford University Press, 1996.

Derrida, Jacques. *Specters of Marx: The State of the Debt, the Work of Mourning and the New International*. Peggy Kamuf, trans. Introduction by Bernd Magnus and Stephen Cul- lenberg. New York: Routledge, 1994.

Dikötter, Frank. *The Discourse of Race in Modern China*. Stanford, Calif.:

Stanford Uni- versity Press, 1988.

———, ed. *The Construction of Racial Identities in China and Japan: Historical and Contemporary Perspectives*. Honolulu: University of Hawaii Press, 1997.

Ding Fubao 丁福保, ed. *Foxue dacidian* 佛学大辞典 (The Great Dictionary of Buddhist Studies). Shanghai: Shanghai shudian chubanshe, 1994.

Dirlik, Arif. *Anarchism in the Chinese Revolution*. Berkeley: University of California Press, 1991.

———. "Confucius in the Borderlands: Global Capitalism and the Reinvention of Con- fucianism." *Boundary* 2, 22.3 (1995): 229–73.

———. "Global Modernity: Modernity in the Age of Global Capitalism." *European Journal Social Theory* 3.36(3) (2003): 275–92.

———. *Global Modernity: Modernity in the Age of Global Capitalism*. Boulder, Colo.: Para- digm, 2007.

———. "How the Grinch Hijacked Radicalism: Further Thoughts on the Postcolonial." *Postcolonial Studies* 2.2 (July 1999): 149–63.

Duara, Prasenjit. *Culture, Power, and the State: Rural North China, 1900–1942*. Stanford, Calif.: Stanford University Press, 1988.

———. "Leftist Criticism and the Political Impasse: Response to Arif Dirlik's 'How the Grinch Hijacked Radicalism: Further Thoughts on the Postcolonial.'" *Postcolonial Studies* 4.1 (April 2001): 81–88.

———. *Rescuing History from the Nation: Questioning Narratives of Modern China*. Chicago: University of Chicago Press, 1995.

———. *Sovereignty and Authenticity: Manchukuo and the East Asian Modern*. Lanham, Md.: Rowman & Littlefield, 2003.

Egginton, William. *How the World Became a Stage: Presence, Theatricality, and the Question of Modernity*. Albany: State University of New York Press, 2003.

———. "Time the Memorious: Borges, Derrida and Heidegger on 'Vulgar' and 'Original' Time." Unpublished manuscript.

Elman, Benjamin. *From Philosophy to Philology: Intellectual and Social Aspects of Change in Late Imperial China*. Cambridge, Mass.: Council on East Asian Studies, Harvard University, 1984.

———. "Nietzsche and Buddhism." *Journal of the History of Ideas* 44.4

(1983): 671-86.

——. "'Universal Science' Versus 'Chinese Science': The Changing Identity of Natu- ral Science Studies in China, 1850-1930." *Historiography East and West* 1.1 (2003): 68-116.

Feenberg, Andrew. *Lukács, Marx, and the Sources of Critical Theory*. Totowa, N.J.: Rowman & Little? eld, 1981.

Feng Yu-lan, *A Taoist Classic Chuang-tzu*. Beijing: Foreign Languages Press, 1989.

Feuerwerker, Albert. *China's Early Industrialization*. New York: Atheneum, 1970.

Fogel, Joshua. *Politics and Sinology: The Case of Naitō ftonan*. Cambridge, Mass.: Council on East Asian Studies, Harvard University, 1984.

——. "Race and Class in Chinese Historiography: Divergent Interpretations of Zhang Binglin and Anti-Manchuism in the 1911 Revolution." *Modern China* 3.3 (July 1977): 346-75.

——, and Peter G. Zarrow, eds. *Imagining the People: Chinese Intellectuals and the Concept of Citizenship, 1890-1920*. Armonk, N.Y.: M. E. Sharpe, 1997.

Fukuzawa Yukichi 福沢諭吉. *Bunmeiron no gairyaku* 文明论之概略 (An Outline of a Theory of Civilization). Tokyo: Iwanami shoten, 1995 [1875].

Funeyama Shinichi 舩山信一. *Funeyama Shinichi chosakushū* 舩山信一著作集 (The Collected Works of Funeyama Shinichi), vol. 6. Tokyo: Kobushi shobō, 1996.

Furth, Charlotte. "The Sage as Rebel: The Inner World of Chang Ping-lin." pp. 113-50 in Charlotte Furth, ed., *The Limits of Change: Essays on Conservative Alternatives in Republican China*. Cambridge, Mass.: Harvard University Press, 1976.

Gabbiani, Luca. "Mutations et Permancences: Reformes et gestion urbaine à Pekin à la fin de la dynasty des Qing." Paper presented at the 1st Congress of Réseau Asie-Asia Network, 24-25 Sept. 2003, Paris. www.reaseau-asie.com.

Gallop, Jane. *Reading Lacan*. Ithaca, N.Y.: Cornell University Press, 1985.

Gezi 鸽子. *Yincang de gongting dang'an: 1906 nian Guangxu pai dachen kaocha xifang zhengzhi jishi* 隐藏的宫廷档案: 1906 年光绪派大臣考察

西方政治纪实（Stored Documents of the Palace: Records of Guangxu Sending Ministers to Investigate Western Politics）. Beijing: Minzu chubanshe, 2000.

Godart, Gerard Clinton. "'Philosophy' or 'Religion': The Confrontation with Foreign Cat- egories in Late 19th-Century Japan." *Journal of the History of Ideas* 69 (2008): 71-91.

Goldfuss, Gabriele. *Vers un Bouddhisme du XXe siècle: Yang Wenhui (1837-1911), Réformateur laïque et imprimeur.* Paris: Collège de France, Institute des Hautes Etudes Chinoises, 2001.

Goldstein, Joshua. "From Teahouse to Playhouse: Theaters as Social Texts in Early- Twentieth Century China." *Journal of Asian Studies* 62.3 (2003): 753-59.

Goossaert, Vincent. "1898: The Beginning or the End for Chinese Religion?" *Journal of Asian Studies* 65.2 (2006): 307-36.

Goswami, Manu. *Producing India: From Colonial Economy to National Space.* Chicago: Uni- versity of Chicago Press, 2004.

———. "Rethinking the Modular Nation Form: Toward a Sociohistorical Conception of Nationalism." *Comparative Studies in Society and History* 44 (2002): 770-98.

Griewank, Karl. *Der Neuzeitliche Revolutionsbegriff: Enstehung und Entwicklung.* Weimar: Hermann Böhlhaus Nachfolger, 1955.

Hamashita Takeshi 濱下武志. *Chōkō shisutemu to kindai Ajia* 朝貢システムと近代アジア (The Tribute Trade System and Modern Asia). Tokyo: Iwanami shoten, 1997.

Han Yu 韩愈. "Yuan Dao" 原道 (Sourcing the Way). pp. 1469-72 in *Gujin wenxuan* 古今文选 (Selections of Refined Literature from the Past and Present). Taipei: Guoyu ribaoshe chuban, 1987.

Hannaford, Ivan. *Race: The History of an Idea in the West.* Washington D.C.: Woodrow Wilson Center Press, 1996.

Hanyu dacidian 汉语大辞典 (The Great Dictionary of the Chinese Language). Beijing: Hanyuda cidian chubanshe, 1990.

Harrell, Paula. *Sowing the Seeds of Change: Chinese Students, Japanese Teachers, 1895-1905.* Stanford, Calif.: Stanford University Press, 1992.

Harvey, David. *The Condition of Postmodernity: An Enquiry into the Origins of*

Cultural Change. Cambridge, Mass., and Oxford, UK: Blackwell, 1990.
———. *Limits to Capital*. New ed. London: Verso, 2006. First published in 1982.
Hazama Naoki. "On Liang Qichao's Conceptions of *Gong* and *Si*: 'Civic Virtue' and 'Personal Virtue' in the *Xinmin shuo*." pp. 205–11 in Joshua A. Fogel, ed., *The Role of Japan in Liang Qichao's Introduction of Modern Western Civilization to China*. Berkeley: Insti- tute of East Asian Studies, University of California, Center for Chinese Studies.
He Chengxuan 何成轩. *Zhang Binglin de zhexue sixiang* 章炳麟的哲学思想 (The Philosophical Thought of Zhang Binglin). Wuhan: Hubei renmin chubanshe, 1987.
He Xiaoming 何晓明. "Jindai Zhongguo wenhua baoshou zhuyi shulun" 近代中国文化保守主义述论 (A Study of Modern Chinese Conservatism). *Jindaishi yanjiu* 4 (1996): 41–66.
Hegel, G. W. F. *Hegel's Phenomenology of Spirit*. A. V. Miller, trans. Oxford: Clarendon, 1977.
———. *Phänomenolgie des Geistes*. Frankfurt: Suhrkamp Verlag, 1986.
Heidegger, Martin. "The Age of the World Picture." pp. 115–55 in *The Question Concerning Technology, and Other Essays*. William Lovitt, trans. New York: Harper & Row, 1977.
———. *Being and Time*. John Macquerie and Edward Robinson, trans. New York: Harper & Row, 1962 [1929].
———. "Die Zeit des Weltbilds." pp. 74–115 in *Gesamtausgabe*, Bd 5. Frankfurt am Main: Vittorio Klostermann, 1977 [1938].
Heine, Steven, and Charles S. Prebish, eds. *Buddhism in the Modern World: Adaptations of an Ancient Tradition*. Oxford: Oxford University Press, 2003.
Hölderlin, Friedrich. "Patmos." Vol. 1, pp. 379–85 in *Sämtliche Werke und Briefe*. Berlin: Hanser, 1970.
Hollywood, Amy. *Sensible Ecstasy: Mysticism, Sexual Difference, and the Demands of History*. Chicago: University of Chicago Press, 2002.
Hou Wailu 侯外庐, ed. *Jindai Zhongguo sixiang xueshuo shi* 近代中国思想学说史 (A History of Modern Chinese Scholarship). Shanghai: Shenghuo shudian, 1947.
———. *Zhongguo jindai zhexueshi* 中国近代哲学史 (The History of Chinese

Modern Philosophy). Beijing: Renmin chubanshe, 1978.
Hou Yijie 侯宜杰. *Ershi shiji chu Zhongguo zhengzhi gaige fengchao* 二十世纪初中国政治改革风潮 (The Trend of Reform in Early Twentieth-Century China). Beijing: Renmin chubanshe, 1993.
Hsüan-tsang [Xuan Zang]. *Ch'eng wei-hih lun: The Doctrine of Mere-consciousness*. Wei Tat, trans. Hong Kong: Ch'eng Wei-shih lun Publication Committee, 1973.
Hu Shi 胡适. "Du Liang Shuming xiansheng de *dongxi wenhua ji qi zhexue*" 读梁漱溟先生的东西文化及其哲学 (Reading Liang Shuming's "Eastern and Western Culture and Philosophy"). Vol. 2, pp. 167–82 in *Hu Shi wencun* 胡适文存 (Collected Works of Hu Shi). Hefei: Huangshan shushe, 1996 [1923].
Huang Fuqing 黄福庆. Qingmo de liuri xuesheng 清末的留日学生 (Chinese Students in Japan during the Late Qing). Taipei: Zhongyang yanjiuyuan jindaishi yanjiusuo, 1971.

Huang Kewu 黄克武. *Yige bei fangqi de xuanze: Liang Qichao tiaoshi sixiang de yanjiu* 一个被放弃的选择:梁启超调适思想之研究 (A Forsaken Choice: A Study of Liang Qichao's Philosophy of Compromise). Taipei: Zhongyang yanjiuyuan jindaishi yanjiusuo, 1994.
Huang Zongxi. *Waiting for the Dawn*. Wm. Theodore de Bary, trans. New York: Columbia University Press, 1993.
Inoue Enryō 井上圆了. *Inoue Enryō senshū* 井上圆了选集 (The Selected Works of Inoue Enryō), vol. 7. Tokyo: Gako honin-Tōyō daigaku, 1990.
Ishii Tsuyoshi 石井刚. "Daishin tetsugaku wo meguru shisōshi: Shō Heirin to ryu shibai wo chūshin ni" 戴震哲学をめぐる思想史:章炳麟と劉師培を中心に (Intellectual History around the Philosophy of Dai Zhen: Focusing on Zhang Binglin and Liu Shipei). Ph.D. diss., Humanities Department, University of Tokyo. March 2008.
Ishimoda Shō 石母田正. "Kōtoku Shūsui to Chūgoku: minzoku to aikokushin no mondai ni tsuite" 幸德秋水と中国:民族と愛国心の問題について (Kōtoku Shūsui and China: On the Problems of Nation and the Patriotic Heart). Vol. 9, pp. 384–435 in Takeuchi Yoshimi ed., *Ajiashugi, Gendai nihon shisō taikei*. Tokyo: Chi-kuma shobō, 1963.
Itō Toramaru 伊藤虎丸. *Ro Jin to shūmatsuron* 鲁迅と終末論 (Lu Xun and

Eschatology). Tokyo: Ryūkei shosha, 1975.

Jameson, Frederic. *Postmodernism of the Cultural Logic of Late Capitalism*. Durham, N.C.: Duke University Press, 1992.

Ji Xueyuan 季学原, and Gui Xingyuan 桂兴沅, eds. *Mingyi dai fanglu daodu* 明夷待访录导读 (A Reader's Guide to *Waiting for the Dawn*). Chengdu: Bashu shushe, 1992.

Jiang Guanghui 姜广辉. *Zouchu lixue: Qingdai sixiang fazhan de neizai lilu* 走出理学：清代思想发展的内在理路 (Moving out of Song Confucianism: The Internal Logic of Qing Dynasty Thought). Shenyang: Liaoning jiaoyu chubanshe, 1997.

Jiang Yihua 姜义华. *Zhang Taiyan pingzhuan* 章太炎评传 (A Critical Biography of Zhang Taiyan). Nanchang: Baihuazhou wenyi chubanshe, 1995.

——. *Zhang Binglin pingzhuan* 章炳麟评传 (A Critical Biography of Zhang Binglin). Nanjing: Nanjing daxue chubanshe, 2002.

——. *Zhang Taiyan sixiang yanjiu* 章太炎思想研究 (The Study of Zhang Taiyan's Thought). Shanghai: Shanghai renmin chubanshe, 1985.

Jin Hongda 金宏达. *Taiyan xiansheng* 太炎先生 (Mr. Zhang Taiyan). Beijing: Zhongguo Huaqiao chubanshe, 2003.

Jorgenson, John. "Indra's Network: Personal Networks, Yogacara, Buddhist Logic, Indian Studies, Zen, Zhuangzi, revolution and Imperialism in the Late Meiji." Unpublished manuscript.

Kang Youwei 康有为. "Bian geming shu" 辩革命书 (A Letter Contesting Revolution) (1902). Vol. 1, pp. 210–32 in Zhang Dan and Wang Renzhi, eds., *Xinhai geming qian shi nian jian shilun xuanji*.

——. *Da tong shu* 大同书 (Utopia). Chen Deyuan 陈得媛 and Li Chuanyin 李传印, annot. Beijing: Huaxia chubanshe, 2002 [1935].

——. "The Three Ages." pp. 267–68 in Theodore de Bary and Richard Lufrano, eds., *Sourcebook of Chinese Philosophy*, 2nd edition. New York: Columbia University Press, 2000 [1901–1903].

Kant, Immanuel. *ftritik der Reinen Vernunft* (Critique of Pure Reason). Hamburg: Felix Meiner Verlag, 1990.

Kao Hsing-I. "The Mix of Modern Ideas and Traditional Concepts: A Discussion of Yan Fu's *Tian yan lun* of 1898." Unpublished manuscript.

Karatani Kōjin. *Transcritique: On ftant and Marx*. Sabu Kohso, trans. Cambridge, Mass.: MIT Press, 2003.

Karl, Rebecca E. *Staging the World: Chinese Nationalism at the Turn of the Twentieth Century*. Durham, N.C.: Duke University of Press, 2002.

Kersten, Rikki. *Democracy in Postwar Japan: Maruyama Masao and the Search for Autonomy*. London: Routledge, 1996.

Kiyama Hideo. "Wenxue fugu yu wenxue geming." *Wenxue fugu yu wenxue geming: Mushan Yingxiong Zhongguo xiandai wenxuesixiang lunwenji* 文学复古与文学革命:木山英雄现代文学思想论文集 (Literary Atavism and Literary Revolution: Selected Essays of Kiyama Hideo's Writings on Modern Chinese Literature and Thought). Zhao Jinghua, ed. and trans. Beijing: Beijing daxue chubanshe, 2004.

Klossowski, Pierre. *Nietzsche et le cercle vicieux*. Paris: Mercure de la France, 1969.

——. *Nietzsche and the Vicious Circle*. Daniel W. Smith, trans. Chicago: University of Chicago Press, 1997.

Kobayashi Takeshi 小林武. "Shō Heirin kyusho to Meiji shichō: Seiyō kindai shisō no kanren de" 章炳麟『書』と明治思潮—西洋近代思想との関連で (Zhang Binglin's Book of Urgency and Meiji Intellectuals Trends: The Relation to Modern Western Thought). *Nihon Chūgoku gakkai hō* 55 (2003): 195–210.

——. "Shō Heirin to Anesaki Masaharu: kyosho yori seibutsuronshaku ni itaru shisō kankei" 章炳麟と姉崎正治—『書』より『斉物論釈』にいたる思想的関係 (English title: "Zhang Ping-lin and Anezaki Masaharu: Their philosophical relation-ship from *Qiushu* to *Qiwulun shi*"). *Tōhōgaku* 107 (2004): 90–104.

——. *Shō Heirin to Meiji shichō mō hitotsu no kindai* 章炳麟と明治思潮:もう一つの近代 (Zhang Taiyan and Meiji Intellectual Trends: Another Modernity). Tokyo: Kenbun shuppan, 2006.

Kondō Kuniyasu 近藤邦康. *Chūgoku kindai shisōshi kenkyū* 中国近代思想史研究 (A Study of Chinese Modern Thought). Tokyo: Chikuma shobō, 1981.

——. *Gemingzhe yu jianshezhe: Mao Zedong* 革命者与建设者:毛泽东. (Revolutionary and Developer: Mao Zedong). Song Zhiyong 宋志勇 et al., trans. Beijing: Zhongguo qingnian chubanshe, 2004.

——. "Shō Heirin no kakumei shisō no keisei" 章炳麟の革命思想の形成

(The Formation of Zhang Taiyan's Revolutionary Thought). pp. 55-151 in *Chūgoku kindaishisō kenkyū* (A Study of Modern Chinese Intellectual History). Tokyo: Keisho shobō, 1981.

Koselleck, Reinhardt. *Futures Past: On the Semantics of Historical Time*. Keith Tribe, trans. Cambridge, Mass.: MIT Press, 1985.

Kōtoku Shūsui 幸德秋水. *Teikokushugi* 帝国主义 (Imperialism). Tokyo: Iwanami bunko, 2004 [1901].

Kuhn, Philip. "Local Self-government under the Republic: Problems of Control, Autonomy and Mobilization." pp. 257-98 in Frederick Wakeman Jr. and Carolyn Grant, eds., *Confiict and Control in Late Imperial China*. Berkeley: University of Cali-fornia Press, 1975.

Kwong, Luke S. K. "The Rise of the Linear Perspective on History and Time in Late Qing China, 1860-1911." *Past and Present* 173 (2001): 157-90.

Laitinen, Kauko. *Chinese Nationalism in the Late Qing Dynasty: Zhang Binglin as an Anti-Manchu Propagandist*. London: Curzon, 1990.

Lee Haiyan. "Sympathy, Hypocrisy, and the Trauma of Chineseness." *Modern Chinese Literature and Culture* 16.2 (Fall 2004): 76-122.

Levenson, Joseph Richmond. *Confucian China and Its Modern Fate: The Problem of Intellectual Continuity*. Berkeley: University of California Press, 1968.

——. *Confucian China and Its Modern Fate: A Trilogy*. Berkeley: University of California Press, 1968.

Li Feng. "'Feudalism' and Western Zhou China: A Criticism." *Harvard Journal of Asiatic Studies* 63.1 (June 2003): 115-44.

Li Runcang 李润苍. *Lun Zhang Taiyan* 论章太炎 (A Discussion of Zhang Taiyan). Chengdu: Sichuan renmin chubanshe, 1985.

Li Zehou 李泽厚. "Zhang Taiyan pouxi" 章太炎剖析 (An Analysis of Zhang Taiyan). In idem, *Zhongguo Jindai sixiang shilun* 中国近代思想史论 (The Study of Modern Chinese Intellectual History). Beijing: Renmin chubanshe, 1979.

——. *Zhongguo gudai sixiang shilun* 中国古代思想史论 (The Study of Ancient Chinese Intellectual History). Beijing: Renmin chubanshe, 1985.

——, and Liu Zaifu 刘再复. *Gaobie geming: huiwang ershi shiji Zhongguo* 告别革命: 回望二十世纪中国 (Farewell Revolution: Looking Back at

Twentieth-Century China). Hong Kong: Tiandi tushu youxian gongsi, 1995.

Liang Qichao 梁启超. "Deyu jian" 德育鉴 (Looking at Moral Education). *Xinmin congbao* 新民丛报, extra supplement 2. Yokohama: Shinminsha, 1905.

———. "Bianfa tongyi zixu" 变法通议自序 (Self-Written Preface to General Opinions about Reforms) (1896). pp. 1–3 in idem, *Liang Qichao wenji*.

———. "Guojia sixiang bianqian yitong lun" 国家思想变迁异同论 (Differences and Similarities among Various Transformations in Theories of the State) (1901). pp. 139–51 in idem, *Liang Qichao wenji*.

———. *Liang Qichao wenji* 梁启超文集 (The Collected Essays of Liang Qichao). Chen Shuliang 陈书良, ed. Beijing: Beijing Yanshan chubanshe, 1997.

———. "Lun Fojiao yu qunzhi zhi guanxi" 论佛教与群治之关系 (The Relationship between Religion and Governing Society). Vol. 10, pp. 45–52 in *Yinbingshi wenji* 饮冰室文集 (Collected Essays from an Ice-drinker's Studio). Taipei: Taiwan Zhonghua shuju, 1970 [1902].

———. "Lun xiaoshuo yu qunzhi zhi guanxi" 论小说与群治之关系 (A Discussion of the Relationship between the Novel and Governing Society) (1902). pp. 282–88 in idem, *Liang Qichao wenji*.

———. "Lun xueshu zhi shili zuoyou shijie" 论学术之势力左右世界 (On How the Power of Scholarship Alters the World) (1902). pp. 215–22 in idem, *Liang Qichao wenji*.

———. "On the Relationship between Fiction and the Government of the People." Gek Nai Cheng, trans. pp. 74–82 in Denton, *Modern Chinese Literary Thought*.

———. "Tan Sitong zhuan" 谭嗣同传 (A Biography of Tan Sitong) (1899). pp. 483–89 in idem, *Liang Qichao wenji*. English translation "A Biography of T'an Ssu T'ung." pp. 38–39 in *An Exposition of Benevolence: The Jen-hsueh of T'an Ssu T'ung*, Chan Sin-wai, trans. Hong Kong: Chinese University Press, 1984.

———. "Yu zhi sisheng guan" 余之死生观 (My Views of Life and Death). In *Yinbingshiwenji*, no. 17, 1–12.

Liu Huiying. "Feminism: An Organic or an Extremist Position? On *Tien Yee* as Rep- resented by He Zhen." *Positions* 11.3 (2003): 779–800.

Liu, Lydia. *Translingual Practice: Literature, National Culture, and Translated Modernity-China, 1900-1937*. Stanford, Calif.: Stanford University Press, 1995.

Liu Shipei 刘师培. "Renlei junli shuo" 人类均力说 (The Theory That People Have Equal Power) (1907). Vol. 2, pp. 907-14 in Zhang Dan and Wang Renzhi, eds., *Xinhai geming qian shi nian qian shilun xuanji*.

Liu Shuxian 刘述先, ed. *Dangdai ruxue lunji: tiaozhan yu huiying* 当代儒学论集:挑战与回应 (A Collection of Essays on Contemporary Confucianism: Stimulus and Response). Taipei: Zhongyang yanjiuyuan zhongguo wenzhe yanjiusuo choubeichu, 1995.

Liu Wendian 刘文典, ed. *Zhuang Zi buzheng* 庄子补正 (An Annotated and Corrected Edition of the Zhuang Zi). Hefei: Anhui daxue chubanshe, 1999.

Liu Zongyuan 柳宗元. "Fengjian lun" 封建论 (A Discussion of Feudalism). pp. 43-48 in idem, *Liu Hedong ji* 柳河东集 (The Collection of Liu Hedong). Beijing: Zhonghua shuju, 1958.

Lu Xun 鲁迅. "Guanyu Taiyan xiansheng ersan shi" 太炎先生二三事 (A Couple of Comments about Mr. Zhang Taiyan). In *Gongzuo yu xueshi shukan*. Shanghai: Shanghai chubanshe, 1937.

——. *Lu Xun quanji* 鲁迅全集 (The Complete Works of Lu Xun). 18 vols. Beijing: Renmin wenxue chubanshe, 2005-2006.

——. *Selected Stories*. Yang Xianyi and Gladys Yang, trans. New York: W. W. Norton, 1960.

——. *Yecao qianxi* 野草浅析 (Wild Grass, with a Preliminary Analysis). Shi Shangwen and Deng Zhongqiang, eds. Hubei: Changjiang wenyi chubanshe, 1982.

Lu Yunkun 卢云昆, ed. *Shehui jubian yu guifan chongjian: Yan Fu wenxuan* 社会巨变与规范重建:严复文选 (Great Changes of Society and Reconstruction of Models: Selected Works of Yan Fu). Shanghai: Shanghai yuandong chubanshe, 1996.

Lukács, Georg. *Geschichte und ftlassenbewußtsein*. In idem, *Werke, Früheschriften*, vol. 2. Berlin: Herman Luchterhand Verlag, 1968.

——. *History and Class Consciousness: Studies in Marxist Dialectics* (HHC). Rodney Livingston, trans. Cambridge, Mass.: MIT Press, 1971.

Luo Zhitian 罗志田. *Luanshi qianliu: minzu zhuyi yu minguo zhengzhi* 乱世潜流：民族主义与民国政治 (The Movement of Chaotic Times: Nationalism and Republican Government). Shanghai: Shanghai guji chubanshe, 2001.

——, and Ge Xiaojia 葛小佳. "Kua shiji de qishi: cong Zhang Taiyan dao gushi bian" 跨世纪的启示：从章太炎到古史辨 (Transnational Revelations: From Zhang Taiyan to Skeptical Historical Studies). pp. 226–38 in Luo Zhitian and Ge Xiaojia, *Dongfeng yu xifeng* 东风与西风 (The Eastern Wind and the Western Wind). Beijing: Sanlian shudian, 1998.

Lusthaus, Dan. *Buddhist Phenomenology: A Philosophical Investigation of Yogācāra Buddhism and the Ch'eng Wei-shih lun*. London: RoutledgeCurzon, 2002.

Ma Xiaoquan 马小泉. *Guojia yu shehui: Qingmo difang zizhi yu xiansheng gaige* 国家与社会：清末地方自治与宪政改革 (State and Society: Late Qing Local Autonomy and Constitutional Reform). Kaifeng: Henan daxue chubanshe, 2001.

Mao Zedong 毛泽东. "Weixin lishiguan de pochan" 唯心历史观的破产 (The Bank-ruptcy of the Idealist View of History) pp. 1398–1406 in 毛泽东选集 *Mao Zedong xuanji* (Selected Works of Mao Zedong) vol. 4. Beijing: Renmin daxue chubanshe, 1969.

Márkus, György. "Die Welte menschlicher Objekte: Zum Problem der Konstitutions im Marxismus." pp. 12–136 in Axel Honneth and Urs Jaeggi, eds., *Arbeit, Handlung und Normatität*. Frankfurt: Suhrkamp Verlag, 1980.

Marrinan, Michael. *Romantic Paris: Histories of a Cultural Landscape, 1800–1850*. Stanford, Calif.: Stanford University Press, 2010.

Martin, Bill. *Ethical Marxism: The Categorical Imperative of Liberation*. Chicago: Open Court, 2008.

Maruyama Masao. *Studies in the Intellectual History of Tokugawa Japan*. Mikiso Hane, trans. Princeton, N.J.: Princeton University Press, 1974.

Maruyama Masao 丸山真男, and Katō Shūichi 加藤周一. "*Bunmeiron no gairyaku*" *o yomu*「文明論之概略」を読む (Reading: An Outline of a Theory of Civilization). 3 vols. Tokyo: Iwanami shoten, 1986.

——. *Hon'yaku to Nihon no kindai* 翻訳と日本の近代 (Translation and Japan's Modern). Tokyo: Iwanami shoten, 1998.

Marx, Karl. *Capital*, vols. 1-3. London: Penguin, 1990-1993.

——. *Das ftapital*, vol. 3. Frankfurt: Ullstein Verlag, 1979.

——. *Grundrisse der ftritik der Politischen Ökonomie*. Berlin: Dietz Verlag, 1973.

——. *Grundrisse: Foundations of the Critique of Political Economy*. Martin Nicolaus, trans. London: Penguin, 1993.

Mencius. D. C. Lau, trans. Harmondsworth: Penguin, 1970.

Meng Yue. *Shanghai and the Edge of Empires*. Minneapolis: University of Minnesota Press, 2006.

Metzger, Thomas. *Escape from Predicament: Neo-Confucianism and China's Evolving Political Culture*. New York: Columbia University Press, 1986.

Miyazaki Ichisada 宮崎市定. *Ajia shi, Miyazaki Ichisada zenshū*, 18 アジア史 宮崎市定 全集 (Asian History, The Complete Works of Miyazaki Ichisada, vol. 18). Tokyo: Iwanami shoten, 1993.

Mizoguchi Yūzō 沟口雄三. *Chūgoku no ko to shi* 中国の公と私 (Chinese Ideas of Public and Private). Tokyo: Kenbun shuppan, 1995.

——. *Chūgoku zenkindai shisō no kussetsu to tenkai* 中国前近代思想の屈折と展開 (The Refraction and Development of Premodern Chinese Thought). Tokyo: Tōkyō daigaku shuppansha, 1980.

——. *Hōhō to shite no Chūgoku* 方法としての中国 (China as Method). Tokyo: Tōkyō daigaku shuppankai, 1989.

Muller, A. Charles. *Digital Dictionary of Buddhism*. CD-Rom. Chiba, Japan: Charles Muller, 1995.

Müller, Gotelind. *China, ftropotkin und der Anarchismus: Eine ftulturbewegung im China des frühen 20. Jahrhunderts unter dem Einfluss des Westens und Japanischer Vorbilder*. Wiesbaden: Harassowitz Verlag, 2001.

Murthy, Viren. "The Politics of *Fengjian* in Late Qing and Early Republican China." pp. 151-82 in Kai-wing Chow, Tze-ki Hon, Hung-yok Ip, and Don C. Price, eds., *Beyond the May Fourth Paradigm: In Search of Chinese Modernity*. Lanham, Md.: Lexington Books, 2008.

Nagao Ryōshin 中尾良信. "Uchiyama Gudō to Takeda Hanshi" 内山愚道と武田範之 (Uchiyama Gudō and Takeda Hanshi). *Hanazono daigaku jinken ronshū* 花園大学人権論集 15 (March 2008).

Naitō Torajirō [Konan] 内藤虎次郎 [湖南]. *Chūgoku kinsei shi* 中国近世財

政史 (Modern Chinese History). Tokyo: Kobundō, 1954.

Nakajima Osafumi 中島長文. *Fukurō no koe: Ro Jin no kindai* ふくろうの声魯迅の近代 (The Cry of an Owl: Lu Xun's Modernity). Tokyo: Heibonsha, 2001.

Neocleos, Mark. *Imagining the State*. Maidenhead: Open University Press, 2003.

Nietzsche, Friederich. *Nietzsche: Unpublished Letters*. Kurt F. Leidecker, ed. and trans. New York: Philosophical Library, 1959.

Nishi Junzō 西順蔵. "Chūgoku shisō no naka no jinmin gainen" 中国思想の中の人民概念 (The Idea of People in Chinese Thought). Vol. 2, pp. 202–18 in *Nishi Junzō chosakushū*, 218.

——. "Kore kara no jukyō oyobi Chūgoku shisō" これからの儒教お呼び中国思想 (Confucianism and Chinese Thought). Vol. 2, pp. 126–42 in *Nishi Junzō chosakushū*.

——. "Mōshi to Junshi no tenkasetsu" 孟子と荀子の天下説 (Mencius' and Xunzi's Respective Theories of All Under Heaven). Vol. 2, pp. 26–47 in *Nishi Junzō chosakushū*.

——. "Mu kara no keisei: ware ware no Chūgoku jinmin no seiritsu ni suite" 無からの形成:われわれの中国人民の成立について (Constructions from Nothing: On the Establishment of Chinese People). Vol. 3, pp. 14–45 in *Nishi Junzō chosakushū*.

——. *Nishi Junzō chosakushū* 西順蔵著作集 (The Collections of Nishi Junzō). Vols. 1–3. Tokyo: Uchiyama shoten, 1996.

Parkes, Graham, ed. *Nietzsche and Asian Thought*. Chicago: University of Chicago Press, 1991.

Peerenboom, Randall. "Confucian Harmony and Freedom of Thought: The Right to Think versus Right Thinking." pp. 235–60 in Wm Theodore de Bary and Tu Wei-ming, eds., *Confucianism and Human Rights*. New York: Columbia University Press, 1998.

Postone, Moishe. *Time, Labor, and Social Domination: A Reinterpretation of Marx's Critical Theory*. Cambridge, UK: Cambridge University Press, 1993.

Prakash, Gyan. "The Modern Nation's Return in the Archaic." *Critical Inquiry* 23.3 (Spring 1997): 536–57.

Qin Hui 秦晖. "Cong Sama dao Equality" 从 Sama 到 Equality (From Sama to

Equality). Unpublished manuscript.

Qu Yuan 屈原. *Qu Yuan quanyi* 屈原全译 (A Complete Translation of Qu Yuan). Guiyang: Guizhou chubanshe, 1990.

Ricoeur, Paul. *Time and Narrative*, vol. 3. Kathleen McLaughlin and David Pellauer, trans. Chicago: University of Chicago Press, 1988.

Sakamoto Hiroko 坂元ひろ子. *Chūgoku minzokushugi no shinka, jinshū, shintai, jendā* 中国民族主義の神話:人種,身体,ジェンダー (The Myth of Chinese Nationalism: Race, Body, and Gender). Tokyo: Iwanami shoten, 2004.

Sang Bing 桑兵. *Qingmo xin zhishijie de shetuan yu huodong* 清末新知识界的社团与活动 (The Organizations and Activities of the New Intellectual Realm of the Late Qing). Beijing: Sanlian shudian, 1995.

Sartori, Andrew. *Bengal in Global Concept History: Culturalism in the Age of Capital*. Chicago: University of Chicago Press, 2008.

——. "The Categorial Logic of a Colonial Nationalism: Swadeshi Bengal, 1904-1908." *Comparative Studies of South Asia Africa and the Middle East* 1 and 2 (2003): 271-85.

——. "The Resonance of 'Culture': Framing a Problem in Global Concept History." *Society for Comparative Study of Society and History* 47.4 (2005): 676-99.

Sartre, Jean-Paul. *Being and Nothingness: An Essay on Phenomenological Ontology*. Hazel E. Barnes, trans. New York: Washington Square Press, 1966.

Satō Shin'ichi 佐藤慎一. *ftindai Chūgoku chishikijin to bunmei* 近代中国の知識人と文明 (Modern Chinese Intellectuals and Civilization). Tokyo: Tōkyō daigaku shuppankai, 1996.

Sayre, Robert, and Michael Lowy. "Figures of Romantic Anti-Capitalism." *New German Critique* 32 (1985): 42-92.

Schafer, Ingo. "Natural Philosophy, Physics and Metaphysics in the Discourse of Tan Sitong: the Concepts of Qi and Yitai." pp. 257-69 in Michael Lackner, Iwo Ame-lung, and Joachim Kurtz, eds., *New Terms for New Ideas: Western ftnowledge and Lexical Change in Late Imperial China*. Leiden: Brill, 2001.

Schneider, Axel. "Between Dao and History: Two Chinese Historians in Search of a Modern Identity for China." *History and Theory* 35.4 (1996): 54-73.

Schneider, Laurence. *ftu Chieh-kang and China's New History: Nationalism and the Quest for Alternative Traditions*. Berkeley: University of California Press, 1971.

Shantong wenjiao jijinhui 善同文教基金会, ed. *Zhang Taiyan yu jindai Zhongguo: xueshu yantaohui lunwenji* 章太炎与近代中国: 学术研讨会论文集 (Zhang Taiyan and Modern China: A Collection of Conference Papers). Taipei: Liren shuju, 1994.

Shen Yanguo 沈延国. "Ji Zhang Taiyan xiansheng" 记章太炎先生 (Remembering Mr. Zhang Taiyan). pp. 49-106 in Fu Jie 傅杰, ed., *Zishu yu yinxiang: Zhang Taiyan* 自述与印象: 章太炎 (Self-narratives and Impressions: Zhang Taiyan). Shanghai: Shanghai sanlian shudian, 1997 [1946].

Shen Zhijia 沈志佳, ed. *Zhongguo sixiang chuantong jiqi bianqian* 中国思想传统及其现代变迁 (The Tradition of Chinese Thought and Its Transformation). Guilin: Guangxi shifan daxue chubanshe, 2004.

Shih, Shu-mei. *The Lure of the Modern: Writing Modernism in Semicolonial China, 1917-1937*. Berkeley: University of California Press, 2001.

Shimada Kenji 島田虔次. *Chūgoku ni okeru kindai shii no zasetsu* 中国における近代思惟の挫折 (The Frustrations of Modern Chinese Thought). Inoue Susumu 井上進, annot. 2 vols. Tokyo: Chikuma shobō, 1949; Tokyo: Heibonsha, 2003.

——. *Chūgoku shisōshi no kenkyū* 中国思想史の研究 (The Study of Chinese Intellectual History). Kyoto: Kyōto daigaku gakujutsu shuppankai, 2002.

——. *Pioneers of the Chinese Revolution: Zhang Binglin and Confucianism*. Joshua Fogel, trans. Stanford, Calif.: Stanford University Press, 1990.

——. *Shushigaku to Yōmeigaku* 朱子学と陽明学 (Zhu Xi Studies and Yangming Studies). Tokyo: Iwanami shoten, 1967.

——, and Nishi Junzō 西順蔵, eds. *Shinmatsu minkokusho seiji hyōronshū* 清末民国初政治评论集 (A Collection of Essays on Late Qing and Early Republican Politics). Tokyo: Heibonsha, 1985.

——, and Ono Shinji 小野信爾, eds. *Shingai kakumei no shisō* 辛亥革命の思想 (The Thought of the 1911 Revolution). Tokyo: Chikuma shobō, 1968.

Shirakawa Jirō 白川次郎. *Shina bunmeishi* 支那文明史 (A History of Chinese Civilization). Tokyo: Hakubunkan, 1901.

Sprenkel, Otto B. van der. "Max Weber on China." *History and Theory* 3.3 (1964): 348-70.

Sun Ge 孙歌. *Zhuti misan de kongjian: Yazhou lunshu de liangnan* 主体弥散的空间亚洲论述的两难 (The Space of the Dispersed Subject: The Dilemma of the Narrative of Asia). Beijing: Jiangxi jiaoyu chubanshe, 2002.

Tang Wenquan 唐文权, and Luo Fuhui 罗福惠. *Zhang Taiyan de sixiang yanjiu* 章太炎思想研究 (A Study of Zhang Taiyan's Thought). Shanghai: Huazhong shifan daxue chubanshe, 1986.

Takada Atsushi 高田淳. *Chūgoku no kindai to jukyō* 中国の近代と儒教 (Modern China and Confucianism). Tokyo: Kinokuniya shoten, 1970.

——. *Shingai kakumei to Shō Heirin no seibutsu ronshaku* 辛亥革命と章炳麟の斉物哲学 (The 1911 Revolution and Zhang Binglin's Philosophy of Equalization). Tokyo: Kenbun shuppan, 1984.

——. *Shō Heirin, Shō Shisō, Ro Jin — Shinhai no shi to sei to* 章炳麟.章士釗.魯迅: 辛亥の死と生と (With the Life and Death of the 1911 Revolution: Zhang Binglin, Zhang Shizhao, and Lu Xun). Tokyo: Ryūkei shosha, 1974.

Takeuchi Yoshimi. 竹内好. "Nihon no kindai to Chūgoku no kindai: Ro Jin wo tegakari to shite" 日本の近代と中国の近代: 魯迅を手がかりとして (Japanese Modernity and Chinese Modernity: Lu Xun as a Clue). pp. 11-57 in idem, *Nihon to Ajia* 日本とアジア (Japan and Asia). Tokyo: Chikuma shobō, 1993 [1948].

——. *Ro Jin* 魯迅 (Lu Xun) Tokyo: Noma Sawako, 2003.

——. "What Is Modernity? (The Case of Japan and China)." In idem, *What Is Moder- nity? Writings of Takeuchi Yoshimi*. Richard F. Calichman, trans. New York: Columbia University Press, 2005.

Takeuchi Zensaku 竹内善作. "Meiji makki ni okeru Chū Nichi kakumei undō no kōryū" 明治末期における中日運動の交流 (Late Meiji Exchanges between Chi- nese and Japanese Revolutionary Movements). *Chūgoku kenkyū* 中国研究 5 (Sept. 1948): 74-95.

Tan Sitong. 谭嗣同. *An Exposition of Benevolence: the Je-hsueh of T'an Ssu-t'ung*. Chan Sinwai, trans. Hong Kong: Chinese University Press, 1984.

———. *Renxue* 仁学 (An Exposition on the Study of Benevolence). Beijing: Huaxia chubanshe, 2002 [1896].

———. "Shang Ouyang Zhonggu shu" 上欧阳中鹄书 (A Letter to Ouyang Zhonggu). No. 14, p. 155 in Cai Shangsi 蔡尚思 and Fang Xing 方行, eds., *Tan Sitong quanji*, vol. 1. Beijing: Zhonghua shuju, 1998.

———. *Tan Sitong quanji* 谭嗣同全集 (The Complete Works of Tan Sitong). 2 vols. Cai Shangsi 蔡尚思 and Fang Xing 方行, eds. Beijing: Zhonghua shuju, 1998.

Tanaka Masatoshi 田中正俊. "Chūgoku rekishikai ni okeru 'shihonshugi no myōga kenkyū'" 中国歴史界における資本主義の萌芽研究 (Research on the Sprouts of Capitalism in the Field of Chinese History). pp. 79–100 in Suzuki Jun 鈴木淳 and Nishijima Sadao 西嶋定生, eds., *Chūgokushi no jidai kubun* 中国の近代区分 (The Periodization of Chinese History). Tokyo: Tōkyō daigaku shuppansha, 1957.

Tanaka, Stefan. *New Times in Modern Japan*. Princeton, N.J.: Princeton University Press, 2004.

Tang Zhijun 汤志钧. *Jindai jingxue yu zhengzhi* 近代经学与政治 (Modern Classic Learning and Politics). Beijing: Zhonghua shuju, 2000.

———. *Zhang Taiyan nianpu changbian* 章太炎年谱长编 (An Extended Biography of Zhang Taiyan). 2 vols. Beijing: Zhonghua shuju, 1979.

———. *Zhang Taiyan zhuan* 章太炎传 (A Biography of Zhang Taiyan). Taipei: Taiwan shangwu chubanshe, 1996.

——— [To Shiken], and Kondō Kuniyasu 近藤邦康. *Chūgoku kindai no shisoka* 中國近代の思想家 (Modern Chinese Intellectuals). Tokyo: Iwanami shoten, 1985.

Tao Jiang. "Ālaya vijanana and the Problematic of Continuity in the Cheng Weishi lun." *Journal of Indian Philosophy* 33 (2005): 243–84.

Thomas, Julia Adeney. *Reconfiguring Modernity: Concepts of Nature in Japanese Political Ideology*. Berkeley: University of California Press, 2001.

Tian Tao 田涛. *Guojifa shuru yu wan Qing Zhongguo* 国际法输入与晚清中国 (The Importation of International Law and Late Qing China). Ji'nan: Ji'nan chubanshe, 2001.

Togawa Yoshio 戶川義男. "Koshō no seiji to sono Sōji chū" 郭象の政治とその莊子注 (Guo Xiang's Political Thought and His Notes to the *Zhuang*

Zi). *Nihon Chūgoku gakkai hō* 日本中国学会报 (Japanese Journal of Chinese Studies) 18 (1966): 142–60.

Trouillot, Michel-Rolph. "Otherwise Modern." pp. 220–37 in Bruce M. Knauft, ed., *Critically Modern*. Bloomington: Indiana University Press, 2002.

Tsou Jung [Zou Rong]. *The Revolutionary Army: A Chinese Nationalist Tract of 1903*. Intro- duction and trans. with notes by John Lust. Paris: Mouton, 1968.

Van Dongen, Els. "'Goodbye Radicalism': Conceptions of Conservatism among Chinese Intellectuals during the Early 1990s." Ph.D. diss., Leiden University, 2009.

Vasubandhu. *Wei shih er shih lun; or, The Treatise in Twenty Stanzas on Representation-only*. Translated from the Chinese version of Hsüan Ts'ang by Clarence H. Hamilton. New Haven, Conn.: American Oriental Society, 1938.

Waldron, William S. *The Buddhist Unconscious: The Ālaya-vijnana in the Context of Indian Buddhist Thought*. London: Routledge Curzon, 2003.

Wang Bi 王弼. *The Classic of the Changes: A New Translation of the I Ching as Interpreted by Wang Bi*. Richard John Lynn, trans. New York: Columbia University Press, 1994.

——. *Wang Bi ji jiaoshi* 王弼集校释 (Edited and Annotated Edition Collection of Wang Bi's Works). 2 vols. Lou Yulie 楼宇烈, ed. and annot. Beijing: Zhonghua shuju, 1999.

Wang Ermin 王尔敏. *Wan Qing zhengzhi sixiang shilun* 晚清思想史论 (Late Qing Intellectual History). Taipei: Taiwan wuying shuguan, 1995.

Wang Fansen 王汎森. *Zhang Taiyan de sixiang (1868–1919) jiqi dui ruxue chuantong de chongji* 章太炎的思想 (1868–1919) 及其对儒学传统的冲击 (The Thought of Zhang Tai- yan [1868–1919] and Its Impact on the Tradition of Confucian Learning). Taipei: Shibao shuxi, 1986.

Wang Hui 汪晖. *Fankang juewang: Lu Xun jiqi wenxue shijie* (Resisting Despair: Lu Xun's Literary World). Revised ed. Beijing: Sanlian shudian, 2008.

——. "Sheng zhi shane: yuyan, mixin yu ren de dansheng: Lu Xun dui minzhuzhuyi yu shijie zhuyi de shuangzhong pipan po esheng lun jiedu" 声之善恶：语言、迷信与人的诞生：鲁迅对民族主义与世界主义的双

重批判(破恶声论解读) (The Virtue and Malevolence of Voice: Language, Superstition, and the Birth of Human Beings: Lu Xun's Dual Critique of Nationalism and Cosmopolitanism [An Interpretation of "On a Refutation of Malevolent Voices"]). Unpublished manuscript, 2009.

——. *Sihuo chongwen* 死火重温 (Reigniting the Dead Ashes). Beijing: Renmin wenxue chubanshe, 2000.

——. "Wuwo zhi wo yu gongli de jiegou" 无我之我与公理的解构 (The Self of Noself and the Deconstruction of the General Principle). Vol. 3, pp. 1011–12 in idem, *Zhongguo xiandai sixiang de xingqi*.

——. *Xiandai Zhongguo sixiang de xingqi* 现代中国思想的兴起 (The Rise of Modern Chinese Thought). 4 vols. Beijing: Sanlian shudian, 2004.

Wang Xiaoqiu 王晓秋, and Shang Xiaoming 尚小明, eds. *Wuxu weixin yu Qingmo xin-zheng: wan Qing gaige shi yanjiu* 戊戌维新与清末新政:晚清改革史研究 (The Hundred Day Reform and the New Government Policies at the End of the Qing Dynasty: A Study in Reform History). Beijing: Beijing daxue chubanshe, 1998.

Wang Yuhua 王玉华. *Duoyuan shiye yu chuantong de helihua: Zhang Taiyan sixiang de chanshi* 多元视野与传统的合理化:章太炎思想的阐释 (An Interpretation of Zhang Taiyan's Thought: A Pluralistic Perspective and the Rationalization of Tradition). Beijing: Zhongguo shehui kexue chubanshe, 2004.

Watanabe Hiroshi. " 'They Are Almost the Same as the Three Dynasties': The West Through Confucian Eyes." In Tu Wei-ming, ed., *Confucianism Traditions in East Asian Modernity: Moral Education and Economic Culture in Japan and the Four Mini-Dragons*. Cambridge, Mass.: Harvard University Press, 1996.

Wei Qingyuan 韦庆远, Gao Fang 高放, and Liu Wenyuan 刘文源. *Qingmo xianzheng shi* 清末宪政史 (A History of the Constitutional Movement during the Late Qing). Beijing: Zhongguo renmin daxue chubanshe, 1993.

Wen Yiduo 闻一多. *Wen Yiduo quanji* 闻一多全集 (The Complete Collection of Wen Yiduo), vol. 12. Wuhan: Hubei renmin chubanshe, 2004.

Williams, Paul. *Mahāyāna Buddhism: The Doctrinal Foundations*. London: Routledge, 1989. Wong Young-tsu 汪荣祖. *ftang-Zhang helun* 康章合论 (A Combined Interpretation of Kang Youwei and Zhang Taiyan). Taipei:

Lianjing chuban gongsi, 1988.

——. *Search for Modern Nationalism: Zhang Binglin and Revolutionary China, 1869-1936*. London: Oxford University Press, 1989.

Wu Chengming 吴承明. "Diguozhuyi zai jiu Zhongguo ziben de kuangzhang" 帝国主义在中国资本的扩张 (The Expansion of Imperialist Capital in Old China). pp. 32-53 in idem, ed., *Diguozhuyi zai jiu Zhongguo de touzi* 帝国主义在旧中国的投资 (Imperialist Investment in Old China). Beijing: Renmin chubanshe, 1956.

Wu Rujun 吴汝钧, ed. *Fojiao dacidian* 佛教大辞典 (The Great Buddhist Dictionary). Beijing: Shangwu yinshuguan, 1994.

Wu Zhanliang 吴展良. *Zhongguo xiandao xueren de xueshu xingge yu siwei fangshi lunji* 中国现代学人的学术性格与思维方式论集 (A Collection of Essays on Modern Chinese Intellectuals and Their Scholarly Character). Taipei: Wunan tushu chuban youxian gongsi, 2000.

Yamada Keiji 山田慶児. "Kanosei to shite no Chūgoku no kakumei" 可能性としての中国革命 (The Chinese Revolution as Possibility). pp. 3-29 in idem, ed., *Chūgoku no kakumei* 中国の革命 (Chinese's Revolution). Tokyo: Chikuma shobō, 1970.

Yan Fu 严复. "Tian yan lun, xu yu anyu" 天演论, 序与案语 (The Preface and Annotations to "On Evolution"). pp. 371-40 in Lu Yunkun 卢云昆, ed., *Shehui jubian yu guifan chongjian: Yan Fu wenxuan* 社会巨变与规范重建:严复文选 (Great Changes of Society and Reconstruction of Models). Shanghai: Shanghai yuandong chubanshe, 1996.

——. *Yan Fu heji* 严复合集 (Collected Works of Yan Fu), vol. 7. Wang Qingcheng 王庆成, Yeh Wen-hsin 叶文心, and Lin Zaijue 林载爵, eds. Taipei: Caituan faren Gu Gongliang wenjiao jijin hui, 1998.

Yang Bojun 杨伯峻. *Lunyu yizhu* 论语译注 (An Annotated and Translated Edition of the Analects of Confucius). Beijing: Zhonghua shuju, 2002.

——. *Mengzi yizhu* 孟子译注 (An Annotated and Translated Edition of Mencius). Beijing: Zhonghua shuju, 2000.

Yang Mingzhao 杨明照. *Baopuzi waipian jiaojian* 抱朴子外篇校笺 (A Corrected Version of the External Chapters of the Baopuzi). 2 vols. Beijing: Zhonghua shuju, 2004.

Yao Dianzhong 姚奠中, and Dong Guoyan 董国炎. *Zhang Taiyan xueshu nianpu* 章太炎学术年谱 (A Biography of Zhang Taiyan's Scholarly Activities). Taiyuan: Shanxi guji chubanshe, 2001.

Yoshizawa Seiichirō 吉沢誠一郎. *Aikokushugi no sōsei: nashonarizumu kara Chūgoku kindai wo miru* 愛国主義の創生:ナショナリズムから中国の近代を見る (The Birth of Patriotism: Looking at Modern China through Nationalism). Tokyo: Iwanami shoten, 2003.

Young, Robert. *Colonial Desire: Hybridity in Theory, Culture, and Race.* London: Routledge, 1995.

Yu Yingshi 余英时. *Song Ming lixue yu zhengzhi wenhua* 宋明理学与政治文化 (Song-Ming Confucianism and Political Culture). Taipei: Yunchen wenhua shiye youxian gongsi.

——. "Wusi yundong yu Zhongguo chuantong" 五四运动与中国传统 (The May Fourth Movement and the Chinese Tradition), in Shen Zhijia 沈志佳, ed., *Zhongguo sixiang chuantong jiqi xiandai bianqian* 中国思想传统及其现代变迁 (Chinese Intellectual Traditions and Their Modern Transformations) Gulin: Guangxi shifan daxue chubanshe, 2004.

Zarrow, Peter. *Anarchism and Chinese Political Culture.* New York: Columbia University Press, 1990.

——. "He Zhen and Anarcho-Feminism" *Journal of Asian Studies* 47.4 (Nov. 1988): 796–813.

——. "Zhang Binglin's Critique of Western Modernity: A Chinese View of Cultural Pluralism." In idem, ed., *Creating Chinese Modernity: ftnowledge and Everyday Life, 1900–1940.* New York: Peter Lang, 2006.

Zhang Dainian. *ftey Concepts in Chinese Philosophy.* Edmund Ryden, trans. and ed. New Haven, Conn.: Yale University Press; Beijing: Foreign Languages Press, 2002.

Zhang Dan 张枬, and Wang Renzhi 王忍之, eds. *Xinhai geming qian shi nian jian shilun xuanji* 辛亥革命前十年间时论选集 (Selected Writings during the Decade before the 1911 Revolution). Beijing: Sanlian shudian, 1977.

Zhang Rulun 张汝伦. *Xiandai Zhongguo sixiang yanjiu* 现代中国思想研究 (A Study of Modern Chinese Thought). Shanghai: Shanghai renmin chubanshe, 2001.

Zhang Shouan 张寿安. *Yili daili: Ling Tingkan yu Qing zhongye ruxue sixiang zhi zhuanbian* 以礼代理:凌廷堪与清中叶儒学思想之转变 (Replacing

Principles with Rituals: Ling Tingkan and the Transformation in Mid-Qing Confucian Thought). Shijiazhuang: Hebei jiaoyu chubanshe, 2001.

Zhang Taiyan 章太炎 [Zhang Binglin 章炳麟]. "Da Tie Zheng" 答铁铮 (A Letter to Tie Zheng) (1907). Vol. 4, pp. 368–75 in idem, *Zhang Taiyan quanji*.

——. "Daiyi ranfou lun" 代议然否论 (On Whether One Should Adopt Representative Government") (1908). pp. 460–490 in idem, *Zhang Taiyan xuanji*.

——. "Ding fuchou zhi shifei" 定复仇之是非 (On Whether Revenge Is Correct). Originally published in *Minbao*, no. 16 (1907). Vol. 2, pp. 270–76 in idem, *Zhang Taiyan quanji*.

——. "Dongjing liuxuesheng huanyinghui yanshuo ci" 东京留学生欢迎会演说辞 (Speech in Tokyo when Welcomed by Exchange Students). Originally published in *Minbao* 民报, no. 6 (1906). pp. 140–50 in idem, *Gegudinxin de zheli*.

——. "Explaining the 'Republic of China.'" (1907). Pär Cassel, trans. *Stockholm Journal of East Asian Studies* 8 (1997): 15–40.

——. "Fu Wujingheng han" 复吴敬恒函 (A Reply to Wu Jingheng) Originally published in *Minbao* 民报, no. 19 (1908). pp. 440–54 in idem, *Zhang Taiyan xuanji*.

——. *Gegudingxin de zheli: Zhang Taiyan wenxuan* 革故鼎新的哲理：章太炎文选 (The Philosophy of Discarding the Old and Establishing the New: Selected Writings of Zhang Taiyan). Jiang Fen 姜玢, ed. Shanghai: Shanghai yuandong chubanshe, 1996.

——. "Geming zhi daode" 革命之道德 (On Revolutionary Morality) (1906). pp. 291–322 in idem, *Zhang Taiyan xuanji*.

——. "Gemingjun qianyan" 革命军前言 (The Preface of Revolutionary Army) (1903). pp. 151–55 in idem, *Zhang Taiyan xuanji*.

——. "Guimao yuzhong ziji" 癸卯狱中自记 (Autobiographical Account from Prison in the Year of Guimao) (1903). Vol. 4, p. 144 in idem, *Zhang Taiyan quanji*.

——. "Guojia lun" 国家论 (On the State). Originally published in *Minbao*, no. 17 (1907). pp. 359–69 in idem, *Zhang Taiyan zhenglun xuanji*.

——. "Jianli zongjiaolun" 建立宗教论 (On Establishing Religion). Originally published in *Minbao*, no. 9 (1906): 19. pp. 197–214 in idem,

Gegudingzin de zheli.

———. "Jufen jinhua lun" 俱分进化论 (On Separating the Universality and Particularity of Evolution) (1906). pp. 150–59 in idem, *Gegudingzin de zheli.*

———. "Jun shuo" (On Bacteria) (1899). pp. 51–81 in idem, *Zhang Taiyan xuanji.*

———. "Lun fuchou shifei" 论复仇是非 (1907). Vol. 4, pp. 207–76 in idem, *Zhang Taiyan quanji.*

———. "Lun xuehui you da yi yu huangren jiyi baohu" 论学会有大益于黄人，亟宜保护 (A Discussion of How Study Societies Are a Great Help to the Yellow Race and Should Urgently Be Protected). Originally published in *Shiwubao* 时务报 no. 19 (Feb. 1897). Reprinted in idem, *Zhang Taiyan zhenglun xuanji.*

———. "Preface to Zou Rong's *The Revolutionary Army.*" (1903) P. 5 in Tsou Jung, *The Revolutionary Army.*

———. *Qiushu chukeben, zhongdingben* 訄书：初刻本，重订本 (Preliminary and Revised Edi- tions of A Book of Urgency). Zhu Weizheng 朱维铮, ed. Beijing: Sanlian shudian, 1998 [1900, 1902].

———. "Qiwulun shi" 齐物论释 (An Interpretation of "On the Equalization of Things"). (1910). Vol. 6, pp. 1–59 in idem, *Zhang Taiyan quanji*, 1986.

———. "Shi Dai" 释戴 (Interpreting Dai Zhen) (1910). pp. 439–42 in idem, *Gegudingxin de zheli.*

———. "Si huo lun" 四惑论 (On the Four Confusions) (1908). pp. 290–313 in idem, *Gegudingxin de zheli.*

———. "Wu wu lun" 五无论 (On the Five Negations) (1907). pp. 254–69 in idem, *Gegudingxin de zheli.*

———. "Yu miao" 鬻庙 (Sell Temples) (1898). pp. 104–5 in idem, *Qiushu chukeben, zhongdingben.*

———. "Zhang Taiyan du fodian zaji" 章太炎读佛典杂记 (Zhang Taiyan's Random Notes on Reading Buddhist Classics). *Guocui xuebao* 国粹学报 (National Essence Journal), vol. 3 (1905): 1–7.

———. *Zhang Taiyan quanji* 章太炎全集 (The Complete Collection of Zhang Taiyan), 8 vols. Shanghai: Shanghai renmin chubanshe, 1982–1986.

———. *Zhang Taiyan shiwen xuanzhu* 章太炎诗文选注（Annotated Selection of Zhang Taiyan's Poetry and Prose）. Zhang Taiyan zhuzuo bianzhuzu 章太炎著作编注组, ed. Shanghai, Shanghai renmin daxue chubanshe, 1976.

———. *Zhang Taiyan xuanji: zhushiben* 章太炎选集注释本（Annotated Selection of Zhang Taiyan's Writings）. Zhu Weizheng 朱维铮 and Jiang Yihua 姜义华, eds., Shanghai: Shanghai renmin chubanshe, 1982.

———. *Zhang Taiyan zhenglun xuanji* 章太炎政论选集（A Selection of Zhang Taiyan's Political Writings）. Beijing: Zhonghua shuju, 1977.

———. "Zhengwenshe dahui pohuai zhuang" 政闻社大会破坏状（On the Disruption of the Political News Society）(1907). pp. 370-76 in idem, *Zhang Taiyan zhenglun xuanji*.

———. "Zhonghua minguo jie" 中华民国解（Explaining the Republic of China）. Originally published in *Minbao* 民报, July 5 (1907). pp. 243-54 in idem, *Gegudingxin de zheli*.

———. "Zishu sixiang qianbian zhi ji" 自述思想迁变之迹（An Autobiographical Narration of the Traces of the Transformation of My Thought）(1916). pp. 586-97 in idem, *Zhang Taiyan xuanji*.

Zhang Taiyan yanjiu hui 章太炎研究会, and Hangzhou Zhang Taiyan jinian guan 杭州章太炎纪念馆, eds. *Xianzhe jingshen* 先哲精神（The Spirit of a Pioneer Philosopher）. Hangzhou: Hangzhou chubanshe, 1996.

Zhao Lishen 赵俪生. *Ri Zhilu daodu* 日知录导读（A Reader's Guide to *Daily Records*）. Chengdu: Bashu chubanshe, 1992.

Zheng Shiqu 郑师渠. *Wan Qing guocui pai* 晚清国粹派（The National Essence School of the Late Qing）. Beijing: Beijing shifan daxue chubanshe, 1993.

Zhu Weizheng 朱维铮. *Qiusuo zhen wenming: wanqing xueshushilun* 求索真文明：晚清学术史论（Seeking True Civilization: On Late Qing Scholarly History）. Shanghai: Shanghai guji chubanshe, 1996.

Zhu Yuhe 朱育和, Ouyang Junxi 欧阳军喜, and Shu Wen 舒文. *Xinhai geming shi* 辛亥革命史（A History of the 1911 Revolution）. Beijing: Renmin chubanshe, 2001.

Zhuang Zi. *Chuang Tzu: Basic Writings*. Burton Watson, trans. New York: Columbia University Press, 1964.

———. *Chuang Tzu: The Inner Chapters — A Classic of Tao*. A. C. Graham,

trans. London: Mandala, 1986.
——. *The Complete Works of Chuang Tzu*. Burton Watson, trans. New York: Columbia University Press, 1968.
——. *Sō Shi* 庄子. Kanaya Osamu 金谷治, trans. Tokyo: Iwanami bunko, 1968.
——. *Zhuang Zi yigu* 庄子译诂 (Translation and Interpretation of the Zhuang Zi). Yang Liuqiao 杨柳桥, annot. Shanghai: Shanghai guji chubanshe, 1998.
Ziporyn, Brook. *The Penumbra Unbound: The Neo-Taoist Philosophy of Guo Xiang*. Albany: State University of New York Press, 2003.
Zizek, Slavoj. *The Sublime Object of Ideology*. London: Verso, 1989.
Zou Rong 邹容. *Geming jun* 革命军 (The Revolutionary Army). Luo Bingliang, ed. Beijing: Huaxia chubanshe, 2002.

译 后 记

本书的翻译从2013年开始,迄2015年底完成初稿。初稿的翻译分工如下:第一、四章——任致均,第二章、第三章部分——张春田,第二章部分——陈炜聪,第三章部分和第五章——马栋予,第六章——唐文娟。初译稿经张春田和任致均数次校对。2018年发稿前,张春田再次通校全书。难免仍有错漏,请读者诸君不吝指正。

本译著受到教育部人文社会科学基金青年项目"南社与清末民初文学场域的结构转型"(项目编号:15YJC751057)及上海市浦江人才计划"中国近代文学研究学术史"(项目编号:17PJC035)的资助。

图书在版编目(CIP)数据

章太炎的政治哲学:意识之抵抗/(美)慕唯仁著;张春田等译.
--上海:华东师范大学出版社,2018
 ISBN 978-7-5675-7686-5

Ⅰ.①章… Ⅱ.①慕… ②张… Ⅲ.①章太炎(1869—1936)-政治哲学-思想评论
Ⅳ.①B259.25

中国版本图书馆 CIP 数据核字(2018)第 085935 号

华东师范大学出版社六点分社
企划人 倪为国

Original English version of "*The Political Philosophy of Zhang Taiyan*" by Viren Murthy
Copyright © 2011 by Koninklijke Brill NV, Leiden,The Netherlands.
Koninklijke Brill NV incorporates the imprints Brill/Nijhoff, hotei and Global Oriental.
The Chinese version of "*The Political Philosophy of Zhang Taiyan*" is published with the arrangement of Brill.
Chinese text;英文原版;博睿学术出版社(BRILL)地址:荷兰莱顿网址:http://www.brillchina.cn
Simplified Chinese Translation Copyright © 2018 by East China Normal University Press Ltd.
All Rights Reserved.
ALL RIGHTS RESERVED.
上海市版权局著作权合同登记 图字:09-2016-748 号

章太炎的政治哲学:意识之抵抗

著　　者　(美)慕唯仁
译　　者　张春田　任致均　马栋予　唐文娟　陈炜聪
责任编辑　彭文曼
封面设计　卢晓红

出版发行　华东师范大学出版社
社　　址　上海市中山北路3663号　邮编　200062
网　　址　www.ecnupress.com.cn
电　　话　021-60821666　行政传真　021-62572105
客服电话　021-62865537　门市(邮购)电话 021-62869887
地　　址　上海市中山北路3663号华东师范大学校内先锋路口
网　　店　http://hdsdcbs.tmall.com

印　刷　者　上海盛隆印务有限公司
开　　本　890×1240　1/32
插　　页　2
印　　张　9.75
字　　数　180千字
版　　次　2018年6月第1版
印　　次　2018年6月第1次
书　　号　ISBN 978-7-5675-7686-5/B.1128
定　　价　49.00元

出版人　王焰

(如发现本版图书有印订质量问题,请寄回本社客服中心调换或电话021-62865537联系)